金銀絲結條籠子

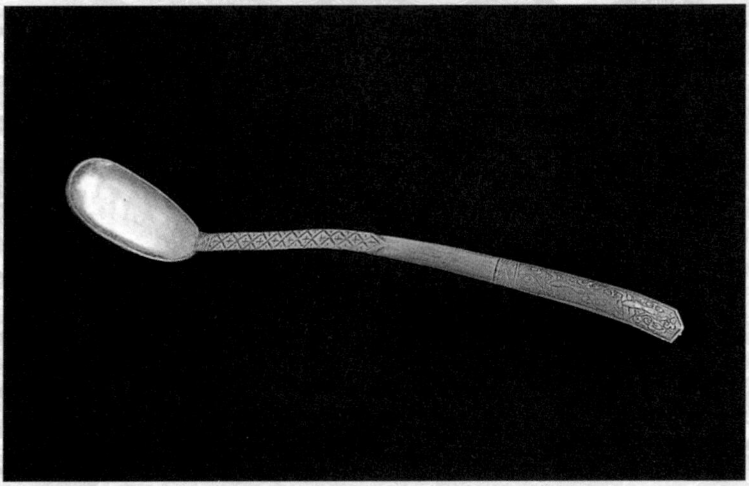

鎏金飛鴻紋銀則

素面淡黃色琉璃茶盞（上）與茶托

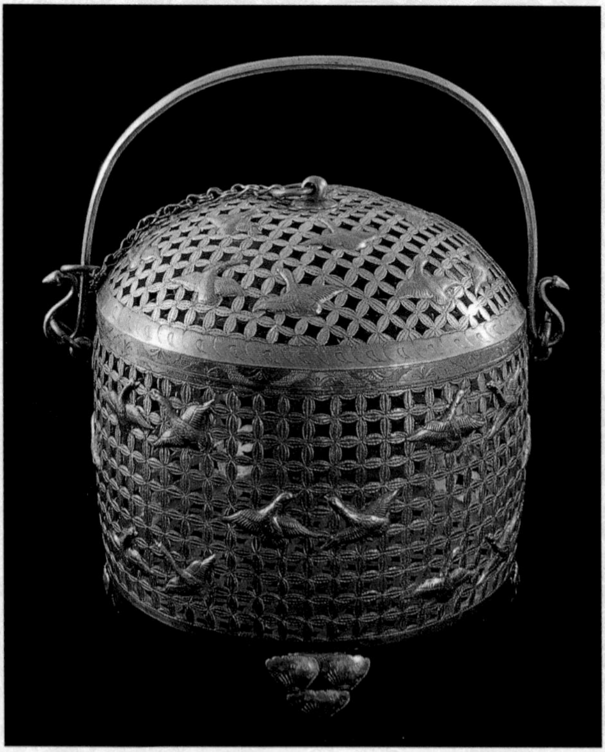
鎏金飛鴻毬路紋籠子

鎏金鴻雁流雲紋銀茶碾子

鎏金飛天仙鶴紋壼門座銀茶羅子

盤口細頸黃琉璃瓶

罌粟紋黃琉璃盤

寶剎單檐銅塔

鎏金迦陵頻伽紋壼門座銀棺

八重寶函（第一重銀稜檀香木寶函除外）

鎏金四天王盝頂銀函

素面盝頂銀函

鎏金如來盝頂銀函

六臂觀音盝頂金函

金筐寶鈿珍珠裝金函

金筐寶鈿珍珠裝扶 珷石函

寶珠頂單檐四門金塔

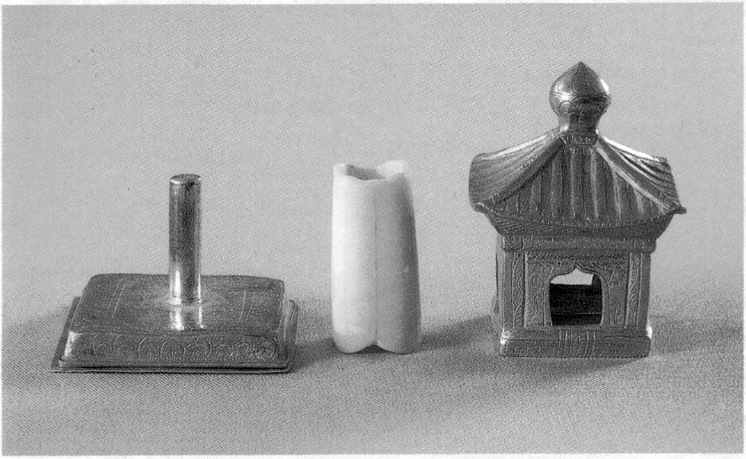

揭開金塔塔身，第一枚佛指舍利出現

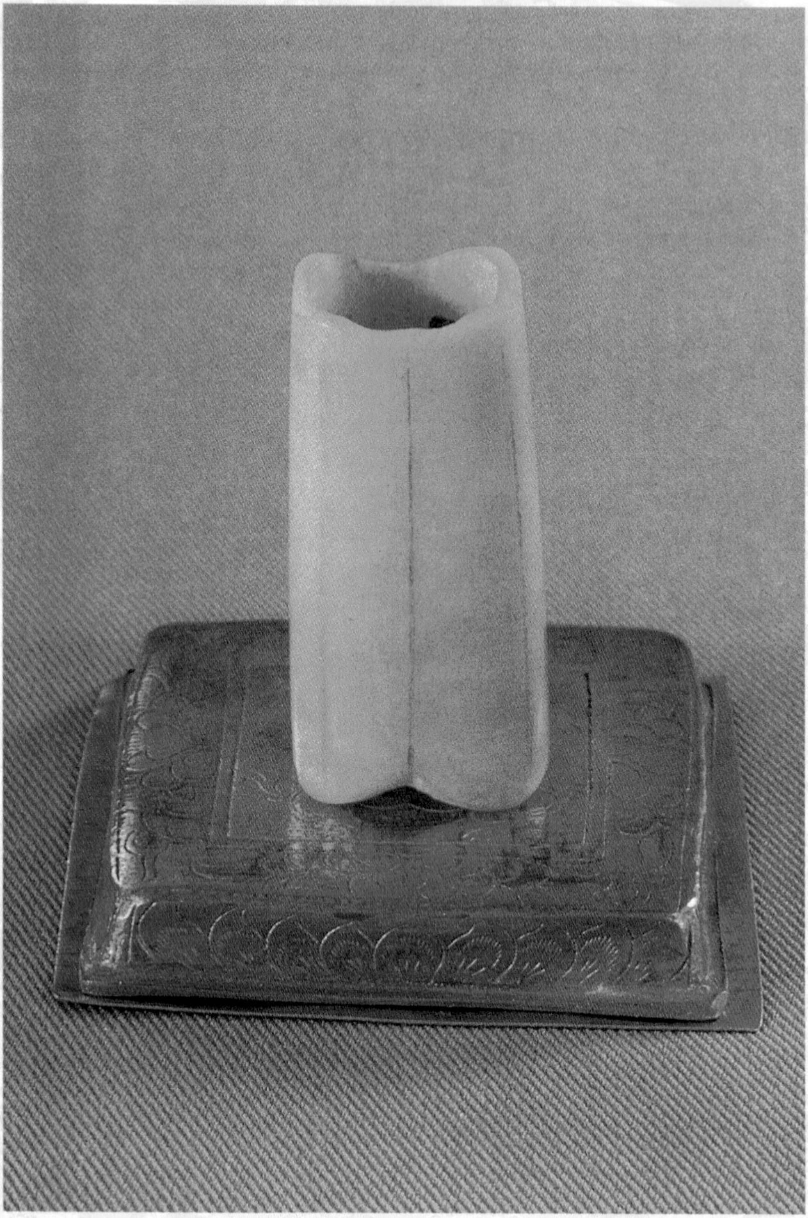

第一枚佛指舍利

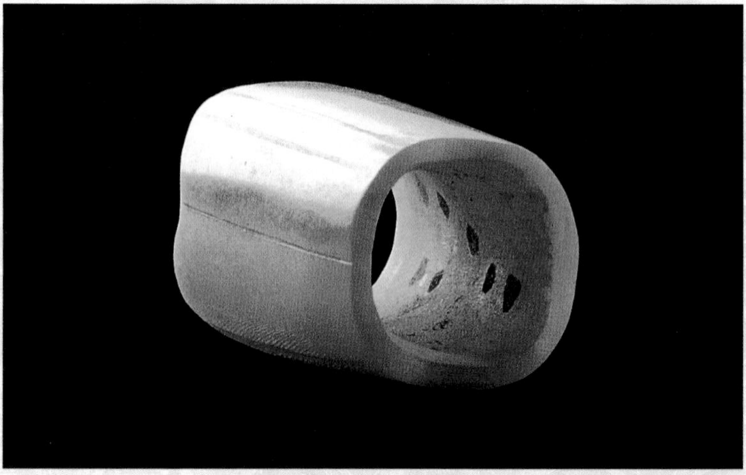

第一枚佛指舍利骨腔内
的北斗七星圖

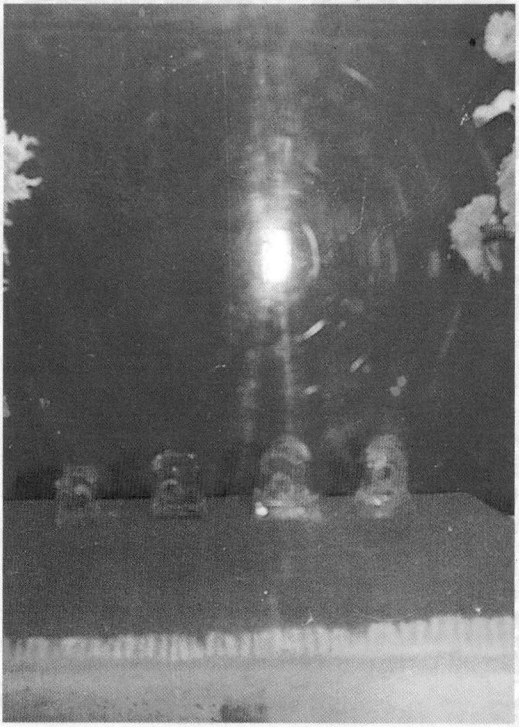

1988年11月9日佛骨放光
現瑞

法門寺博物館珍寶閣

文物陳列大廳內景

1988年重建的仿明代真身寶塔

親切的、活潑的、趣味的、致用的

實用歷史叢書

遠流出版公司

實用歷史叢書116

萬世法門〈下〉〔全二冊〕

作　　者——商成勇・岳南
圖片提供——法門寺博物館・黃奕龍・孫雄飛
主　　編——游奇惠
責任編輯——溫秋芬・陳穗錚
發 行 人——王榮文
出版發行——遠流出版事業股份有限公司
臺北市汀州路3段184號7樓之5
郵撥／0189456-1
電話／2365-1212　　傳眞／2365-7979
香港發行——遠流(香港)出版公司
香港北角英皇道310號雲華大廈4樓505室
電話／2508-9048　傳眞／2503-3258
香港售價／港幣83元
法律顧問——王秀哲律師・董安丹律師
著作權顧問——蕭雄淋律師
1997年 12 月16日　初版一刷
2002年 3 月16日　初版四刷
行政院新聞局局版臺業字第1295號
售價新台幣250元　(缺頁或破損的書，請寄回更換)

ISBN　957-32-3411-4 (套號)
ISBN　957-32-3409-2 (下冊)

YLib 遠流博識網
http://www.ylib.com　　E-mail:ylib@ylib.com

■實用歷史叢書□

116

萬世法門〈下〉

法門寺地宮佛骨再世之謎

商成勇・岳南／著

出版緣起

王榮文

・歷史就是大個案

《實用歷史叢書》的基本概念，就是想把人類歷史當做一個（或無數個）大個案來看待。

本來，「個案研究方法」的精神，正是因爲相信「智慧不可歸納條陳」，所以要學習者親自接近事實，自行尋找「經驗的教訓」。

經驗到底是教訓還是限制？歷史究竟是啓蒙還是成見？——或者說，歷史經驗有什麼用？可不可用？——一直也就是聚訟紛紜的大疑問，但在我們的「個案」概念下，叢書名稱中的「歷史」，與蘭克（Ranke）名言「歷史學家除了描寫事實『一如其發生之情況』外，再無其他目標」中所指的史學研究活動，大抵是不相涉的。在這裡，我們更接近於把歷史當做人間社會情境體悟的材料，或者說，我們把歷史（或某一組歷史陳述）當做「媒介」。

・從過去了解現在

爲什麼要這樣做？因爲我們對一切歷史情境（milieu）感到好奇，我們想浸淫在某個時代的思考環境來體會另一個人的限制與突破，因而對現時世界有一種新的想像。

通過了解歷史人物的處境與方案，我們找到了另一種智力上的樂趣，也許化做通俗的例子我們可以問：「如果拿破崙擔任遠東百貨公司總經理，他會怎麼做？」或「如果諸葛亮主持自立報系，他會和兩大報紙持哪一種和與戰的關係？」

從過去了解現在，我們並不眞正尋找「重複的歷史」，我們也不尋找絕對的或相對的情境近似性。「歷史個案」的概念，比較接近情境的演練，因爲一個成熟的思考者預先暴露在衆多的「經驗」裡，自行發展出一組對應的策略，因而就有了「教育」的功能。

・從現在了解過去

就像費夫爾（L. Febvre）說的，歷史其實是根據活人的需要向死人索求答案，在歷史理解中，現在與過去一向是糾纏不清的。

在這一個圍城之日，史家陳寅恪在倉皇逃死之際，取一巾箱坊本《建炎以來繫年要錄》，抱持誦讀，讀到汴京圍困屈降諸卷，淪城之日，謠言與烽火同時流竄；陳氏取當日身歷目睹之事與史實印證，不覺汗流浹背，覺得生平讀史從無如此親切有味之快感。

觀察並分析我們「現在的景觀」，正是提供我們一種了解過去的視野。歷史做爲一種智性活動，也在這裡得到新的可能和活力。

如果我們在新的現時經驗中，取得新的了解過去的基礎，像一位作家寫《商用廿五史》，用企業組織的經驗，重新理解每一個朝代「經營組織」（即朝廷）的任務、使命、環境與對策，竟然就呈現一個新的景觀，證明這條路另有強大的生命力。

我們刻意選擇了《實用歷史叢書》的路，正是因爲我們感覺到它的潛力。我們知道，標新並不見得有力量，然而立異卻不見得沒收穫；刻意塑造一個「求異」之路，就是想移動認知的軸心，給我們自己一些異端的空間，因而使歷史閱讀活動增添了親切的、活潑的、趣味的、致用的「新歷史之旅」。

你是一個歷史的嗜讀者或思索者嗎？你是一位專業的或業餘的歷史家嗎？你願意給自己一個偏離正軌的樂趣嗎？請走入這個叢書開放的大門。

目錄

【卷下】緣滅緣生

卷下　緣滅緣生

第七章

地宮茶具與中國茶文化的傳播

一整套宮廷御用茶具映入考古學者的眼簾，久負盛名的中國茶文化史由此揭開新頁。佛門吹起飲茶風，陸羽集大成而作《茶經》，影響深遠。一葉綠茗，漂洋過海，遠播寰宇。牆根下刨出祕龕，一只鐵函引人好奇……

發現茶具

法門寺地宮後室發掘的大量金銀器，無疑是中國大唐金銀器製作工藝最高水準的代表。在出土的金銀器中，有一套完整無損的茶具分外引人矚目。考古人員在擦著面頰上流淌著的汗水的同時，也細心地對這套茶具研究起來。

這套完整的茶具除《物帳》碑所載的「茶槽子、碾子、茶羅、匙子一副七事共重八十兩……瑠璃（琉璃）鉢子一枚，瑠璃茶椀（碗）、柘（托）子一副」外，還有長柄銀勺、銀則、銀龜盒、雙獅紋菱弧形圈足銀盒、葵口銀鹽台等，這些無疑都是茶器的組成部分。而祕色瓷器中的小碟子、琉璃器中的盤子，都可視爲茶道❶過程中的佐食用具。從茶羅子、碾子、軸等本身鏨文看，這些器物於咸通九年至十二年製成。同時，鎏金飛鴻紋銀則、鎏金蔓草長柄勺、鎏金飛天仙鶴紋壺門座銀茶羅子上，還有器成後以硬物刻劃的「五哥」兩字。「五哥」是宮中對僖宗小時的稱呼，而《物帳》碑將其茶具列入新恩賜物（僖宗供物）名下，所以可斷定此物爲僖宗皇帝所供之御用眞品無疑。從實物中來看，「七事」應指：茶碾子、茶碢軸、羅身、抽斗、羅蓋、銀則、長柄勺等七件。另外還有唐僖宗供奉物中的蕾鈕摩竭紋三足架銀鹽台，由智慧輪法師供奉的三件葵口銀鹽台和由僖宗供奉的兩枚籠子、一套茶碗、茶托等御用眞品。這套茶器的設計合乎科學，並且使用方便、質地精良、紋飾優美、配套嚴密。它全面而具體地反映了唐代宮廷茶道的風貌。

據後來的專家考證，這套唐代宮廷系列茶具，是迄今世界上發現最早、最完善、最珍貴，古代茶文化史料中未曾記載過的唐代茶具文物。它在確鑿無疑地證實了唐代宮廷茶道和茶文化存在的同時，也爲研究中國乃至世界茶文化的形成和發展提供了實物資料。所以法門寺地宮唐代茶具的出土，就自然地引起海內外學者的極大熱情和關注。

從人類現存的史料看，中國不但是茶葉的故鄉，也是世界上最早飲茶的國家。據《神農本草經》記載：「神農嘗百草，日遇七十二毒，得荼而解之。」神農嘗百草的故事，在其他史料中亦有不少記載，在中國可謂流傳甚廣，影響頗深。值得一提的是，其名稱由荼改爲茶是後來的唐玄宗御批而定，成書於開元二十三年（公元七三五年）的《開元文字音義》正式將「荼」去掉一筆，成爲現在的「茶」字。

神農時代是「只知其母，不知其父」的母系氏族社會，依此推斷，茶的歷史至少已有四、五千年。因而，中國人推崇神農氏爲發現和利用茶樹的鼻祖也是有充足理由的。

縱觀中國茶文化史，最早提到茶的有關記載便是《詩經》。在其〈邶風・谷風〉篇中曾有「誰謂荼苦，其甘如薺」的句子。至於「荼」字在當時指的是茶還是其他植物，後人衆說紛紜，至今仍未有定論。但唐玄宗將「荼」字改爲「茶」字卻是事實。晉郭璞的《爾雅注》就曾指出：「

樹小如梔子，冬生，葉可煮羹飲，今呼早采（採）者爲茶，晚取者爲茗。」西漢宣帝時諫大夫、辭賦家王褒寫有〈僮約〉一篇，其中有「武陽買茶」、「烹茶盡具」之句，從描繪的形狀和食用的方式看，當年史書記載的「茶」就是現在一直飲用的茶。唐代陸羽撰《茶經》說：「茶之爲飲，發乎神農氏，聞於魯周公。」如果說四、五千年前的中國人就開始飲茶似乎不太可信，那麼在三千多年前的商周時代，人們開始飲茶也許是可信的。

據史料載，中國茶樹的人工栽培，始於兩千多年前的西漢鄉農吳理眞，後稱甘露普慧禪師。此人出家後種茶樹七株於四川蒙頂山上清峰，名爲蒙山茶。此茶後來名聲大振，成爲茶中少有的珍品，並留下了「蒙山頂上茶，揚子江心水」的千古絕唱。

儘管普慧禪師培植出了茶中珍品並開始飲用，但就整個中國而言，飲茶風俗卻不普及。至三國兩晉時代，以吳國君主孫皓爲代表的統治階級頗爲喜歡飲茶，而且文人以茶待客漸成時尚，但茶仍屬上層社會享用的奢侈品。

研究者普遍認爲，茶在中國的廣泛傳播應自唐代開始，並與佛教的興盛有極大的關聯。由於佛教在唐代達到了全盛時期，許多僧居佛刹已不僅僅是傳播佛學思想、弘揚佛法的地方，也是經濟單位和財源勢力所在，形成了「十分天下之財，佛有七八」的局面。在安史之亂後，禪學中的南宗派❷因幫助徵稅和收「香水錢❸」補助軍餉有功，而統治者又想利用佛教的影響加強統治，佛教門僧就有了相當大的特權，甚至有了莊園和土地。這些名刹古寺，莊園又多建在雲山霧罩、彩雲繚繞的風景勝地，氣候溫和，陽光和雨量充足，極宜種植和培育茶樹。伴隨著佛教的興起，僧尼們開始提倡坐禪飲茶，驅除睡魔，便於清心修行，飲茶之風首先在佛門中日益普及起來，栽種、管理、採製等一系列繁瑣的佛事活動也隨之產生。

另據史料載，最早培育茶樹的蒙頂甘露寺，採摘茶要在四月初八，即釋迦牟尼誕生這一天。每年的這一天，附近各山七十二個寺院的和尚都雲集蒙頂，焚香沐浴，祭祀「仙茶」。然後由一大德高僧咬一片茶，漱一次口，如此循環往復，共咬完三百六十五片，即一年的時日，衆僧方可採茶。茶採擷後，由寺僧中善製茶者炒製，衆僧一邊品茶，一邊盤坐圍繞誦經。蒙頂甘露寺以採茶飲茶的形式進行的佛事活動，漸被其他寺院採用，如杭州錢塘的天竺、靈隱等寺院也有類似的活動，直至後來將茶發展成沙門規定的專項供養品。日本和尚圓仁在其著的《入唐求法巡禮行記》中有這樣的記載：貞元八年六月八日，天竺高僧釋智慧奉旨入西名寺譯佛經，所得賞賜就有「茶三十斗」。唐懿宗還曾親自爲後來護送佛骨舍利入法門寺地宮的僧澈大法師作「讚唄❹」，內有《十供養讚》，其中有一項就是茶的供養（其餘爲香、花、燈、果、塗、食、寶、珠、衣）。此時的沙門已經開設茶堂、茶寮，配備了專職茶頭、施茶僧，以茶來禮待善男信女。

隨著「佛茶」的盛行，關於茶樹的培植和茶的飲用也在大唐國土上由南向北散布，大有野火

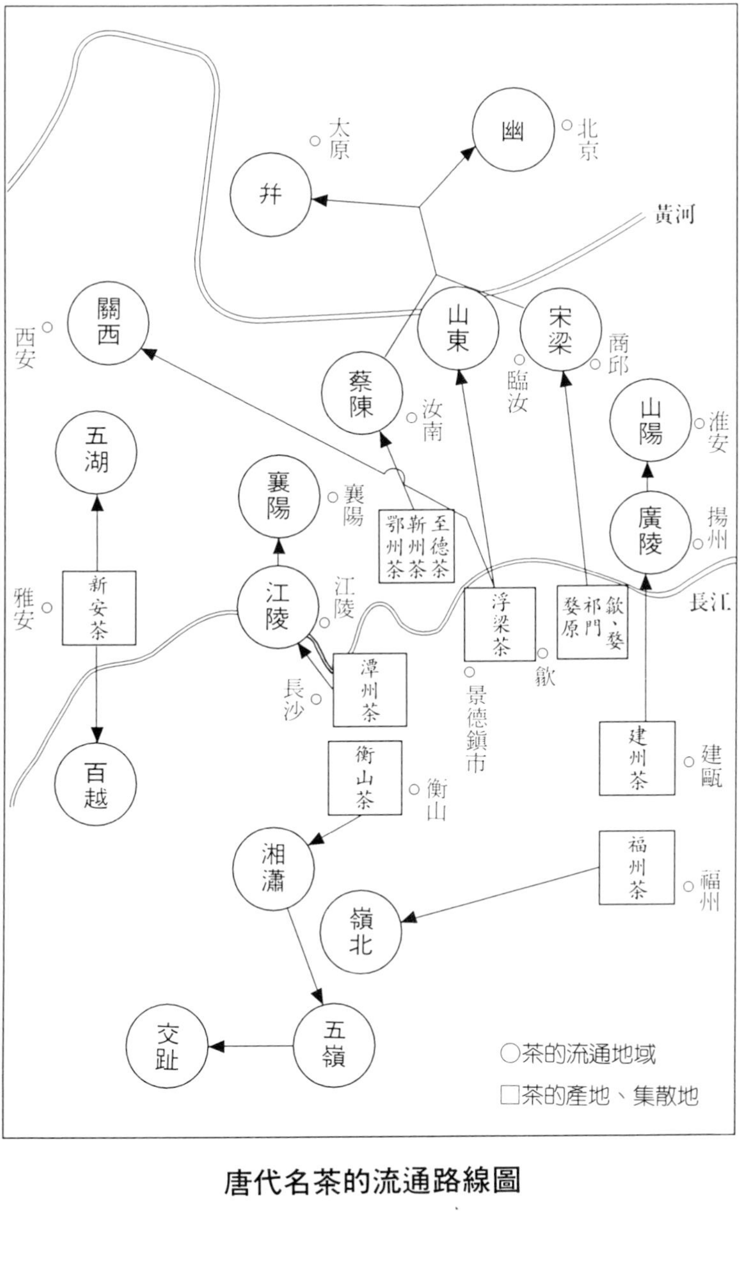
太原
幷
幽
北京
黃河
關西
西安
山東
宋梁
商邱
蔡陳
臨汝
汝南
山陽
淮安
五湖
襄陽
襄陽
至德茶
蘄州茶
鄂州茶
廣陵
揚州
雅安
新安茶
江陵
江陵
浮梁茶
歙、婺
祁門
婺原
長江
長沙
潭州茶
歙
景德鎮市
建州茶
建甌
百越
衡山茶
衡山
湘瀟
福州茶
福州
嶺北
交趾
五嶺
○茶的流通地域
□茶的產地、集散地

唐代名茶的流通路線圖

燎原之勢，許多鄉農也開始從事種茶飲茶的活動。在這股大趨勢中，中國茶文化史上一位偉人的出現，使飲茶的方式逐漸由最初的藥飲（漢、魏時流行在烹茶過程中加入藥物）和粗放式煮飲發展成爲細煎慢啜的品飲，繼而演進爲富於藝術性、哲理性的茶藝和茶道，爲中國自漢代至唐代八百多年間的茶事做了一個總結，同時爲後世的茶學研究和茶道傳播樹立光彩奪目的一座里程碑。

——這就是曾創作出不朽巨著《茶經》，並被後人譽爲中國「茶聖」的詩僧陸羽。

陸羽與《茶經》

陸羽，字鴻漸，生於唐開元二十一年（公元七三三年），父母不詳。因爲陸羽出生不久便被拋棄，「有竟陵（今湖北天門）禪師智積得嬰兒於水濱，育爲弟子。及長，恥從削髮，以《易》自筮，得〈蹇〉之〈漸〉曰：『鴻漸於陸，其羽可用爲儀。』始爲姓名。有學，愧一事不盡其妙。性恢諧。」這便是他幼年時大體的文字記載。而關於陸羽與茶結下的不解之緣，也從這時開始。

陸羽在龍蓋寺初學茶事，因他聰明又用心，煮茶技藝不斷提高，不斷創新，所煮之茶漸漸有了自己的特色，受到智積禪師的讚賞。由於陸羽天性詼諧好動，不太喜歡看上去枯燥乏味的僧侶生活，所以他在唐天寶二年（公元七四三年）離開了龍蓋寺，加入當地一個戲班學戲。戲班經常到各地演出，陸羽在隨行中也開始更廣泛地接觸茶事活動。天寶五年（公元七四六年），一個偶然的機會，十三歲的陸羽受到被貶至竟陵當太守的河南尹李齊物的賞識，並出資送他到火門山鄒夫子處讀書。負笈就學的三四年間，他在潛心攻讀之餘，還爲性喜茶事的鄒老夫子採茶、煮茶，並在火門山南坡鑿泉引水，以煮良茶。陸羽成名後，此泉被稱爲陸羽泉。天寶十一年（公元七五二年），陸羽又與被貶爲竟陵司馬的禮部員外郎崔國輔結識，兩人經常在一起交談，論定茶事，研討茶水的品質。此後又「與之游處，凡三年」，北到義陽（今河南信陽一帶），西至巴山峽川。在這三年的遊歷中，陸羽了解更多有關茶事的情況和知識，爲以後撰寫《茶經》打下一定的基礎。

安史之亂後，陸羽於至德元年（公元七五六年）離開竟陵，沿長江而下，經過鄂州、黃州、彭澤等地，一路遊覽寺觀，採茶品水，結識名士。上元初（公元七六〇年），陸羽到達湖州（今浙江湖州市）。

當時的湖州並未受到安史之亂的影響，此處山清水秀，人傑地靈，社會安定，名士雲集，加上茶事活動歷史悠久，優質茶水衆多，極有利於開展茶學研究。由於這些優越的自然條件和人文景觀，陸羽在湖州定居下來，先後達三十年之久。

當時湖州杼山妙喜寺和尚皎然，是一個嗜茶擅詩的名僧，爲人心性高潔，熱情好客，相傳是南朝詩人謝靈運十世孫。皎然在湖州屬地長城（今浙江長興縣）顧渚山區闢有茶園，常以詩談茶。陸羽的到來使兩人很快成了忘年之交。陸羽在皎然的幫助下，衣食盡有，「譚宴永日」，品茶作詩，甚得其趣。他以湖州作爲安居的大本營，經常到鄰近的杭州、蘇州、常州、潤州等地之產茶區，進行實際考察，使他對茶學的研究越發精到，也爲《茶經》的問世作了進一步的奠基。從後世流傳的陸羽和吳興名妓李治交往的故事中，可以看出此時的陸羽已將茶事活動推行到一個藝術的境界了。

陸羽經好友皎然和尚的引薦，結識了當時在湖州屬地吳興號稱色詩雙絕的名妓李治。當陸羽第一次前來拜訪已經入觀作道姑的李治時，按當時時興的風氣，李治給陸羽奉上一杯熱騰騰的香茶。誰知陸羽僅向杯中看一眼，便說道：「虧妳素以詩才著稱，料不到還沒擺脫庸俗之氣。」此話一出，不由使李治吃了一驚：「我李治還沒與您正式交談，怎麼就認定我俗氣？」

陸羽用手往茶杯輕輕一指道：「就憑這杯茶已可看出。」

「這茶有什麼？」李治不解地望著陸羽。

「枉費你們吳興的啄木嶺茶名揚天下，吳興顧渚山的紫筍茶還是皇家貢品。對茶如何沖調，你還跟俗家一般，沒入門哩！」陸羽答道。

「呀，沖茶泡茶也有學問？」李治更加驚訝。

「豈止是學問，而且學問大著呢！」陸羽有些得意地繼續說，「茶乃養生之精，論其性它具有解熱渴、驅凝悶、緩腦痛、明眼目、息煩勞、舒關節、蕩昏寐、提神、醒酒等功效，長期服用，可以令人有力悅志，增益思考……這些其實還都是外在的，更深層次的則在五美，也就是味之美、器之美、火之美、飲之美、境之美。說到底是一種天人合一的大思想、大藝術之美……」

李治見陸羽越說越玄，心中嘆服的同時又有些納罕地問：「您還沒喝這杯茶，怎麼就說我的茶末脫俗氣呢？」

「光憑浮在水面上的幾片茶葉，我就知道妳起碼不是用開透的水泡的。不用開透之水，茶味如何能現？」

李治似有所悟，並自願拜陸羽爲師學習茶藝，陸羽當然樂意，當晚就留宿觀中，且一住就是半個多月。在這段時間裡，陸羽一面與李治談論詩文，一面傳授烹茶品茗的功夫。李治憑著自己的聰明伶俐，很快領會了其中的要訣。不久，李治除詩才色藝外，善於烹茗煮茶的聲名也震動四方。後來，又經過陸羽的傳授，李治的茶藝之術又走向一個新的境界。

唐建中四年（公元七八三年），德宗皇帝聞知李治的詩名和茶名，特下詔召她上京晉見。這時李治已四十多歲，但姿色不減當年，唐德宗在驚喜之中，召幸了她。第二年，大將朱泚發動政變，唐德宗倉皇而逃，李治被棄在宮中。而朱泚入宮後，尋遍後宮佳麗，當尋到李治時，見其仍是風韻宜人，尤其那一身潔白細嫩的肌膚，更是令人想入非非。朱泚當場將其挾入內室加以非禮，並命其隨時侍命侍夜，李治迫於無奈，只好遵命。但這場叛亂不久便被平息，唐德宗再度回京時

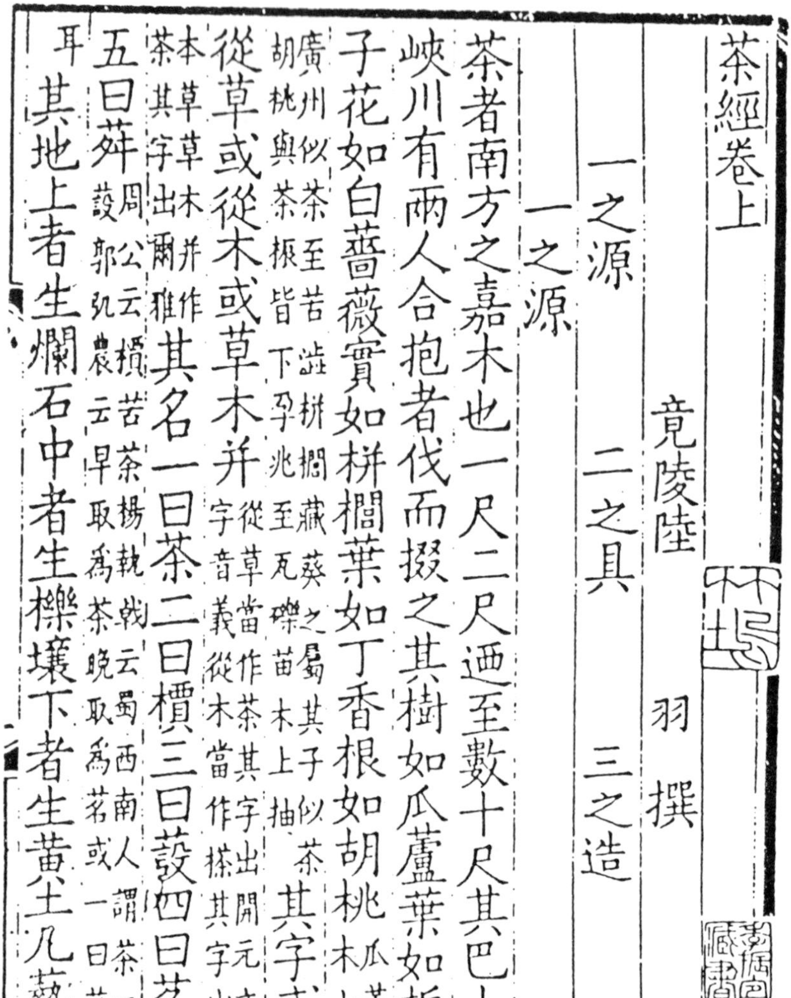
茶經卷上

竟陵陸　羽　撰

一之源　二之具　三之造

一之源

茶者南方之嘉木也一尺二尺迺至數十尺其巴山峽川有兩人合抱者伐而掇之其樹如瓜蘆葉如梔子花如白薔薇實如栟櫚葉如丁香根如胡桃瓜蘆木出廣州似茶至苦澁栟櫚蒲葵之屬其子似茶胡桃與茶根皆下孕兆至瓦礫苗木上抽其字或從草或從木或草木并從草當作茶其字出開元文字音義從木當作搽其字出本草草木并作茶其字出爾雅其名一曰茶二曰檟三曰蔎四曰茗五曰荈周公云檟苦茶楊執戟云蜀西南人謂茶曰蔎郭弘農云早取爲茶晩取爲茗或一曰荈耳其地上者生爛石中者生櫟壤下者生黃土凡藝

宋・左圭《百川學海》本《茶經》書影

，惱恨李治對他的不忠，竟下詔將其殺害了。

李治雖死，但她從陸羽那裡學來的茶道藝術卻流傳了下來，直到今天，吳興一帶還有人用她的烹茶方法，煮茗待客。而湖州一帶著名的「擂茶」，據傳也是她留下的絕技。

就在李治死去的前五年，也就是唐建中元年（公元七八〇年），她的茶藝之師陸羽，經過大半生的潛心研究，終於在湖州青塘門外，完成世界上第一部茶學專著《茶經》。此書上承神農本草之學，下啓農桑耒耜之術，對中國思想學術史、科學技術史具有承先啓後的作用。《茶經》的問世，表示中國的茶事已開始成爲一門科學、一門藝術，同時也體現了茶與人、物質與精神的高度統一，並大力推動唐代的文化、經濟、貿易、科技乃至社會風俗。

由於唐代茶事的興旺和發達，飲茶極爲講究，飲必名茶，煮茶之水必引自名泉。陸羽在廣泛總結飲茶人的看法和親身實踐後，評定了天下名茶和名泉。在《茶經・一之源》中，把全國八大茶區粗定爲「上、中、下」三等。具體到一地，則根據土質、氣候、生長情況的優劣作評述。他在著作中說，「上者生爛石（石間腐土），中者生櫟壤（即礫壤，指砂壤），下者生黃土」，「野者上，園者次，陽崖陰林；紫者上，綠者次；笋（通「筍」，嫩芽）者上，牙（芽）者次；葉卷上，葉舒次」。同時，陸羽還品評天下之水，並排出順序。他將廬山康王谷水簾洞之水評爲水中狀元，由此引發了一場「品水公案」，這個公案直到千餘年後，才由大清朝的乾隆皇帝拍板判定。

地宮茶具的藝術魅力

陸羽在《茶經》中除了闡述茶道藝術的五美和各種煮茶飲茶的要素和精義之外，還開列二十八種專門器具及其規格、造型和功用。這是中國茶具發展史上最早、最完整的記錄，可見唐人對茶具選擇也同樣重視。

唐代飲茶器具，民間多以陶瓷爲主，而皇親貴冑多用金屬茶具和當時稀有的祕色瓷、琉璃茶具，法門寺地宮出土的唐代宮廷系列茶具有力地證明了這一點。這套唐僖宗爲迎送佛骨舍利而供奉的茶具，是皇室茶文化的完美表現，也是大唐帝國宮廷飲茶風尚極其奢華的見證。它從不同的側面，不同的角度，對唐人的「吃茶」藝術進行了一次具體、生動、眞實的透視和折射。

請看：

◎烘焙器

金銀絲結條籠子：通高一四・五厘米，重三五五公克，有蓋、直口、深腹、平底、四足，蓋爲穹頂，籠有提梁（器物上供人提舉用的把手），蓋與提梁之間用鏈相連。整個籠子用極細的金絲、銀絲編織而成。通體剔透，工藝精巧。它是供烘烤團茶❺用的，並爲唐僖宗所賜。

鎏金飛鴻毬路紋❻籠子：通高一七・八厘米，足高二・四厘米，重六五四公克，有蓋、直口、平底、深腹、四足，有提梁。通體鏤空，紋飾鎏金，點綴著飛鴻，栩栩如生，它同樣作爲烘烤團茶所用。

在此，應該提及的是，茶具中的金銀絲結條籠子和鎏金飛鴻毬路紋籠子，其編織方法和一九五九年北京明定陵出土的萬曆皇帝那用金絲編織的朝天幞皇冠❼基本相同。而當時專家們斷定，此種編織方法至宋代才開始出現。其實，從法門寺地宮出土的茶具來看，早在唐代，金絲編織工藝已經達到相當高的水準。定陵發掘後所造成的錯誤論斷，在這裡有了一個明確糾正的機會。

◎碾羅器

鎏金鴻雁流雲紋銀茶碾子：因唐代煮茶用團茶，所以在煮茶之前，要將團茶烘烤，再用茶碾子碾碎烹煮（碾前需先以淨紙密裹，將茶餅搥破）。它由碾子和碢軸兩部分組成，與現在的中藥碾子相似。茶碾子係鈑金成型，紋飾鎏金，通體方長，縱橫而呈「II」形。通高七・一厘米，橫二七・四厘米，槽深三・四厘米，轄板長二〇・七厘米、寬三厘米，重一一六八公克，底面鏨銘文「咸通十年文思院造銀金花茶碾子一枚，共重廿九兩，匠臣邵元審，作官臣李師存，判官高品臣吳弘慤，使臣能順」。由此可見，這枚碾子顯然是文思院專爲皇帝打造並用來碾茶的茶具之一。而從那件鎏金團花紋銀碢軸來看，分別由執手和圓餅組成，紋飾鎏金，圓餅邊薄帶齒口，中厚帶圓孔，套接一段執手。餅面刻「五哥」字樣，並帶半圈鏨文「碢軸重一十三兩，十七字號」。前邊已經介紹，「五哥」是僖宗皇帝未即位前的稱呼，因而可斷定此物也是僖宗皇帝的。這枚碢軸小巧玲瓏，餅徑八·九厘米，軸長二一·六厘米，重五二七·三公克，是典型的宮廷茶具用品。

鎏金飛天仙鶴紋壼門座銀茶羅子：通體呈長方形，由蓋、身、座、羅、屜組成，鈑金成型，紋飾鎏金，四周飾駕鶴仙人及流雲紋。茶羅子是在團茶碾碎後用來篩茶的，羅爲雙層，厚約二厘米，高約二厘米，中夾質地爲細紗的網篩，極爲細密，羅下有屜，可放茶麵。

陸羽對飲茶人的要求是「精行儉德」。後人又將其概括爲「五字精蘊」，即「清、和、儉、怡、健」，涵義乃是清心養神、和氣安性、儉德精行、怡情勵志、健體長壽。這五字精蘊和後來在日本形成的茶道「和、敬、清、寂」大體是相通的。

也正是由於陸羽提倡飲茶人要「精行儉德」，故他在《茶經·四之器》篇中，主張這些器具要用木製或竹製。當時人們品茶，多是自碾自羅，而碾和羅的過程，可以醞釀品茶時所需要的那種情趣。法門寺地宮出土的這些銀製鍍金並刻有花紋的豪華茶器，顯然不是陸羽在《茶經》中倡導的那種茶具，其原因當然是帝王之家與平民百姓甚至官僚士大夫的不同。帝王一旦把飲茶變成一種享受，也會在品茶的過程中加入精美的茶器和豪華奢靡的氣派，同時借助茶道反映皇權至高無上的威力。

◎貯茶器，貯鹽、椒器

鎏金銀龜盒：通高十三厘米，長二十八厘米，寬十五厘米，重八一八公克，龜狀昂首、曲尾，四足內縮，龜甲爲蓋，甲上有龜背紋。通體維妙維肖，酷似一隻活蹦亂跳的烏龜。此盒的妙用在於貯放碾碎的團茶，茶裝入後，既可揭甲蓋提取，也可從龜口中倒出。從中國的古代直至今日，龜象徵著吉祥長壽，而把龜的形象作爲茶器的裝飾圖案，則表明了皇家祈求「聖壽萬春，聖枝萬葉」的心願。

鎏金蕾紐摩竭紋❾三足架銀鹽台：通高二十五厘米，由蓋、台盤、三足架組成，支架有鏨文爲「咸通九年文思院造銀塗金鹽台一只」。由於煮茶時，茶中要放鹽、胡椒等佐料，據此可斷定，這是專門供貯放鹽和胡椒所用的茶具。

◎烹煮器

鎏金蔓草紋長柄勺：全長三五・七厘米，重八四・五公克。匙面呈卵圓形，微凹，柄上鏨有蔓草紋圖案，並刻劃「五哥」字樣，當爲僖宗生前所用，後與其他茶具一同供養於法門寺地宮。主要用途是在煮茶時不斷擊沸湯面，使茶末融於湯中。

鎏金飛鴻紋銀則：全長一九・二厘米，則橫徑二・六厘米，縱徑四・五厘米，重四四・五公克，小巧精致，與長柄勺形狀相似。「則」是投茶時的匕狀量具，形如勺，柄前窄後寬，後端作三角形，前後兩段分別爲聯珠組成菱形圖案，間以十字花飛鴻流雲紋。

▲鎏金雙獅紋菱弧形圈足盒

▲侈口圈足祕色瓷碗，外壁留有包裝紙上的仕女圖印痕。

◎**飲茶器**

鎏金伎樂紋銀調達子：通高一一・七厘米，重一四九・五公克，鈑金成型、紋飾鎏金，爲直口、深腹、平底、圈足、有蓋。調達子是專供調茶和飲茶之用，這次出土是迄今見到的最早的點茶❿器之一。

素面淡黃色琉璃茶盞、茶托：通體呈淡黃色，有光亮透明感。茶盞侈口，腹壁斜收，茶托口徑大於茶盞，呈盤狀，高圈足。這是一套供人飲茶的器具，造型原始、簡樸，質料微顯混濁模糊，屬唐代地道的中國式茶具製品，由此可見，中國的琉璃茶具在唐代已經起用。

除此之外，法門寺地宮中還出土了祕瓷曲口圈足碗等一系列祕色瓷器。這套瓷器色澤青瑩柔和，造型古樸典雅，初步認定爲茶具中的點茶器。陸羽在《茶經・四之器》中，對飲茶器皿的質地色澤評述道：

碗，越州上，鼎州次，婺州次，岳州次，壽州、洪州次。或者以邢州處越州上，殊爲不然。若邢瓷類銀，〔則〕越瓷類玉，邢不如越一也；若邢瓷類雪，則越瓷類冰，邢不如越二也；邢瓷白而茶色丹，越瓷青而茶色綠，邢不如越三也……越州瓷、岳〔州〕瓷皆青，青則益茶，茶作白紅（應作「綠」）色。邢州瓷白，茶色紅，壽州瓷黃，茶色紫；洪州瓷褐，茶色黑，悉不宜茶。

從陸羽的評語中，可以看到唐代飲茶以及茶道對「色香味」的研究和境界。茶道的最高境界首先在於茶葉湯色的自然本色——綠色，而能昭顯茶葉這一自然之美的瓷器即爲上品。當時越州窯燒製的青瓷青如天、明如鏡、薄如紙、聲如磬，其釉彩紋色更是千變萬化，姿態紛呈，若作爲茶具則的確有美不勝言之境，也難怪唐代詩人發出「越甌犀液發香茶」的讚嘆。法門寺地宮出土的一整套宮廷系列茶具，具體地再現了久遠年代裡人類的精心巧思。透過這套迄今爲止世界上發現最早、保存最完整、茶史典籍未作記載的晚唐宮廷茶具，不僅可以了解那個時期的歷史及宮廷生活，而且還可看到古人的審美觀。

這套茶具除質地高貴、造型精巧、紋飾流動等藝術特色之外，和其他出土的物件相比，其最爲獨到之處在於整體和個體組成的陰柔之美。正如衆所周知的那樣，當歷史車輪行進到晚唐時期，昔日那種奮發昂揚、激越豪邁的精神和美學追求不復存在，「攏金代鼓下榆關」、「氣蒸雲夢澤，波撼岳陽城」的壯美境界已經一去不返。時代的劇變，促使人們在精神領域轉向新的思想。陰柔就成爲時代轉折期的一種新的美學標誌與追求。而法門寺地宮出土的茶具，正是這一美學思想和特色的體現。無論是貯茶餅的籠子，碾羅茶麵的碾子、羅子，貯茶麵的盒子，盛鹽、椒的鹽台，或是飲茶用的調達子、琉璃茶托、茶盞及佐食用的祕瓷盤等，均精巧玲瓏，飄逸輕盈。整體與個體、個體與個體之間互相匹配協調，那婉轉流動的紋飾，那色彩絢麗的器體，無不折射出一種動人心魄的陰柔之美。而在這種美的意境深處，又包含著黃老哲學中那無爲的思想底蘊，它映照出晚唐政治背景的映照，是「無可奈何花落去」的政治輓歌。

多少年來，與人民生活息息相關的唐代茶文化一直是人們關注的焦點，研究重心大多集中在陸羽和寺院茶道的層面上。毋庸置疑，作爲世界上第一部描述茶的專著，《茶經》在茶文化中具有無可替代的重要作用，但由於作者本身的地位、所處時代和地域的局限，也決定了其著作不可能全面反映唐代茶文化的風貌。法門寺地宮出土的系列茶具，是陸羽及其同時代的人所未曾見到的。而今天的茶文化界，由於缺乏資料和實據，對唐代宮廷茶道一直沒有深層的了解，甚至對這個領域的研究是一片空白。

法門寺地宮出土的系列茶具，爲我們勾勒出了唐代宮廷茶道的鮮明輪廓。唐代宮廷茶道是在陸羽《茶經》的基礎上，將茶與政治、經濟、宗教、文化相結合的產物。它是對陸羽《茶經》的一種完美的實踐，也是茶文化走向成熟的重要標誌。茶文化一旦從民間、寺院走進宮廷，宮廷茶道首先在內容和形式上達到完美精極的程度，它既體現了在茶文化中具有深遠影響的「和、敬」精神，同時也表現出儒家「重禮儀，明序倫」的「禮樂」精神。這一點，正是茶文化得以在宮廷興行的原因之一。可以說，法門寺地宮出土的這套金碧輝煌、華美富麗的唐代宮廷御用茶具，眞實地反映了宮廷飲茶的風俗和習慣，證實陸羽在《茶經》中所述的飲茶之道。其大體的步驟爲：先將茶葉烘焙，放在茶碾中用碢軸碾成粉末，然後將碾碎的茶葉放進茶羅子細羅，經羅底篩下的茶葉粉末落入抽屜中。吃茶時，從抽屜中取出這些粉末狀茶葉入爐烹煮，並加鹽、椒等佐料，調成糊狀一併吃下。而在唐代社會中，不同的階層就有不同的茶道。透過飲茶聯結友情，品味人生，觀照人類社會自身，是唐代漸成的文人茶道的特色；飲茶過程中超脫世俗的寧靜，是寺院僧侶茶道的特色；兼具表演性、等級性、和親性⑩，則是宮廷茶道的主要特色。

茶文化東渡日本

繼陸羽的《茶經》問世之後，隨著茶道文明的普及和發展，對茶葉的生產、製造、貿易產生重大的影響，從而在中唐出現八大茶區和幾條大的貿易路線。據陳椽《茶葉通史》的估算，德宗貞元九年（公元七九三年），全國產茶已達二百萬市擔，每人平均用量竟達三・六四斤，不僅創造了歷史的最高峰，而且製茶工藝和茶道藝術也有新的突破。故唐文宗大和九年（公元八三五年）規定，凡民間種植的茶樹，全部要移至官營茶園，摘茶葉於官場中製造，舊有私人存茶一律焚毀，這便是大唐歷史上的「榷茶制」。這一法令，將茶葉的種植、加工和銷售統統歸於官府。榷茶制先是用於國內，後茶馬貿易⓫興起，又開始用於邊關。與此同時，唐朝廷也開始對茶葉的徵稅，以解決財政困難⓬。中唐以後，唐朝廷曾四次頒布關於茶的法令，可見茶在國計民生中所占有的地位。唐宣宗大中元年（公元八四七年），在制定的《茶稅法十二條》中曾明文規定：「私鬻三（疑爲「之」字訛誤）犯皆三百斤乃論死。長行群旅，茶雖少皆死。」從這項嚴厲的法令中可以看出，茶稅對於唐朝廷的財政是多麼的重要，植茶和飲茶風尚在大唐帝國正在走向繁榮。由於這樣一種背景和現狀，作爲特產的茶葉，同絲綢、瓷器等精美絕倫的物品一樣，走出本土遠銷海外。大唐茶文化也在這股必然的趨勢中，在異國土地上開花結果了。

關於中國茶種傳播的第一個國家，史學界公認是朝鮮，而後是日本、西亞等受漢文化影響較深的鄰國。史載，新羅國二十七代善德女王（公元六三二年）時代，留學僧人從中國帶回茶種，栽植於韓國的河東郡雙溪寺，由此開始了朝鮮半島種茶、飲茶的歷史。當然，中國茶樹的栽培和茶道藝術，最典型和最有代表性的傳播地應屬日本。另據可考的資料記載，唐代高僧鑑眞於唐天寶十二年（公元七五三年）東渡日本，在傳授佛教的同時，也帶去茶種和茶文化。

唐德宗貞元二十年（公元八〇四年），也就是日本桓武天皇延曆二十三年，日本天台宗的開山鼻祖最澄和尚與其弟子義眞，乘遣唐使船來中國求法。在次年回國時，最澄不僅攜回了天台宗經疏論及其他佛教經典，在比叡山開創天台一宗，大弘教化，而且還從天台山和四明山帶回茶種，栽於近江（日本滋賀縣境內）的台麓山地區。應該說，最澄和尚是日本植茶技術的第一位開拓人，日本茶文化歷史的序幕也是從這裡眞正地揭開的。

與最澄和尚同年來中國，而於日本嵯峨天皇大同元年（公元八〇六年）歸國的日本僧人空海，不僅帶回密教佛法，也引進唐朝的餅茶和茶種，還有中國製茶的石臼和蒸、搗、焙等製茶技術，並全面地在日本傳播中國茶藝。空海和尚在弘仁五年（公元八四一年）閏七月二十八日上獻《梵宇悉曇字並釋義》等書時，所撰的〈空海奉獻表〉中，就有「茶湯坐來」的字樣。可以說最澄和空海乃是日本栽茶和傳授茶道的始祖。隨後，最澄和空海的弟子圓仁、圓珍、常曉、圓行、慧遠、宗睿等人，使入唐求法返國後，也都帶回了茶種和茶道藝術。

另外還有一位重要僧人，也爲中國茶藝在日本的傳播起了極大的作用。這就是早在光仁天皇寶龜初年（公元七七〇年）便入唐求法，於桓武天皇延曆二十四年（公元八〇五年）與最澄和尚同年歸國的永忠和尚。

永忠和尚在大唐居住長達三十年之久，不僅平時嗜茶，也深入研究唐朝的飲茶風俗和技術。回國時，他帶去了唐朝的茶種和樂器，並開始在日本傳播。而傳入日本後的中國茶道正式走進宮廷並受到皇室的青睞，應該始自嵯峨天皇，也正是透過他的推波助瀾，才使茶道在日本扎下了根。此時的嵯峨天皇對大唐文化格外喜愛，不僅是最初品茶飲茶的第一位天皇，其宮中的禮儀及服飾也採用唐的形式和制度。不僅如此，這位天皇還特別喜歡吃中國菜，又對唐文化鑽研頗深，堪稱當時書法、漢詩書作的第一才子。《日本後記‧嵯峨天皇弘仁六年四月》記載：

癸亥，幸近江國滋賀韓畸，便過崇福寺，大僧都永忠、護命法師等，率僧奉迎於門外，皇帝降輿，升堂禮佛，更過梵釋寺，停輿賦詩，皇太弟及群臣奉和者衆。大僧都永忠親自煎茶奉御，施御被，即御船泛湖，國司奏其風俗歌舞，五位已上並掾以上賜衣被，史生以下郡司、郡司以下賜帛有差。

從這段文字中可以看出，求學大唐歸國後的都永忠，不但和嵯峨天皇有所接觸，還因親自給天皇煎茶而受到了賞賜。由此也可以看出，茶道從中國傳入日本後，嵯峨天皇已經開始把這種文化溶入日本文明之中了。

正是由於僧人的引進與皇帝本人的嗜好，茶道在日本開始發展並發達起來，因而就有了關於茶樹栽培和茶園設置的記載。《日本後記‧嵯峨天皇弘仁六年五月》中有「五月壬寅，令畿內並近江、丹波、播磨等國植茶，每年獻之」的字樣。又據《拾芥抄》載，當時的首都一條，正宗町、豬熊和大宮的萬一町等地也設有官置的茶園，種植茶樹以供宮廷之用……儘管如此，茶樹的種植與茶道的傳播，畢竟受到了時間、地域、條件等各方面的限制，這個時期的種茶和飲茶也還局限於寺院僧人和宮廷之間，並未在全國普及開來。但就是這樣的一個規模和範圍，足可以確認在公元八一五年前後，日本已有了飲茶風俗的事實。

公元八九四年，大唐王朝進入藩鎮割據、軍閥混戰的晚期，日本遣唐使終止，中日兩國信使交往亦隨之斷絕，只有雙方民間的貿易往來還時斷時續地進行。到了宋太宗雍熙元年（公元九八四年），日本東大寺大朝法濟大師奝然一行五人，浮海來到中國，立即受到宋太宗的召見，並「撫之甚厚」。自此，日本僧人來中國與宋朝渡日傳法的僧人絡繹不絕，出現了中日佛教交流史上又一個新的繁榮景象。

儘管宋代的中國長期處於內憂外患的境地，但是，茶葉在社會生活和文化交流中的地位卻顯得日益重要。隨著產茶區域的擴大，許多以茶爲主業的農民和大規模的官營茶園應運而生，致使茶葉的產量大大增加。又由於宋遼兩國互市，宋民可以用茶換取遼貨，在相當程度上刺激了宋朝茶葉貿易的發展。在這種大氣候下，宋代的製茶技術較唐朝有新的突破，特別是團餅茶，製作趨於精美，餅面開始出現龍鳳之類的花紋，故名「龍鳳團餅」。而宋代的飲茶風尚，其傳播範圍比唐代更廣，飲茶的藝術也更爲精深老到，沏茶時對火候和茶具格外講究。於是，在唐代興起的茶宴、鬥茶之風便由上層社會普及到民間，人人可從坐茶館和品茶裡體會到一份優閒之情、詩禪之意。飲茶文化已成爲中華民族文明無法割捨的重要組成部分。

也就在這樣一個時代背景和藝術氛圍中，前來中國留學的一個日本僧人，在掌握中國的茶道精神後，將這種藝術和文化全面普及於日本，爲中國茶文化在日本國的傳播和發展起了最爲重要的作用。這位僧人就是被日本人民譽爲「日本的陸羽」和「日本的茶祖」的榮西禪師。

榮西，永治四年（公元一一四一年）生於備中國（今日本岡山市）吉備津神社的神官之家。八歲隨父讀《俱舍頌》，十一歲師事本郡安養寺僧靜心，十四歲時，他爲探求佛教知識而出家，並到比睿山受戒，改乳名千壽丸爲榮西。這比睿山當時爲天台宗傳播佛教的最高學府，以曾留學中國的最澄爲首，名僧雲集，特別是圓仁慈覺大師、圓珍智證大師等長期入唐學法。榮西深受其影響，對唐宋文化十分推崇仰慕，立志來中國學習。

宋孝宗乾道四年（公元一一六八年），即日本高倉天皇仁安三年四月，榮西終於如願以償，搭乘商船來到中國，在明州天童寺、育王寺和天台山萬年寺等參拜，求得天台宗新章疏三十餘部六十卷。在求學的過程中，他遇見了日本求學僧重源（源空弟子，後任負責東大寺再建的「大功進」），九月，二人結伴回國。

宋孝宗淳熙十四年（公元一一八七年），即日本文治三年三月，已是四十七歲的榮西再度乘船入宋，拜天台山萬年寺虛庵懷敞禪師爲師，受傳臨濟心印[13]，修「看話禪[14]」。南宋紹熙二年（公元一一九一年），即日本建久二年，榮西歸國，並正式創立臨濟宗。

榮西留學中國期間，正值南宋經濟以杭州爲中心向南發展的小康時期，江南各地均設置茶園，製茶飲茶之風隨處可見。榮西滯華先後長達二十四年，在鑽研浩瀚的佛經之餘，以極大的熱情和興趣進行茶道的研究。他跟中國禪師學習茶的栽種、品製技術，不僅懂得一般茶道，而且領悟了禪宗茶道之理。回國時，除佛教經典外，還攜走大量的茶樹種子。對此，日本有明確的記載：「榮西入南宋，發四明，登嶺，經茶山，見其貴重之而丕有藥驗。秋七月，歸楫（指回國）之日，遂齎持茗數顆，移植之久世郡宇治縣。」榮西將宋代茶種帶回日本宇治縣，培植了至今被稱爲日本第一名茶的宇治茶，同時引入宋代的飲茶方法之一末茶法⑮，以及茶具、飲茶風俗，並根據宋朝寺院的飲茶方法，制定寺院茶道。

日本建曆元年（公元一二一一年）正月，榮西禪師用中日兩種文字著成《吃茶養生記》一書，建保二年（公元一二一四年）又重加修訂。書成後，獻給源氏幕府的將軍源實朝，由源氏出資加以刊印。

《吃茶養生記》一書的誕生，成爲繼唐朝陸羽《茶經》之後，又一部千古不朽的關於飲茶文化的名著。榮西在書中旁徵博引陸羽《茶經》以及《爾雅》、《博物志》、《神農食經》、《唐本草》、《本草拾遺》等古代文獻，論證了茶的起源、功能，並結合自己在中國時的所見所聞，全面記錄茶葉的採摘、蒸焙、烹煮、飲用的方法。他認爲茶葉的產地具有自然之美、人性之美，吃茶乃是人生大美的享受，飲茶是人的養生之道、長壽之道，具有提神、健胃及利眠、利食的妙處。他大力宣稱：「貴哉茶乎，上通諸天境界，下資人倫矣。諸藥各爲一病之藥，茶爲萬病之藥而已。」茶乃爲「上天的恩物」、「聖藥之本源」。據傳，《吃茶養生記》初成書時，和榮西極爲親近的將軍源實朝因宿醉而劇烈頭痛，治療無效，榮西勸其飲濃茶，並將自己撰著的書贈給源實朝。將軍依法飲用不幾日，頭痛很快好轉。由此，源實朝大爲讚賞飲茶的妙用及《吃茶養生記》的不凡，主動出資刊印此書。也正是由於源實朝將軍的鼎力相助和親自鼓吹，《吃茶養生記》一書很快風靡日本，飲茶風尚在原有的基礎上，從粗放改爲具有文化和藝術意味——聞名於世的日本茶道的雛形形成了。

繼榮西之後，日本高僧高辨（又稱明惠上人，榮西弟子）提出飲茶十德的理論，同時在日本宇治廣泛種茶，以寺院爲中心推廣飲茶。此外，曾師承榮西並渡海至宋將曹洞宗引入日本的道元禪師，又將飲茶作爲禪僧必守之規，制定吃茶、行茶、大座茶湯等儀式，使茶道向前推進了一大步。

再後來，日本居士千利休（公元一五二二～一五九一年）「初入大德寺古溪和尚禪門，受珠光茶法於武野紹鷗，完成茶道。」千利休由禪道中引出「和、敬、淸、寂」的茶道精髓，揭示了人間生活的本質和尋求自身和平與安定的願望。

公元一七三八年，永谷宗丹創造了「煎茶」法，並被日本廣大民衆所接受。直到今天，這種飲茶風習還在民間流傳著。

日本著名的茶道研究專家、神戶大學教授倉澤行洋先生，把日本茶道的形成過程及特徵放在一個大的文化背景中，作了如下精闢的論述：

日本茶文化是中國茶文化這個母體衍生出來的一個孩子，這個孩子移居到日本以後非常強健，已成長爲一種綜合性文化。它具有深遠的精神性和濃郁的藝術性，我們把這種茶文化叫日本茶道。但是我要解釋一下，任何事物都有它的精髓部分，也有其糟粕部分。到目前爲止，在日本並不是所有的茶道都能稱得上茶道，也有一些不入流的茶文化現象。

關於中國茶道傳入日本有兩次清楚的記錄。一次是在日本的平安時代，相當於中國的唐代。再一次是鎌倉時代，相當於中國的宋代。在平安時代，把茶傳到日本的有三位僧侶，一是永忠，一是空海，一是最澄。這三位都是佛教的僧侶。在鎌倉時代把茶傳到日本的是榮西，他是日本禪宗的創始人。這樣一看，把茶傳到日本的都是僧侶。

日本的茶文化一開始就與佛教結合起來了。就茶道的歷史來說，到了十五、十六世紀發生很大的變化，那時成立了草庵茶道。我想最精粹的日本茶道就是這種草庵茶道。創立草庵茶道的有三個人，一是珠光，一是紹鷗，一是千利休。這三個人都與佛教有很深的關係。珠光本身就是一個和尚，他的老師也是個和尚，紹鷗和千利休則多次去參禪。千利休參禪的師父說他是三十年飽參之徒。草庵茶道是在佛教的影響下形成的茶道，這樣說一點也不過分。在草庵茶道裡除了佛教之外，還有日本固有的宗教——神道。這裡不再贅述。

十五、十六世紀在日本形成的這種草庵茶道到底有什麼特色呢？我認爲：

第一，茶道是自然的，尊崇自然的。比如說，在日本用木頭蓋房子，一般都要把木頭刨平磨光或者塗上一點油漆。但在茶道裡一律不做這些加工，而是從山上把樹砍下來就用，也不剝皮。我們特別喜歡用這些原木蓋茶室。在茶室裡使用的東西，並不用光滑整齊的，而用特別粗糙的，形狀也不規則。第二，茶道特別講究謙和、謙虛，決不誇大某些事情。比如說在這裡開一個茶會，在牆上要掛東西，則只掛一張字畫。只拿出必備的、不可少的茶具。在插花的時候，我們不是插得花團錦簇，而只使用一枝花或者是兩枝花。除此之外，吃飯時，菜色也越少越好。

在這裡我要舉出我的老師久松眞一先生對茶道的論述，他給茶道總結了七個特點：第一個是不勻稱；第二個是簡素；第三個是枯高；第四個是自然；第五個是幽玄；第六個是脫俗；第七個是靜寂。這七個特點表現在草庵茶道外在的東西。現在講一下內在的東西。十六世紀來到日本的一些西方傳教士對茶道作了這樣的評價，他們說茶道是一種宗教。當然，他們認爲茶道是一種表現形式。這佛教是指在家的佛教，但是茶道本身是佛教的一種表現形式，卻得到了基督教教士的高度評價。這是爲什麼呢？我認爲茶文化、茶道能夠綜合東方的佛教思想，也能夠包容西方的基督教的思想，它是一種具有融合力的偉大文化。

最後我想講講茶道的「道」字在日本有什麼意義。日本茶道中的道與中國茶文化中所說的茶道的道有一點相異處。中國道教中的道，有人說是指萬物的歸宿，是萬物的根本所在。中國儒教中也講道，但與道教中的道有所不同。這裡所說的道是人類生活的一種準則，一種道德的根本所在。佛教中的道是印度梵文菩提的意思。佛教傳入中國之後，被翻譯成中國固有的道，後又意譯成覺悟的覺，在佛教中是悟了的意思。三種宗教都把道這個字用來表現它們各自宗教中最深邃的思想和觀念。日本茶道的道是指一種行程，它包括兩個部分，即去之路與回之路。透過修行茶道逐步邁進悟了的世界，得到純靜的心。再以其純淨的心去實踐更高層次的茶道，甚至擴展至茶以外的一般生活領域。我將此概括爲茶至心之路，心至茶之路。前者的茶可稱爲小隱，而後者的茶即是大隱。關於小隱、大隱之說也是來自中國。按照中國的說法，凡是住在山林裡，把自己的身子隱藏起來的叫小隱，而住在繁世之中的那種隱者叫大隱。爲什麼大隱比小隱還要高一籌呢？這與大乘思想有關。

最後，我要說，茶文化是東方的自然本位主義所衍生出來的最偉大、最精粹的文化。同時，茶文化將要在今後的世界潮流中起領銜作用。茶道不僅是傳統型文化，而且也是未來型文化。茶道就是修心茶，天天用茶道修心，走過這個路程就是茶至心之路，心至茶之路。

關於茶文化的幾點質疑

中國的茶種在傳往朝鮮和日本的同時或稍後的一段時期，也沿著旱路和海路兩條絲綢之路，繼續向西亞、東南亞、歐洲一帶傳播開來。關於這一現象，尤其是茶的早期產地問題，曾有後來的學者提出過質疑。

早在一八七八年，英國人拜爾透過對印度的考察，發表了〈阿薩姆的茶樹〉一文，認爲世界產茶始於印度。但前蘇聯專門從事茶葉研究的學者姆哈捷於一九二六年寫成了〈論茶樹原產地問題〉的文章，文中以自己親身考察和研究得出了中國雲南是茶樹眞正的原產地的結論。而同是英國人的C・R・哈勒，針對拜爾的觀點，在《茶的栽培與市場》一書中指出，早在一七八〇年，東印度公司就從中國廣東進口茶樹苗，在加爾各答種植。到了一八六四年，印度總督本廷格任命一個委員會，專門從事茶的生產，該會幹事G・J・戈登曾被派往中國去運茶樹苗及茶種，並聘請中國製茶專家到印度傳授技術。印度本國有位叫P・高拉底亞的茶葉專家也寫過一本《茶的概述》的著作，稱印度種茶的歷史是從一八三〇年開始的。拜爾所論種茶始於印度之說是否成立，也許還有待進一步考證。

日本靜岡縣茶葉試驗場的小泊重洋在《日本茶樹的歷史》中曾提出，儘管有東渡中國求法的最澄和尚把茶樹帶到日本的說法，但實際上從遠古的時候起，茶樹已在日本的土地上生長繁殖了，紀元前後出土的文物裡曾經發現過茶樹的種子。同時，在公元七二九年就有把茶用於儀式中的文獻記載。他在此文中還提出，關於日本茶樹的起源有幾種學說。一是認為在引進稻種的同時從中國大陸傳入到日本。再一個是把它視為不經過人手而歸化了的，即所謂史前歸化植物的一種。如果茶樹是從中國大陸傳入到日本的話，那當然就應該具備中國種的特徵。但是從大石（一九五九、一九七三）根據花粉分類得到的結果來看，日本自古以來就有的山茶（日本種），和栽培種（中國種）卻存在著大的差異。即日本自古以來就有的山茶並不具備栽培種的特徵。由此推測，日本也是有著固有的茶樹種的。

此外，小泊重洋對榮西和尚從中國帶回茶樹種子在日本種植的學說也提出了質疑。他認為榮西回國時是農曆七月（陽曆八月），從種子在七月份之後幾乎失去發芽能力來看，種植是困難的。但他承認在日本廣泛普及了的茶樹栽培種，是在中國唐宋時代經和尚之手引進到本土並種植擴散的事實。日本種的山茶與中國種的栽培茶在日本的關係到底如何，也許仍需要進一步考證。

拜爾和小泊重洋等學者、專家的觀點和質疑，或許還要在一段相當長的時間裡才有個正確的解釋和統一的結論。法門寺地宮出土的唐代宮廷系列茶具，確爲重新破譯這些遠古歲月裡的祕密提供了歷史契機和珍貴物證，世界茶道也將隨著這次偉大的發現而步入一個嶄新的研究天地。

最後的祕密

一九八七年四月二十四日，陝西省副省長、歷史學家孫達人和省文物局張廷皓、考古研究所石興邦，陪同北京文物保護專家、高級工程師王孖、王亞蓉、胡繼高等來到法門寺。同時還邀請陝西省光機所、地震局、煤炭航測大隊等單位前來法門寺，協助地宮發掘。面對這支壯大的隊伍，孫達人專門召開了會議，就如何採取緊急措施保護地宮文物作重點研究，並協調各有關單位及專家。

第二天下午，陝西省光機所的科技人員進入地宮觀察現場，地震局的科技人員開始尋找因地震而使地宮破壞的具體位置和損壞程度，航測大隊的科技人員以高級儀器測繪地宮的圖形。考古人員則繼續清理和做文物的保護工作。

四月二十六日，從北京來的王孖、王亞蓉、胡繼高等專家，在發掘工地負責人韓偉的陪同下，觀察化學保護室的文物標本，並對個別出土的漆木文物立即採取防霉抗變措施。當他們看到從地宮後室清理出的銅鏡時，認爲原來應有的鏡套沒有清理出來，建議考古發掘人員在後室仔細尋找，並對鏡鈕所繫之帶擬定了保護措施。當看到盛裝捧眞身菩薩的寶函底部的蹙金繡明衣⑯時，他們要求保護人員立即購置盛放小件的紙盒等物，這樣才能較完整地將文物保存下來。

四月二十八日上午，大家一起研究發掘方案。在此之前，考古人員已將中室頂部石條全部揭取。爲保護中室白石靈帳的安全，在中室全面揭蓋之前，民工們在白石靈帳的四周壘置了沙袋，隨後將沙袋塡滿整個中室，以使考古人員安全地操作。當中室頂部石條揭取後，白石靈帳頂部暴露出來，周圍散布了無數枚開元通寶。考古人員揭去兩層帶孔的石蓋，發現帳身爲筒狀。就在這個筒內，放置一個用絲綢包裹的鐵函，後經打開驗證，有佛骨一節。

按照韓偉的判斷，如果靈帳的帳身沒有封底，將筒狀物吊起，筒內的文物即可取出。如果有封底，那麼清理將會遇到很大的困難。但他還是認爲屬前者的可能性較大，便決定提吊帳身。

果然不出韓偉所料，當帳身被吊起後，發現它並無封底，裡邊的鐵函及各類文物暴露出來。這時，孫達人與率先於幾天前趕到的省文物局王文清、常寧洲，同來的張廷皓、石興邦，考古隊的韓金科、羅西章，以及法門寺的澄觀法師等，一齊下到地宮觀看已顯露的文物。

因地宮漏水和透氣的緣故，金屬文物多半遭到腐蝕，並與帳底黏連，很難清理。文物保護專家王孖等人採取措施，以硬紙或絕緣薄板插入底部，先將金絲編織的一雙鞋清理出來。隨後由考

▲盛裝捧真身菩薩的檀香木函底鋪墊的大紅羅地蹙金繡半臂。半臂又名半袖，是從短襦（短袖上衣）演變出來的一種服式。據傳出現於漢代，至隋代逐漸流行，唐代時男女都穿，而以婦女穿半臂的為多。其形制一般都用對襟，穿時在胸前結帶。

古人員陸續清出珍貴的鐵函、絲綢殘片、錢幣等十六件（組）文物。

需要說明的是，在此之前的清理工作，不分白天夜晚。而爲了文物的安全，這時的清理工作大多安排在夜間。此次的清理恰恰是在後半夜進行，至天放亮時結束。辛勞了一夜的工作人員，直到這時才長吁一口氣。

大家帶著滿身的疲憊自地宮往上爬，照明設備也開始撤離。

就在這時，心細如絲的韓金科也準備自後面撤出，他以手摸了摸後室牆壁，看到壁畫上的圖案，感覺頗有點像密宗的儀軌⑰。忽然脚下踩著的泥土使他心裡一震。「怎麼這麼虛鬆？」疑惑中，他彎下腰用手一刨，方才大吃一驚：原來地宮後室的正面牆根下，掏有一窯窩，裡面好像藏著東西，他連忙大聲喊：「等一等，快打開照明燈。」

這一喊，走在他前面的現場發掘業務指導韓偉回過了頭。緊跟著石興邦也撥開其他人趕了過來。

窯窩裡確實有東西，而且是祕密藏貯地。石興邦說：「可能是一個祕龕。」韓偉點了點頭。於是他們一齊彎腰動手，仔細刨土。很快地，一尊外部包裹著夾金織錦的鐵函便顯露了出來。大家一同將鐵函抱出地宮。

鐵函內到底有什麼東西？爲何放置得如此神祕？此時大家沒有意識到，這個鐵函竟聯繫著一段刀光劍影的歷史，也使法門寺地宮的發掘從此震撼了整個世界。

編者註

❶茶道：原指飲茶的生活方式，後專指飲茶的一門藝術。「茶道」一詞始見於唐•封演《封氏聞見記》：「南人好飲之，北人初不多飲。開元中……漸至京邑城市，多開店鋪，煎茶賣之。……於是茶道大行，王公朝士無不飲者。」

❷南宗派：佛教禪宗五祖弘忍以下，分爲南北兩支。一支以神秀爲代表，主張漸悟，因活動地區主要在北方，被稱爲北宗；另一支以慧能爲代表，主張頓悟，因活動地區主要在南方，被稱爲南宗。後來南宗勢力日益擴大，逐漸取代北宗，成爲中國禪宗主流。

❸香水錢：香水，原指能消除人們煩惱的閼伽水，由此引申，把欲出家者所交納的「鬻度錢」稱爲「香水錢」。唐代設試經度僧制度，禁止私自出家。合法出家者由祠部發給度牒。安史之亂時，爲增加財政收入，唐肅宗採納右僕射裴冕的建議，下令賣官鬻度，並請禪宗南派代表人物神會設戒壇度僧，代朝廷徵收四方的香水錢。百姓只要交納錢資，聽任出家爲僧。唐末藩鎮割據，各節度使亦採此制斂財，並偶爲後代政府效仿之。

❹讚唄：即梵唄。指佛教徒以短句形式讚唱佛、菩薩的頌歌，亦可有樂器伴奏。梵唄歌詠的題材包括三寶讚、經讚、香讚、供讚、事讚、物讚等，體裁有大讚（又分爲八句讚、十句讚）和小讚（六句讚）兩種。

❺團茶：唐代多將茶製成茶餅，餅有方、圓兩種，其中方餅常被稱爲「銙」（又稱片茶），圓餅則稱爲「團」。平時穿成串，以籠具貯存。

❻毬路紋：又作球路紋、毬露紋。以一大圓爲單位中心，上下左右和四方配以若干小圓，圓圓相套相連，向四周循環發展，組成四方連續紋樣。宋代之前這個圖案很流行，在金銀器、絲織品、建築裝飾等方面被廣泛應用。

❼朝天幞皇冠：又名「翼善冠」，原置於萬曆頭骨右側一個圓形盒中。通體以極細金絲編結而成，重八二六公克，半圓形帽山上立著兩個狀如兎耳的金絲網，兩耳之間高懸一顆明珠，兩條金龍足登帽山。

❽摩羯紋：又作摩羯紋。摩羯是印度神話中的一種長鼻利齒、魚身魚尾的動物，或曰鯨魚，或曰巨鼇。這種水怪透過佛教經典、印度與中亞的工藝品，以及天文學上黃道十二宮的摩羯宮等管道傳入中國。

❾點茶：唐代後期風行的飲茶法之一。即以茶瓶（俗稱壺或注子）煮湯（熱水），茶末撮入碗，再持瓶注湯，同時利用調達子在茶水中攪動，再品飲之。

❿和親性：指茶在開源、節流、進貢、和親、輸邊、外交、奉佛諸作用中的一項。又因茶多子，故用「多子多福」之意，常在婚儀中作聘禮。

⓫茶馬貿易：唐代時，飲茶風氣由南傳至北，進而影響到邊疆的少數民族。唐末內戰外患頻仍，需馬孔急，不得不向西鄰諸國購買。他們經常以馬易茶，於是形成了所謂「茶馬貿易」。這種茶、馬互市的情形，一直延

續到清代將西疆收入版圖才停止。

⓬唐代對茶葉徵稅始於德宗建中四年（公元七八三年），十稅其一，由鹽鐵轉運使主管茶務。興元元年（公元七八四年）改元大赦，停止徵收茶稅。貞元九年（公元七九三年）復茶稅，在產茶州縣及茶山外商所經要路設置稅場，分三等作價，十稅其一，歲得四十萬貫，成爲國家的大宗收入。到了武宗即位後，榷茶專賣制度確立，全部茶葉由官府收買，再轉賣給商人，並對茶商徵收重稅。但隨著唐末藩鎮割據的形成，地方茶稅多被截留，中央政府所得無幾。

⓭臨濟心印：禪之本意，不立文字，不依言語，直以心爲印，即所謂的「心印」。臨濟宗爲禪宗五家之一，故亦傳授心印之法。

⓮看話禪：中國佛教修持方法之一，又稱參話頭、看話頭、參話禪、舉話頭。先引起疑情或提出問題，而不給予答案，若能答出，便是開悟了，或是見了性；如此，便是心心相印，並與祖師之心相印。回答可以是偈句、禪語，甚至是姿勢或手勢。古代修禪，直指人心，見性成佛，不論禪定上的功夫如何，往往參一個字或幾個字，便即開悟明白，脫胎換骨。

⓯唐代製茶，按陸羽《茶經》記載，乃晴日採茶，經過「蒸之（將鮮葉放在甑釜中加熱以去除水分）、搗之（將蒸過的茶葉用杵臼搗碎）、拍之（以模具將茶葉拍製成團茶）、焙之（將團餅烤乾）、穿之（以繩線將團餅穿起來）、封之（封存備用）」等幾道工序，製成茶餅。也有蒸而不搗或不拍的散茶和末茶，兩者有粗細之別。宋代後期，團茶

、片茶一味追求精細，價格昂貴，銷路日窄，其主導地位遂由散茶和末茶所取代。

⓰明衣，即冥衣，中國古代供隨葬的專用衣物。在盛放捧眞身菩薩的漆盒底部，發現了五件保存良好的大紅羅地蹙金繡明衣，包括蹙金繡夾半臂、蹙金繡夾裙、蹙金繡袈裟、蹙金繡案裙、蹙金繡拜墊。這五件明衣係按比例縮小，爲敬獻給捧眞身菩薩的衣物。

⓱儀軌：佛家用語，亦稱儀規。指佛事活動的規則、程序及做法。後泛指一切佛事活動，形式分唱、念、做、法器敲擊四種，內容有紀念供養諸佛菩薩、日常修行、普濟超度等。

第八章

佛光下的陰影

開元三大士相繼入唐，密教之盛如日中天。崇佛狂潮席捲京師，一代文豪韓愈當頭棒喝，招來了左遷厄運。只可憐漫漫潮州路，秦嶺雲橫，雪鎖藍關，他難中生悔，一紙表文訴忠忱，卻惹得世人說長論短……

開元密宗三大士

唐長安四年（公元七〇五年）正月，中國歷史上唯一的一代女皇武則天病重不起，早已按捺不住的宰相張柬之等抓住時機率兵進宮，殺死武則天寵幸的「嬖臣」張昌宗、張易之，擁唐中宗李顯復位，並取消武周國號。是年冬天，武則天在憂鬱中辭世。

坐上龍椅的唐中宗天生庸懦無能，專信韋皇后，而這位韋皇后爲達到自稱皇帝的目的，先是殘殺太子，後又謀害中宗。羽毛漸豐的李家後嗣李隆基統率御林軍殺進皇宮，除掉韋皇后，恢復了其父唐睿宗李旦的帝位。景雲三年（公元七一二年），睿宗讓位於太子李隆基——即後來創立了「開元盛世」的唐玄宗。

唐玄宗即位不久，便對佛教採取一定的限制。由於受武則天崇佛的影響，到中宗時期，普天之下已出現「造寺不止，枉費財者數百億。度人不休，免租庸者數十萬」的奇特現象。而此時的朝廷竟聽任貴戚造寺度人，那些富戶強丁多削髮避役。到了睿宗景雲二年（公元七一一年），同樣懦弱無能的李旦，又准許貴妃、王公大臣之家建造功德院，浪費錢財無以計數，大唐王朝的國計民生受到威脅。

唐開元二年（公元七四一年），根據朝臣姚崇的上書，年輕氣盛的唐玄宗下詔，敕命淘汰僞濫

▲樂山大佛

▲江蘇揚州大明寺鑑真大師紀念館

僧尼一萬二千餘人，責令還俗，並傳諭百官，嗣後不得私造寺廟。同時規定，僧尼必須致敬君上，恭敬父母。自此之後，關於佛門僧尼是否恭敬君王的不休爭論基本結束了。

儘管唐玄宗對佛教作了具體的限制，但並沒有禁佛。相反的是在他執掌朝政期間，佛教弟子迎來了造像的黃金時代。至今世界上最大的石刻佛像——樂山大佛❶，就出現在唐玄宗一朝和稍後的時期。這尊花費九十年時光雕鑿而成的巨大佛像，既顯示「開元盛世」的浩大氣魄，也展現了唐玄宗對佛的心態。與這個心態對應的還有鑑眞和尚東渡日本事件❷。正是在朝廷的許可下，鑑眞和尚才得以多次組團東渡，並最終到達日本，爲大唐文化的傳播做出貢獻。

關於唐玄宗的享樂腐化、驕奢淫逸、荒唐透頂的故事，在中國幾乎達到了家喻戶曉的程度。他以自己的智謀才情將大唐王朝推入「開元盛世」，而且要「殫耳目之玩，窮聲技之巧」，盡情地享受一下人生——正是在這樣一種時代背景下，三個不同凡響的胡僧相繼來到中國，他們分別是善無畏、金剛智和不空，史稱「開元三大士」。

這「開元三大士」將一種叫做密宗教派的佛家理論帶到中國，並在大唐朝廷的支持下，很快發展傳播起來。

相傳，佛祖釋迦牟尼涅槃數百年後，天竺國佛法漸衰，佛經幾乎散失殆盡。惟南天竺一鐵塔中，藏有天上眞言佛經，但此塔以鐵門鐵鏈重重封鎖，無人能開。

當時古印度有一位偉大的學者、佛教大乘般若空宗創始人龍樹（後被神化爲菩薩），立大英勇之志，發大慈悲之心，口誦大毗盧遮那（即後來密教尊奉的大日佛）眞言，繞塔七日，又以白芥子七粒擊打鐵門。當七粒中的最後一粒甩出後，鐵塔緊閉之門轟然洞開。

只見塔內，香燈高一丈餘，通明瓦亮，香案之上鮮花排列，寶蓋滿懸。塔內衆神，踴怒縱跳，不令龍樹進塔。此時的龍樹菩薩至心懺悔，發大誓願，願得此眞經普救天下一切衆生。衆神見龍樹至誠懺悔，又立大悲大願，終於允許他走進鐵塔，將所藏經文通閱一遍，過目不忘，然後出塔，大門轟然還閉如故。

——這就是密教有名的南天鐵塔典故。

龍樹菩薩出塔後，按記憶寫出了塔中經文偈頌❸，即爲後來形成的密宗教派的經典。密宗教派自稱受法身佛大日如來傳授深奧祕密教旨，以不可思議的「眞言」說法，故又名眞言教、眞言宗。它是印度大乘佛教發展的後期階段，也是最高階段，它以天衣無縫和無可辯駁的理論，成爲大乘佛教最有力的頂尖眞言。

密教在隋唐之前即已傳入中國，但都還只是些片段的雜部密教。唐開元四年（公元七一六年），中天竺高僧善無畏來到長安，開始傳授有系統、有組織、已發展成熟的純正密教。

所謂密教，本是相對於顯教而言。佛學中的顯教，就是釋迦牟尼佛所說的種種經典，因有文字語言，讓人一目了然，故稱顯教。而密教則是毗盧遮那佛（法身佛）直接所說的祕奧大法，其教理組織不易說明，但以咒術、儀禮形式作爲特徵。比如文字的意義本從聲音而來，有「阿」之聲音，然後有「阿」字，其聲音又是依因緣而生，一對觸耳，再聞不得，故聲音亦畢竟不可得。這樣，由文字音聲上，可觀諸法空不可得之理。也正因如此，密教以眞言密咒爲最根本修習方法。

密教不重教義理論，唯持高度組織化的各種密咒、儀規和神格信仰來進行修法。修法前必須建造「曼荼羅」，即建造壇場，壇場在室外淨地或室內皆可，並配置或者圖繪種種諸佛菩薩威儀之像。每當開始修法時，都要口誦眞言，即持「語密」，直修到身、語、意三密相應❹，便可即身成佛了。

這密教的最高本尊，梵名稱爲「摩訶毗盧遮那佛」。「摩訶」是「大」的意思，「毗盧遮那」是「日」的意思，這個詞連接起來可譯爲「大日佛」或「大日如來」，意思是光明遍照。按密教的解釋，世間的日光，若照在外，則不能照內，若照明一邊，則另一邊就生暗影，若照白天，則暗黑夜。而如來智慧大日之光，是世間之日所根本無法比擬的，因兩者稍有相似之處，爲使一切衆生都能夠知道，故以「大日」爲名。

密教的佛法教義無法以一般文字語言說明，只可在身、語、意三密相應之間進行體會，於是就顯得分外神祕，也蘊藏著更爲深邃、玄奧、廣大、不可思議的意境。正因如此，它才深深地吸引一批信徒，並在中國很快扎下了根。

善無畏性愛恬淡簡樸，靜慮怡神，來中國後，方便誘化，聲譽大起，被唐玄宗禮拜為國師。當時中國本土有一位名叫一行的高僧，奉玄宗之命去見善無畏，請教佛法。誰知二人一見，相互傾心。從此，一行便投在善無畏門下，學習密教傳承以及基本密法。以後，一行主持大唐繁重的修訂曆法工作，同時協助善無畏翻譯出密典多部，其中就有《大毗盧遮那成佛神變加持經》七卷，即著名的密教根本經典之一《大日經》。這部經卷，抒發佛門義理，精緻嚴謹，深得密法眞髓，千百年來備受推崇。

另一位「開元三大士」南天竺高僧金剛智，於開元八年（公元七二〇年）來到長安，開始傳授密法。他在唐玄宗的崇信下，於皇宮內外設壇灌頂❺，廣度四衆，朝野士庶，爭相歸依。從師於善無畏的一行，也拜在他的門下親受其灌頂，秉承其所傳密法，深得其要。後來，金剛智收受一位來自獅子國（今斯里蘭卡）的弟子，這便是位列「開元三大士」之一的不空。

金剛智在弟子不空及一行的協助下，也譯出密教經典多部，其中有《金剛頂瑜伽中略出念誦經》四卷，以及《金剛頂一切如來眞實攝大乘現證大教王經》三卷。後人習慣上將二者並稱《金剛頂經》。這部經卷，亦是密教根本經典之一。

善無畏、金剛智雖然在密教的發展、傳播中地位相當，但二人所傳密法又有所不同。

善無畏、一行等傳授的主要是胎藏界密法，經典依據主要是《大日經》，其學說認爲宇宙界一切均爲法主大日如來的表現，胎藏界表現其理性，如胎兒之在母腹，如蓮花種子之在花中，可由大定、大悲、大智三德，培育所有內在悟覺。金剛智、不空傳授的主要是金剛界密法，經典依據主要爲《金剛頂經》，基本教義相同，金剛界表現法主大日如來智慧如金剛，無堅不摧，可破一切煩惱障礙。其他如修持儀規、所畫之曼荼羅，也有不同。儘管如此，人們還是把善無畏、金剛智的學說並稱二部密法，或稱金、胎二部。合起來共成爲一大宗派——中國佛教密宗。

就在善無畏、金剛智、不空、一行等創建漢地密教的同時，印度密教又有一條支流，越過喜馬拉雅山，進入中國西藏。以後這條支流教網日張，流行遠播於西藏、青海、蒙古等地，形成了區別漢地密教的「藏密」，並成爲西藏佛教的重要部分。

與此相反的是，隨著唐末五代的連年戰亂，由善無畏、金剛智等首創的中土密教，漸漸法脈斷絕，不爲人知了。幸得當年來華求法的日本僧人最澄、空海、圓仁、圓珍等，將漢密帶回了日本，並逐漸使這一佛教宗派發展、繁榮起來。

許多年之後，人們在法門寺地宮發現了早已斷絕的「唐密曼荼羅道場」，因而也就從中窺看到中土密教的神祕和本質。這一切，當然是後話了，暫且不提。

卻說這「開元三大士」在中土創建密教並很快扎根發芽、開花結果，除了密教本身極其神祕

胎藏界曼荼羅組織圖

共13院，四大護院不繪形像，故實際只12院。

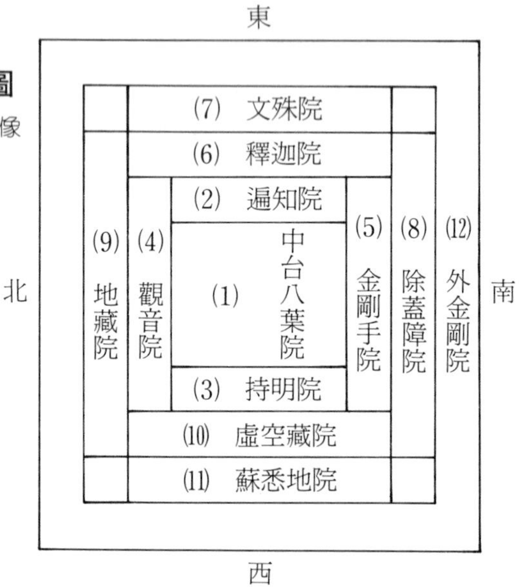

五 四印會 5	四 一印會 6	三 理趣會 7
六 供養會 4	九 成身會 1	二 降三世會 8
七 微細會 3	八 三昧耶會 2	一 降三世三昧耶會 9

金剛界曼荼羅組織圖

一～九爲從因向果的上轉門

1～9爲從果向因的下轉門

和組織嚴密的教理之外，還有一個明顯的特點就是教義中深含著享樂淫逸的內容。其教派的始祖龍樹，曾公開宣稱「人生唯有追求慾色爲至樂」的荒淫論調。這個論調和正在追求慾色淫樂的唐玄宗一拍即合，並很快在大唐朝野內外傳播開來。

唐玄宗對密宗教派的理論越來越崇信，最後到了一刻也難以分離的程度。他在長安宮中住得久了，要去東都洛陽散心，僧人善無畏也得令必須隨駕前往，並不間斷地向這位淫逸皇帝傳授五佛（大日如來、阿閦佛、寶生佛、不空成就佛、阿彌陀佛）的五種智慧。按照密宗理論，如果衆生有了這五種智慧，雖食肉、飲酒、作男女之事也能達到「菩提」（覺或者智）。這五種智慧必須由師父祕密傳授才能得到。

正是在這樣一種宗佛理論的具體指導下，唐玄宗才越來越迷戀女色，不問國事，最後導致了使大唐由興轉衰的「安史之亂」。

「安史之亂」的爆發以及「馬嵬坡事變」的出現連同唐玄宗的倉皇南逃，給了太子李亨篡奪皇位的可乘之機。他自奉天北上，收兵至彭原，率官吏馬抵平涼。西北軍人立即擁立李亨在關中靈武縣境即位，從此完成了玄宗朝向肅宗朝的更替。

就在馬嵬坡事變剛過，唐玄宗要逃亡之時，關於去向問題，君臣分別選擇了蜀中、太原、朔方、西涼等幾個地方。隨駕的高力士最後作了總結性的發言：「太原雖近，地與賊連，先屬祿山，人心難測。朔方近塞，全是蕃戎，教之甚難，不達人意。西涼地遠，沙塞蕭條，大駕巡幸，人馬不少，既無備擬，立見淒惶。劍南雖小，土富人強，表裡山河，內外險固。以臣所視，幸蜀爲宜。」上然之，即日幸蜀。

唐玄宗走了，太子李亨篡權成功，是爲唐肅宗。面對刀光劍影的亂世，這位新即位的皇帝，卻無法回避高力士所擔心的「朔方近塞，全是蕃戎，教之甚難，不達人意」的矛盾。雖然朔方軍將領郭子儀、李光弼等率部擁立肅宗並願爲之拚殺疆場，從而構成了大唐軍隊的主要支柱，但該部多爲突厥人，極難順從。後來肅宗又調集的西北各鎮軍人，也是一支成分複雜、信仰不同的少數民族軍隊，只憑傳統的儒家忠君保國思想是不能穩定它的。而軍心不穩，戰鬥力就無從談起，並且蘊藏著隨時倒戈的危險。爲了求得各個民族間在思想上的共識，讓軍隊爲大唐效力，唐肅宗不得不再次借用在西北少數民族中有極大影響的佛教。而法門寺已是極負盛名的佛門聖地，唐肅宗立即詔令平叛指揮部移駐於當時被稱爲鳳翔郡的扶風。

唐肅宗到了扶風，首先密遣使者至已陷入「魔掌」的長安城，向開元三大士之一的不空求祕密法，以降叛軍「惡魔」。

不空接到詔令，立即傳授肅宗收復京師長安的策略，並指導在扶風設曼荼羅「降魔」。他召僧侶數百，每日念《大威德金輪佛頂熾盛光如來消除一切災難陀羅尼經》，以招兵引將，消災降魔。當時數百名僧衆在曼荼羅內道場晝夜念佛，聲聞禁外……不久，隴右、河西、安西、西域諸路大軍奔赴扶風，聚集在肅宗的大旗下，開始向叛軍反攻。

至德二年，唐軍收復長安。唐肅宗將這次勝利歸之於佛的神靈保佑，功勞首推僧人不空，並詔不空入宮爲皇帝行「轉輪王七寶❻」灌頂大法，儼然一位忠誠的佛門弟子。

既然佛的神靈可以穩定軍心，可以保佑唐軍取得一次次勝利，那麼就一定能鞏固李家王朝的政權。出於這種考慮，唐肅宗不顧當時戰亂未平、國困民窮的尷尬處境，於上元二年（公元七六一年）詔令臣僚僧衆到法門寺打開地宮，迎奉佛骨。

與此同時，李光弼正率領唐軍與叛軍史思明部在洛陽血戰，唐將康楚元在襄州叛變，並切斷漕運糧道，大唐王朝尚處在風雨飄搖之中。由於財政的極度困難和戰局的吃緊，迎奉佛骨的活動只持續兩個月便匆匆結束了。

唐肅宗在改元寶應後不久便病死，生前借助佛力平息安史之亂的目的雖未達到，但客觀上卻爲鞏固李家王朝的政權起了極大的作用。而經過一切兵禍戰亂之後的李家王朝，以勝過早先的熱情展開迎奉佛骨的活動。

貞元六年（公元七九〇年），大唐歷史走到了德宗一朝。這時雖距「安史之亂」的爆發已有三十五個年頭，但藩鎮專權的隱患卻愈演愈烈，各節度使紛紛稱王。政治上的嚴重失控，導致國家民族的內亂日趨頻繁，難以收拾。

而這一年恰是大唐王朝迎奉法門寺佛骨三十年一度的「法定」日子，這個日子的到來，使焦頭爛額的德宗極爲欣喜和重視。他立即詔令到法門寺迎奉佛骨於宮中，又送各大寺院以示衆，並「傾都瞻禮，施財物，累鉅萬」。遺憾的是這次佛事活動並未使政局得到控制，無可奈何的德宗只是藉此獲取一點心靈的自我安慰罷了。

韓愈的諫迎佛骨案

繼德宗之後，順宗在位僅一年，接下來便是在中國佛教史上赫赫有名的唐憲宗。

唐憲宗是在不可開交的「永貞內訌❼」的政治鬥爭中登上皇帝寶座的，他用優撫的辦法招降諸州叛將，使持續近一個世紀的藩鎮割據局面稍有好轉。他當時被譽爲是個治國有方、睿智明斷的皇帝。

唐憲宗對先輩們——特別是處於亂世中的肅宗、德宗兩朝——借助佛教的力量來穩固李家王朝的做法堅信不移。就在他登基的元和元年（公元八〇六年），即詔令天下大德高僧全部赴京師長安闡揚佛法，並特地把名聲正興的知玄和尚召入內殿尋求佛道，同時賜予他「悟達國師」的名號。第二年，唐憲宗又詔令宦官吐突承璀等人任左右街功德使職務，掌天下僧尼道士，沙門僧端甫、靈邃分別爲左右街僧事。由皇帝本人身邊的宦官和高僧共同來管理沙門，進一步加強和密切了朝廷與佛門的關係。

應該承認，唐憲宗李純算是中唐較有作爲和智謀的皇帝。在紛爭的局勢中上台，經過一系列驚心動魄的政治、軍事鬥爭，尤其是元和七年魏博鎮田弘正歸降唐廷之後，他終於贏得全面削平藩鎮的機會和實力——到元和十年（公元八一五年），唐將李愬率部奇襲蔡州，將淮西王吳元濟生擒。元和十三年（公元八一八年），承德王向朝廷請降。元和十四年（公元八一九年），淄青王李師道亦請降歸附。唐憲宗在征剿招撫的同時，又將這些歸附的藩鎮由大劃小，分而治之，由朝廷統管，從而開創了自「安史之亂」之後的「中興」局面。

元和十三年十一月，唐憲宗正在宮中懷抱妃嬪飲酒作樂，有功德使前來奏報：「鳳翔法門寺塔有佛指骨，相傳三十年一開，開則歲豐人安。來年應開，請迎之。」

唐憲宗正在想著如何使自己的施政措施和取得的成果與「天命佛法」聯繫起來，立即准奏。元和十四年正月，唐憲宗詔令太監杜英奇帶領宮人、高僧三十人，手持香花赴鳳翔法門寺迎奉佛骨。

出發前夕，杜英奇傳令從鳳翔至長安各州、縣，務必隆重迎奉佛骨，並授意沿途廣搭綵棚，紅氈鋪地，以示對佛的崇敬。

杜英奇一行來到法門寺，先由宮人、高僧持香花來到塔下，然後焚香點燭，頂禮膜拜一番後，開啓了地宮石門……

杜英奇等人迎出佛骨，直奔京城而去。

自法門寺至長安二百多里的漫漫長道上，無論州縣府衙，還是村鎮寺廟，處處築起高台香刹，張燈結綵，跪而拜迎。

此時的京師長安，一場大雪剛剛停歇，宮闕禁苑、豪門房舍一片銀裝素裹。燦爛的陽光照射下來，使這座都城分外輝煌壯麗。年輕氣盛、志得意滿的憲宗皇帝身披袞衣，在濃粧淡抹、妖艷華貴的妃嬪簇擁下，站在大明宮道場前的錦繡高台之上，專候迎佛隊伍的到來。

在萬民齊呼、聲震穹蒼的禮佛聲中，浩浩蕩蕩的迎佛隊伍來到宮前道場。憲宗搶步上前，叩頭拜佛。緊接著，文武百官、妃嬪仕女、太監僧人等也跪地膜拜，整個道場一片沸騰。隨後，憲宗將佛骨留於禁宮，幾廢朝政，日日素衣齋食、焚香點燭，守於佛骨之前，並借助神靈的感應，欣然命筆，賦詩一首敬獻佛靈。其詩曰：

功成積劫印文端，
不是南山恐得難。

眼睹數層金色潤，
手撐一片玉光寒。
煉經百火精神透，
藏之千載瑛彩完。
淨果熏修眞祕密，
正心莫作等閒看。

此詩一出，朝野大震，崇佛禮佛的狂潮再度掀起，「王公士庶，奔走捨施，唯恐在後。百姓有廢業破產、燒頂灼臂而求供養者……」

看到皇帝、官宦、四方百姓如此瘋狂、如此癡迷、如此愚頑，有一個人再也按捺不住心中的憤怒之情，他奮筆疾書，一氣草成了一篇〈論佛骨表〉，準備對這種禮佛之舉堅決抵制——這個人就是官拜刑部侍郎的韓愈。

韓愈，字退之，鄧州南陽人，祖居昌黎郡，故後世稱他爲韓昌黎。自唐德宗至穆宗，歷任監察御史、行軍司馬、刑部侍郎、潮州刺史、國子監祭酒、兵部侍郎、吏部侍郎等職。「自以孤子，幼刻苦學儒，不俟獎勵。大曆、貞元之間，文字多尚古學，效楊雄（又作揚雄）、董仲舒之述作，而獨孤及、梁肅最稱淵奧，儒林推重。愈從其徒遊，銳意鑽仰，欲自振於一代。」他打著「復古」的旗幟，著力創造一種內容豐富、語言新穎獨特、語氣通暢流轉的散體古文，並以「文以載道，文道合一」的觀點，不重押韻排偶，奇句單行，力求文從字順，言之有物。堅決反對模擬抄襲的不良文風，從實際出發，因事陳詞，使文章言語與事相侔。追求「豐而不餘一言，約而不失一辭，其事信，其理切」的文風，終於創立了「文起八代之衰」、「力掃六朝綺靡之習」的一家之言。其爲文生氣流動，雄奇奔放，抒情記事，情眞意切，氣勢磅礴，汪洋恣肆，在中國文學史上獨樹一幟，被列爲文壇「唐宋八大家」之首，並以「杜詩韓文」成爲後世文人學習的楷模。

就是這樣一個聞名於世的大文豪，在唐憲宗執掌的朝廷中，當君臣正在爲「舍利入大內，夜放光明」而皆賀是「陛下聖德所感」的狂熱之時，他卻呈上了一篇〈論佛骨表〉。文曰：

臣某言：伏以佛者，夷狄之一法耳，自後漢時流入中國，上古未嘗有也。昔者，黃帝在位百年，年百一十歲；少昊在位八十年，年百歲；顓頊在位七十九年，年九十八歲；帝嚳在位七十年，年百五歲；帝堯在位九十八年，年百一十八歲；帝舜及禹，年皆百歲。此時天下太平，百姓安樂壽考，然而中國未有佛也。其後，殷湯亦年百歲，湯孫太戊在位七十五年，武丁在位五十九年，書史不言其年壽所極，推其年數，蓋亦俱不減百歲。周文王年九十七歲，武王年九十三歲，穆王在位百年，此時佛法亦未入中國，非因事佛而致然也。漢明帝時，始有佛法，明帝在位才十八年耳。其後亂亡相繼，運祚不長。宋、齊、梁、陳、元魏以下，事佛漸謹，年代尤促。唯梁武帝在位四十八年，前後三度捨身施佛，宗廟之際不用牲牢，晝日一食，止於菜果，其後竟爲侯景所逼，餓死台城，國亦尋滅。事佛求福，乃更得禍。由此觀之，佛不足事，亦可知矣。

高祖始受隋禪，則議除之。當時群臣材識不遠，不能深知先王之道、古今之宜，推闡聖明，以救斯弊，其事遂止，臣常恨焉。伏惟睿聖文武皇帝陛下，神聖英武，數千百年以來，未有倫比。即位之初，即不許度人爲僧、尼、道士，又不許創立寺觀。臣常以爲高祖之志，必行於陛下之手。今縱未能即行，豈可恣之轉令盛也！今聞陛下令群僧迎佛骨於鳳翔，御樓以觀，舁入大內；又令諸寺遞迎供養。臣雖至愚，必知陛下不惑於佛，作此崇奉，以祈福祥也。直以年豐人樂，徇人之心，爲京都士庶設詭異之觀、戲玩之具耳！安有聖明若此，而肯信此等事哉！然百姓愚冥，易惑難曉，苟見陛下如此，將謂眞心事佛，皆云：「天子大聖，猶一心敬信，百姓何人，豈合更惜身命？」焚頂燒指，百十爲群，解衣散錢，自朝至暮，轉相仿效，惟恐後時，老少奔波，棄其業次。若不即加禁遏，更歷諸寺，必有斷臂臠身以爲供養者。傷風敗俗，傳笑四方，非細事也。

> 夫佛本夷狄之人，與中國言語不通，衣服殊製，口不言先王之法言，身不服先王之法服，不知君臣之義、父子之情。假如其身至今尚在，奉其國命，來朝京師，陛下容而接之，不過宣政一見，禮賓一設，賜衣一襲，衛而出之於境，不令惑衆也。況其身死已久，枯朽之骨，凶穢之餘，豈可直入宮禁！孔子曰：「敬鬼神而遠之。」古之諸侯行弔於其國，尚令巫祝先以桃茢❽祓除不祥，然後進弔。今無故取朽穢之物，親臨觀之，巫祝不先，桃茢不用，群臣不言其非，御史不舉其失，臣實恥之。乞以此骨付之有司，投諸水火，永絕根本，斷天下之疑，絕後代之惑，使天下之人，知大聖人之所作爲，出於尋常萬萬也，豈不盛哉！豈不快哉！佛如有靈，能作禍祟，凡有殃咎，宜加臣身。上天鑑臨，臣不怨悔。無任感激懇悃之至。謹奉表以聞，臣某誠惶誠恐。

刑部侍郎韓愈的文表一經呈上，無異於對唐憲宗和衆臣僚涼水灌頂，當頭棒喝。那「亂亡相繼，運祚不長」，「事佛漸謹，年代尤促」的語句，使滿朝文武驚駭不已，皇帝本人怒火中燒，幾乎昏厥過去。

唐憲宗將〈論佛骨表〉擲於地下，滿腔怒火，嘴唇哆嗦著下詔立即處死韓愈。

韓愈寫〈論佛骨表〉是憑著一時的氣盛，還是思慮良久，在呈給大唐天子時，是否考慮到會有這樣的悲慘結局出現等等一系列內心活動，史籍沒有記載。有記載的只是當一群武士聞聲而入，打掉他的烏紗帽用繩索捆綁時，他已面無血色，一句話也喊不出來了。

眼看韓愈大禍臨頭，很快將身首異處，宰相裴度急忙出班奏諫：「韓愈出言不遜，罪有應得，然實則忠心耿耿，才如此直言不諱。昔太宗聽魏徵直言，從其諫，才能親賢疏奸，安邦治國。韓愈雖冒犯神威，然其苦諫亦是一片忠心，怎能輕而殺之？」

唐憲宗聽後，仍餘怒未息，憤然回駁道：「好一個『枯朽之骨』、『朽穢之物』，『投諸水火，永絕根本』。昔太宗只為信佛，迎奉佛骨，才有了貞觀之治。則天皇帝因為信佛禮佛，迎奉佛骨，才有了大唐的強盛。這且不算，然韓愈竟說出『運祚不長』、『年代尤促』的混話，這不分明是在咒我這個皇帝早日歸天嗎？作為人臣，如此狂妄，罪實難恕！」

此時，驚駭不已的群臣似乎已清醒過來。他們見皇帝如此盛怒，連宰相的求情也不應允，又感到為此事殺了韓愈，實在有些過分，便紛紛出來為韓愈求情。唐憲宗見眾意難違，遂詔令將韓愈貶為潮州（今廣東潮安縣）刺史，並即刻赴任。

倖免一死的韓愈接到詔命，不敢久留，當天便辭別親友，收拾行裝，找了輛馬車，帶著家眷及幾個僕人匆匆上路。車出長安南門，韓愈禁不住回頭凝望，那輝煌壯麗的宮闕殿宇已經看不到了。

韓愈諫迎佛骨這件驚心動魄的公案，看起來以當事者的被貶潮州做結束，但事情又沒有那麼簡單。就在韓愈走出長安都城，漸沒在黃塵古道之時，他的一位叫馮宿的朋友卻又大難臨頭。

時任禮部郎中的馮宿，原來與韓愈是同年同榜進士，由於有了這層關係，二人得中後在長安「朝夕同出入起居」。當韓愈打出「古文運動」的大旗時，馮宿在他的旗下竭力爲其鼓吹，親自實踐的〈初筮賦〉曾得到韓愈的好評。唐軍征伐淮西時，二人同在還是大將軍的裴度幕府，韓任行軍司馬（掌軍令、軍籍、兵械、糧廩、賜予等事務，權任甚重），馮任節度判官（位在行軍司馬下，分判倉、兵、騎、胄四曹事），均得裴度賞識。後來成爲宰相的裴度之所以敢爲韓愈冒死進諫，並使韓免了殺身之禍，是與這時所建立起來的感情分不開的。而馮宿爲人「孝友忠信，清廉正直」，因爲有了裴度的提攜，升任較快，遭到不少人的嫉妒。加上他爲了維護朝廷，損害某些地方藩鎮的利益，當這些藩鎮歸順朝廷後，自然還對馮宿懷恨在心，並設法整治他。韓愈案發，作爲韓愈好友的馮宿，便成爲敵方打擊的重要目標。苦於找不到口實的對手，藉機誣陷韓愈的奏表是由馮宿起草。憲宗皇帝竟信以爲眞，詔令將馮宿貶爲歙州（今安徽歙縣）刺史。

韓愈被貶情有可原，而馮宿的被貶實在是有些冤枉。馮宿雖爲當時的著名文人，然較韓愈卻遜一籌，從〈論佛骨表〉的文風看來，當爲韓愈所書無疑。再從情理上說，這種有殺頭之險的奏表，韓愈似不會讓馮宿代勞。馮宿的被貶，實則是由於朝廷內部政治鬥爭所致，其微妙處後人無從知曉，但韓愈一案成了他遭殃的導火線也是推之不卻的事實。

當然，馮宿被貶一事，韓愈到了潮州很長一段時間後才知道。此時的他正在漫漫曠野裡向藍田關（即嶢關，在今陝西藍田縣東南）一帶艱難挺進。

儘管春節早已過去，但春風卻遲遲未至，一眼望不見邊的西部黃土上，依然是朔風凜冽，冰冷如鐵。

雄奇峻拔的藍田關漸漸近了，灰濛濛的天空泛起片片烏雲，烏雲在朔風的吹動下滾轉翻騰。天空越來越暗，烏雲越滾越低，一場鋪天蓋地的大雪悄然而至。紛紛揚揚的鵝毛大雪遮住了古道塵沙，淹沒了高塬溝壑，起伏的群山一片潔白，蒼茫的天地一片混沌。韓愈的馬車在這風急雪緊的曠野裡急急前行。就在車馬進入藍田關時，車輪陷於大雪覆蓋的溝岔，任憑御手怎樣揮鞭叫喝，那全身已被冰雪捶打得筋疲力盡的老馬，只能仰天長嘶，不肯舉蹄前行。

天色越發灰暗，大雪越下越緊，韓愈無可奈何地環顧群山曠野，希祈得到意外的救援。就在這時，只見遠處的雪霧中飛來一匹快馬，馬上坐著一位青春俊秀、飄逸灑脫的男子。那男子來到韓愈面前，滾鞍下馬，叩首作拜。韓愈定神一看，來者竟是侄兒韓湘。

韓湘，乳名韓湘子，韓愈長兄韓會之子，幼喪父母，由其叔父韓愈撫養。少年時，韓湘入校求學，但他天生頑皮，不喜讀書，並折騰得其他學生也無法將書讀下去。在師父的建議下，韓愈只好送他到一座寺廟中習經。但沒過幾日，寺院住持前來告狀，說韓湘天性愚頑輕狂，無法調教。韓愈將這位侄兒叫來，憤然警告道：「市井小民都要有一技之長，你如此放蕩不羈，不學無術，將來怎麼謀生活命？」

韓湘子望著叔父，竟笑而答道：「我已有一技之長，恨叔不知矣。」語罷，乃指階前一盆正在吐蕊的牡丹說：「叔父想要此花開成青、紫、黃、赤，任您吩咐。」

韓愈氣惱中順口說道：「我不要青、紫、黃、赤，專要紅、白、黑、綠四色。侄兒不要再頑固不化，快好好讀書去吧！」

韓湘並沒有依言行事，而是極爲認眞地用一塊布將牡丹枝遮住，第二天，這株牡丹果然開成了紅、白、黑、綠四色。最神奇的是，花朵上竟有紫色字樣，並聯成一句詩：

雲橫秦嶺家何在，

雪擁藍關馬不前。

韓愈和家人看到盛開的牡丹和詩句大爲驚異，知道湘子果有奇術，不再逼其讀書。後韓湘辭歸江淮，浪跡天涯，其間得到鍾、呂二仙傳授修行之術，並遁至終南山修道，得成正果，成爲歷史上流傳的八仙之一。

史載韓愈在徐州任官時，韓湘曾專程拜訪過韓愈。因叔侄已有多年不見，加之韓湘當時浪跡無著而蓬頭垢面，韓愈竟一時沒能認出。韓湘子走時，哭笑不得的他作了一首〈徐州贈族侄〉送給韓湘，算是這次相見的紀念，詩曰：

擊門者誰子？
問言乃吾宗。
自云有奇術，
探妙知天工。

當韓愈獲罪被貶來到藍田關時，韓湘居住何處，怎麼探知的消息，又從哪裡弄了匹馬在風雪中匆匆趕來，為何叔侄二人偏偏相會於藍關而不是別處，史籍少有記載。有傳聞說，正陷於進退兩難局面的韓愈，見到這位侄兒飄然而至，自是百感交集，淚水漣漣，其心境的悲苦和內心的熱情，自然勝過了早在徐州官邸的接見。而此時的韓湘似乎還是那麼放蕩不羈。在叩首起身之後，他問韓愈第一句話是：「您還記得當年那牡丹花上的詩句嗎？說的正是今日之事也！」韓愈想起舊事，嗟嘆再三，無可奈何又備加感激地說道：「我為你吟成一首完整的詩吧！」說著便面對風雪群山吟道：

一封朝奏九重天，夕貶潮州路八千。
欲爲聖明除弊事，肯將衰朽惜殘年？
雲橫秦嶺家何在？雪擁藍關馬不前。
知汝遠來應有意，好收吾骨瘴江邊。

此即中國文學史上著名的〈左遷至藍關示侄孫湘〉。

從這首詩的文風和氣勢來看，當是一代文豪韓愈所作無疑，而韓氏叔侄二人曾在藍關相見過大概也是事實。至於此時的韓湘是否就是後來八仙之一的韓湘子，還有以前那神祕的傳聞是否眞實，則很難推斷了。❾

一代文豪的反思

在韓湘的幫助下，韓愈一行的車馬終於躍出積雪覆沒的溝岔，越過藍田關，向前疾進。

幾乎忘記了已離開長安多少個日夜。在韓愈的心中，這座輝煌壯麗又危機四伏的都城，已經漸漸淡遠，它從此之後很可能不再容納自己，那燈紅酒綠、歌舞昇平的生活也將不復存在，屬於自己的只有面前這漫漫古道、凜凜西風和一匹行將倒斃的瘦馬拉著的一輛破車。道路曲折艱難，前景凶險難測，奔騰的思緒越來越難以平靜，心情更加憂鬱愁苦。當他來到韶州（今廣東曲江縣）郊外時，見天色已晚，便將車馬趕進一座古剎借宿休整。

夜深人靜，韓愈的家眷等早已沉沉睡去。慘淡清冷的月光灑向古剎的院落，照著窄小破舊的小窗。寶塔上方吊掛的銅鈴，在寒風的吹動中發出「叮噹、叮噹」的聲響，似乎在向這個世界提示著什麼。

困乏勞頓的韓愈一夜沒有入睡，那個老僧告訴他的話久久在耳邊鳴響。他有些不敢相信自己要去的地方竟是一個瘴氣昏濛、海浪滔天、蠻荒到近似鬼獸難存的險惡災難之地。想到自己「罪重無歸望」的可能結局，他害怕了，他後悔了。他害怕的是說不定那一天自己和全家老小將在這瘴氣昏濛中死去，他後悔當初不該那樣迂腐陳舊地去諫迎佛骨，憑一時氣盛而冒犯天子的神威。早知如此，何必當初，他感到自己罪有應得……百感交集的他不再想下去，他借著慘淡的一豆燈光，從地下摸起一塊角突出的石頭，向著已被煙火熏烤得漆黑的牆壁猛力劃去……

第二天，古剎僧眾看到了牆壁上留下的跡痕——

不覺離家已五千。
仍將衰病入瀧船。

潮州未到吾能說，
海氣昏昏水拍天。

元和十四年三月十五日，經過兩個月的風寒冰凍、跋山涉水、輾轉行程，歷盡千辛萬苦的韓愈終於來到潮州。

韓愈反思一段時期之後，漸漸地從悲憫苦痛中擺脫出來，文化良知和人格力量又促使他在這塊被貶謫的土地上，再一次顯示出文人的高貴胸襟。他決定不惜殘年餘生，和這裡的百姓同甘共苦，建設家園，共創大業，以實現自己的志向與政治抱負。

事實上，韓愈在潮州執政的一年多時間，確爲百姓做了幾件好事。他提倡輕徭薄賦，與民休養生息，實行「自贖法」，解放大批被賣身的奴隸，安定社會秩序，使潮州從原始走向開化。所有這些，後人可從當時潮州百姓在海邊設立的韓公祠，以及韓愈本人留下的〈潮州祭神文五篇〉（即〈祭湖神文〉、〈祭止雨文〉、〈祭城隍文〉、〈祭界石神文〉、〈祭大湖神文〉）中看到。要說明的是，這五篇祭文不再是作者觸景生情式的純文學作品，而是一種和當地民風民俗以及政治、文化等諸方面高度結合和溝通的產物。每篇祭文的背後都無一例外地附帶著一個頗値得玩味的故事或事件，也正因爲如此，才賦予它更加廣泛的意義和深刻的內涵，從中折射出韓愈的良苦用心和足智多謀。

當韓愈走馬上任並在潮州屬地海門、神泉、惠來一帶巡察時，發現田野的莊稼被蹧蹋殆盡。有的村落荒草叢生，房屋倒塌，一片淒涼慘景。問及原因，都說是受鱷魚所害。原來這一帶灘塗地勢低窪，水過處留下一處深潭，潭大方圓幾十里，一望無際。潭中除了各種植物、魚類生存之外，還潛藏著一種叫做鱷魚的兩棲爬行動物。牠們勇猛凶殘，身長丈餘，牙尖齒利，口似血盆，每隨潮來，數十成百，像一支臨陣的軍隊，氣勢洶洶地自水中登陸，毀壞莊稼，咬食人畜，鬧得四周百姓苦不堪言。為避鱷魚之害，崇尚迷信道法的百姓，只好廣修祭祀，向潭中拋撒牛羊。一些官僚鄉紳甚至強迫百姓湊錢買來貧家的童男童女，拋入潭中以餵養鱷魚。儘管如此，鱷魚照常出潭為害，逼得大批百姓背井離土，逃難他鄉……

一向反對鬼神並以「大儒」自居的韓愈，聞聽後自是憤怒異常，他立即傳令：「主此謀者當殺。調集團練、鄉勇，各備堅兵毒弩，盡殺醜類，為民除害。」

當各地的團練、鄉勇們拿著武器匯聚而來準備除害時，令韓愈大出意料的是，他的面前跪爬著無數請願的百姓。驚訝中的韓愈不知為何，問及緣由，才聽幾位白髮蒼蒼的請願者說：「鱷魚乃海龍之子，殺之不祥，若龍怒，將起波天之濤，淹沒州縣。天授年間，因百姓殺死一條鱷魚，引起海上水漫，淹沒了三縣十八鄉……」

韓愈明明知道此說荒唐，但面對如此衆多的請願者，他又顯然感到民風民俗民心的不可違。既然百姓的思想被神主宰，聰明的韓愈只好假借神力來懲治害蟲，這樣可皆大歡喜。

想通了這一切，韓愈便扶起老者，慷慨陳詞：「我原想爲民除害，怎能作此逆舉。鱷魚既是靈物，當不能殺。傳令下去，兵馬仍駐原地待命。各鄉父老百姓，準備香燭紙馬、鑼鼓禮炮、旌旗豬羊等祭品，以隆重的儀式，盛大的規模，歡送鱷魚歸遷大海，自找牠們那海神父母。」

韓愈的一番演講，令百姓皆歡呼動容，以感念的心情各自回家做各種準備。

七月十五日，這是當地百姓公認的海神誕辰。按照韓愈的事先安排，天剛放亮，百姓便敲著牛皮鼓，打著銅鑼，抬著各種肉類祭品，攜帶鞭炮，從四面八方擁向指定的海神廟。作爲刺史的韓愈也偕各等官僚、軍兵，抬著祭品，打著龍虎旗，扛著鐵銃火藥炮來到海神廟。韓愈親自在供桌前上香、燒紙，然後開始宣讀那篇流傳後世的〈祭鱷魚文〉：

維年月日，潮州刺史韓愈，使軍事衙推⑩秦濟，以羊一豬一，投惡谿之潭水，以與鱷魚食，而告之曰：

……

鱷魚有知，其聽刺史言！潮之州，大海在其南，鯨鵬之大，蝦蟹之細，無不容歸，以生以食，鱷魚朝發而夕至也。今與鱷魚約，盡三日，其率醜類南徙於海，以避天子之命吏。三日不能，至五日；五日不能，至七日。七日不能，是終不肯徙也。是不有刺史聽從其言也；不然，則是鱷魚冥頑不靈，刺史雖有言，不聞不知也。夫傲天子之命吏，不聽其言，不徙以避之，與冥頑不靈而為民物害者，皆可殺。刺史則選材技吏民，操強弓毒矢，以與鱷魚從事（戰鬥），必盡殺乃止，其無悔！

韓愈讀完祭文，命人將宰殺的豬羊、香餌，用繩索拴在一條大船的後部，然後拋向水中。大船拖著祭品在前邊開道，沿岸萬千百姓一齊敲鑼、擂鼓、鳴放鞭炮，並把事先做好的數萬隻紙船，點上香燭，放到水裡，隨水飄向大海。士卒官吏則抬著鐵銃火藥炮，尾隨紙船向水裡放炮。一時間，鼓聲、鑼聲、炮聲夾雜著百姓的叫囂歡呼聲，震天動地，響徹雲霄……

一場有神論者和無神論者聯手主演的鬧劇落下了帷幕。自此之後，鱷魚不再出現，百姓安居樂業。為了感謝這位刺史對百姓的恩德，一座韓公祠很快在潭邊建起，而這位曠世文豪一篇文章趕跑鱷魚的故事也流傳下來。

韓愈在一場看似鬧劇中取得預期的效果，並使他留下千古芳名。有趣的是，這位無神論者最終在當地百姓心中又成了神。韓愈本人當初就已料到，前有誘餌引路，後有炮火轟鳴，不要說是鱷魚，就是海龍王也會跑掉的。鱷魚本屬淺水動物，一旦進入深海，就會迷失方向找不到歸路，自然也不會再在這個深潭出現——韓愈的用心和聰明正在於此。

儘管這位韓刺史在潮州執政期間，爲百姓做了不少好事，但他越來越無意在此久留，夢回朝廷重新施展抱負和充分享受人生的願望日漸強烈。爲了實現這個願望，在上任不滿一年之時，便頗有些違心地匆匆草擬一篇〈潮州刺史謝上表〉，呈奏唐憲宗。在這篇後人多有微詞的〈謝上表〉中，韓愈既承認當初的過激言行，又表示懺悔之意，對自己被貶不僅未有絲毫怨言，反而一再感激皇帝不殺之恩，並極盡阿諛奉承之能事。他的苦心孤詣終於使皇帝大爲感動，在接到奏表的第二天，唐憲宗便在朝中對衆臣們說：「昨日接到潮州的謝上表，想起韓愈諫迎佛骨之事，乃是對朕的一片忠心，朕豈不知？不過，作爲人臣，本不該說朕信佛折壽，因而朕才加罪於他。」

唐憲宗這番述說，明眼人一聽便知是想重新起用韓愈，意在試探衆臣的意見。

當衆臣正在考慮如何回答時，韓愈的宿敵、朝臣皇甫鏄因怕韓歸來對自己不利，便搶先答道：「韓愈一向狂妄自大，可以酌情調至近處的州做刺史。」唐憲宗和衆臣僚不願再跟這位皇甫大人較勁，皇帝只好詔令調韓愈爲袁州（今江西宜春縣）刺史。

韓愈的這篇〈謝上表〉沒能達到預期的目的，卻給後人留下不少有損他人格的話柄。就連十分欽佩他爲人爲文的歐陽修也不得不說：「前世有名人，當論時事，感激不避其誅死，其若知義者；及到貶所，則戚戚怨嗟，有不堪之窮愁形於文字。雖韓文公不免此累也。」明代的張萱在論及此事時，也不無感慨地說：「始以諫佛骨見斥，既欲以請封禪而謀進，非兩截乎？」

不管後世怎麼評說，韓愈的這篇〈謝上表〉還是多少給他帶來一點好處。除了任所和京師長安相近之外，重要的是在政治上已邁出回歸的步伐，輝煌的殿宇離他也許只有一步之遙了。

元和十五年（公元八二〇年），唐憲宗駕崩，他的信佛折壽之舉不幸被韓愈言中，死時年僅四十三歲。

憲宗死後，他的兒子穆宗繼位，韓愈被重徵入朝，任國子監祭酒（官名，主管全國教育行政），後又出任兵部、吏部侍郎等職。至此，這件歷史公案總算有了個滿意的結局。

韓昌黎闢佛餘波不絕

韓愈的闢佛事件，在不算太長的時間內，以其本人的沉浮作了事實上的注腳，但餘波蕩漾。也許由於韓愈名聲太大的緣故，這一在當時引人注目的歷史公案，受到了自古及今歷代學者的重視和關注，並紛紛從不同的角度出發各抒己見，從而產生了一千多年爭論不休的局面。

和韓愈同稱「唐宋八大家」的歐陽修說：「佛法為中國患千餘歲，世之卓然不惑而有力者，莫不欲去之，已嘗去矣而復大集，攻之暫破而愈堅，撲之未滅而愈熾，遂至於無可奈何。是果不可去耶？蓋亦未知其方也。」這顯然和韓愈的主張與願望相通相同。

亦爲「唐宋八大家」之一的蘇轍說：「愈之學，朝夕從事於仁義禮智刑名度數之間，自形而上者，愈所不知也。原道（韓愈所撰一篇排佛的文章）之作，遂指道德爲虛位，而斥佛老與楊墨同科，豈爲知道哉？」意思是指，韓愈只知儒學而根本不懂得深奧的佛學理論，不懂佛學而盲目排佛就不免荒唐。所以，宋代張無盡也以同樣的看法指出：「欲排其教，則當盡讀其書，深求其理，摭其不合吾儒者與學佛之見，析疑辯惑而後排之可也，今不通其理而妄排之，則是斥鷃笑鵾鵬，朝菌輕松柏耳。」明人茅坤更直言不諱，對韓愈大加嘲諷道：「只以福田上立說，無一字論佛宗旨，何者？退之（韓愈的字）原不知佛氏之學也。」清人包世臣則認爲：「以退之屏棄釋氏，未見其書，故集中所力排者，皆俗僧聳動以邀利之說。」同爲清人的梁章巨則引用僧人的話，對韓愈反佛的舉動作了這樣的評價：「闢佛之說，宋儒深而昌黎淺，宋儒精而昌黎粗。然披緇之徒[11]畏昌黎，不畏宋儒，銜（怨恨）昌黎，不銜宋儒也。蓋昌黎所闢檀施（布施）供養之佛，爲愚夫婦言之也。宋儒所闢明心見性之佛，爲士大夫言之也。天下士大夫少，而愚夫婦多。僧徒所取給，亦資於士大夫者少，資於愚夫婦者多。使昌黎之說勝，則香積[12]無煙，祇園（寺院）無地。雖有大善知識，能率恆河沙衆枵腹露宿而說法哉！比如用兵者，先斷糧道，不攻而自潰也。故畏昌黎甚，銜昌黎亦甚。使宋儒之說勝，不過爾儒理如是，儒法如是，爾亦不必從我；我佛理如是，佛法如是，我亦不必從爾。各尊所聞，各行所知，兩相枝拄，未有害也。故不畏宋儒，亦不甚銜宋儒。然則唐以前之儒，語語有實用，宋以後之儒，事事皆空談，講學家之闢佛，於釋氏毫無加損，徒喧鬧耳。」這無疑從另一個側面對韓愈的反佛提出質疑。

而以司馬光爲首的一派擁韓者，卻與這些人的觀點相反，他本人在其〈書心經後贈紹鑑〉中說：「世稱韓文公不喜佛，常排之。予觀其與孟尙書論大顛云：能以理自勝，不爲事物侵亂。乃知公於書無所不觀，蓋嘗遍觀佛書，取其精粹，而排其糟粕耳。不然，何以知不爲事物侵亂爲學佛者所先耶？」

韓愈與孟尙書談論的「大顛」，是潮州的一個和尙。韓愈在潮州除了寫文章驅逐鱷魚外，另一個不太爲人所知的插曲是：在他被貶後，當京城的許多和尙興高采烈之際，唯獨有一位叫僧簡的和尙冒著生命危險，赴潮州走訪韓愈，並表示「將朝得進拜而夕死可者」的決心。因爲這個僧簡和尙的緣故，韓愈在心靈上得到一點慰藉，同時開始主動跟潮州一位叫大顛的老和尙做接觸，隨後又建立了極深的友情。韓愈稱讚老僧大顛「雖外物至，不膠於心」，「實能外形骸，以理自勝，不爲事物所亂」。這就是說，大顛和尙能把儒家修身養性之理與佛家修習之理相融合。對於這件事，柳宗元曾有過精闢的評論：「退之所罪者，其跡也，曰『髡（剃髮）而緇，無夫婦父子，不爲耕農蠶桑而活乎人』，若是，雖吾亦不樂也。」這就是說，韓愈所排斥的是佛教的粗俗教義及其所包含的出世主義，所容納的是佛學與儒學相通的治心理論，他把以儒融佛的思潮推向更深入一層。

繼柳宗元之後，司馬光派的南宋馬永卿引友人王抃的話說：「世人但知韓退之不好佛，反不知此老深明此意。……其所見處，大勝裴休，且休嘗爲〈圓覺經序〉，考其造詣，不及退之遠甚。唐士大夫中，裴休最號爲奉佛，退之最號爲毀佛，兩人所得之淺深乃相反如此。」

對佛道頗爲精通、「唐宋八大家」之一的蘇軾，對韓愈的思想作了研究後，則認爲韓愈是「流入於佛老而不自知也」。

清代林雲銘也說：「欲燒佛骨人，卻能闡發佛理。要知眞正佛理，即聖人之道，公之所闢，乃其跡耳。」

對於本已了結的韓愈諫迎佛骨的歷史公案，竟引來那麼多不同時代、不同觀點的名人議論紛紛，這實在是一個怪異的文化現象。透過這個現象，我們應當看到這些人表面上在談論韓愈的闢佛事件，實則是對佛學——這股外來文化命運的關注。因爲韓愈的諫迎佛骨涉及到法門寺及地宮佛骨，今天的我們有必要繼古人之後，對這樁公案的看法再作些補遺。

正如我們在此之前的敍述，佛教作爲一種外來文化，自它踏上東方古國的那天起，就遭到本土文化的抵抗。有些不可思議的是，這來自西方的佛教文化，硬是憑著自身強大的生命力和獨特的韻味，在東土漸漸地扎下了根，並迅速融合本土主流文化儒教與道教，於隋唐時形成儒、釋、道三足鼎立的文化格局。促使這種格局形成的原因，除了佛教對人生啓迪的精深理論外，也與它本身的實用價值有密切的關係。這個價值首先體現在能爲皇權的轉移製造輿論，如隋文帝假託「天佛所佑」、武則天「以釋教開革命之階」等，都是在宗教外衣的庇護下進行的成功陰謀政變。而在唐太宗時，少林寺和尚營救李世民，並協助敉平洛陽王王世充；唐肅宗時，高僧神秀廣徵「香水錢」資助大唐平亂，以及高僧不空設壇度僧以團結諸路軍卒等，都是實用價值極大的歷史事件，也是儒教和道教難能其爲的。還有一個重要的原因是，佛教可以對衆生進行安分守己的教化。對於這一點，唐代一個不太出名的文人加小官僚看得最爲透徹，說得也最爲中肯：「俗既病矣，人既愁矣，不有釋氏使其安分，勇者將奮而思鬥，智者將靜而思謀，則阡陌之人皆紛紛而群起矣！」

既然有了這樣的文化功能，外來的佛教能在中國扎根、發芽，最終和本土宗教形成鼎立的抗衡局面，似乎是必然的事情。也正是由於這種局面的出現，才注定了佛教在不同的社會階段，走出一條沉浮不定的發展軌跡。

最早出現的儒、釋、道三方爲爭奪勢力和地位而進行的較量暫不敍述，自唐朝建立之初，就有排佛之舉。唐高祖武德四年（公元六二一年）至唐太宗貞觀六年（公元六三二年），朝臣傅奕曾先後八次上疏請廢佛教，他曾在〈請除釋教疏〉中說：

降自羲、農（伏羲、神農），至於漢、魏，皆無佛法，君明臣忠，祚長年久。漢明帝假託夢想，始立胡神，西域桑門（沙門），自傳其法。西晉以上，國有嚴科，不許中國之人，輒行髡髮之事。洎於苻、石（前秦、後趙），羌胡亂華，主庸臣佞，政虐祚短，皆由佛教致災也。梁武、齊襄，足爲明鏡。

傅奕以儒家正統排斥佛教的主張，沒有得到皇帝和朝臣的響應。武德九年（公元六二六年），唐高祖曾召集群臣仔細討論傅奕的疏文，除一人外，衆臣「多祖佛」，對他提出的中國古代帝王年歲長久，而佛教傳入後，事佛愈謹則年代愈促這一論點，頗不以爲然。傅奕只好獨自嘆息曰：「衆不我從。」儘管如此，傅奕還是抱住儒家學說倫理不放，並一次又一次地向佛教展開攻勢，直到臨終前，還告誡其子勿讀佛書，免得中邪。

繼傅奕之後，唐代反佛者不斷湧現，如狄仁傑、李嶠、張廷珪、蘇瓌、韋嗣立、姚崇、楊炎、李翱、李德裕等名臣，都是反佛的極端分子。奇怪的是這些人沒有因反佛而倒楣，而到韓愈出面時，情形就大不相同了。

就韓愈本身而言，他作爲典型的儒家子弟的代表不容質疑。這位歷史上「文起八代之衰」的大文豪，自稱是「非三代兩漢之書不敢觀」，「口不絕吟於六藝之文，手不停披於百家之編」。「上規姚姒⓭，渾渾無涯；周誥⓮、殷盤⓯，佶屈聱牙；《春秋》謹嚴，《左氏》（《左傳》）浮誇；《易》奇而法（變化極奇而有規律可尋），《詩》正而葩（義理正大而辭藻華美）；下逮《莊》、《騷》（《莊子》、《離騷》），太史所錄（指司馬遷的《史記》），子雲、相如（揚雄、司馬相如）同工異曲。」由此可見，韓愈思想的來源主要是先秦兩漢的儒家典籍，諸子百家、史學著作和兩漢辭賦，對於佛教經典未嘗有過接觸。所以，他的反佛便具有很大的盲目性和片面性。

韓愈的〈論佛骨表〉，無疑是歷代反佛言論的大總匯，問題涉及了華夷之爭、倫理之爭、逃避傜役賦稅之爭、王朝運祚短長之爭和如何對待處理佛骨之爭。但不難看出的是，這些又都是當年傅奕理論的翻版和複製，他憑藉跟傅奕一樣的「士志於道」的傳統，反對佛學這個外來文化的衝擊。他在〈送惠師〉一詩中沾沾自喜又頗爲自負地寫道：「吾非西方教，憐子狂且醇。吾嫉情遊者，憐子愚且諄。」同他的〈論佛骨表〉一樣，韓愈以儒教爲中國的正統，以佛教爲西方邪教，將儒佛對立起來，將儒佛之爭看成是中國文化與西方文化的一種較量，是正義與邪惡的不期遭遇，士大夫必須維護儒教而鞭撻佛教。他站在儒家傳統的角度，認爲「性也者，與生俱生也；情也者，接於物而生也」。在他看來，情與性是絕對對立的，要因情以見性，藉以抨擊佛教的脫離君臣、父子、夫婦關係去追求見性成佛，並認爲這是滅情以見性的荒唐做法。按照儒學的解釋，性之品有三，而其所以爲性者五；情之品有三，而其所以爲情者七。在這個構成人天性的五要素中，排列著仁、義、禮、智、信。而因性而生的情，則構成喜、怒、哀、懼、愛、惡、欲。由於「性」與「情」的相輔相成，所以在儒家倫理道德規範內所進行的性情修養，應是整體人格的實現，對上品以教育，對中品以引導，對下品以制服，即所謂的「上之性就學而愈明，下之性畏威而寡罪。是故上者可教，而下者可制也。其品則孔子謂不移也。」正是處於這樣一種思想和道德上的認識，韓愈便不可能容忍「自性成佛」的理論，同時對一切背離儒家學說的佛家理論採取排斥態度。正如著名歷史學家黃新亞先生指出的那樣，韓愈本人對佛學認知的膚淺和天然的排貶，就決定了其不可能用佛學的「因明⑯」關係來解釋現實，他諫迎佛骨的思想武器只能是中國尊重史實而忽視理性演繹的傳統。

當年傅奕三番五次上表諫佛，唐高祖曾找了一位叫法琳的擁佛者和其辯論。這法琳大師便針對傅奕幾乎和韓愈一樣的有佛則「亂亡相繼，運祚不長」、「事佛漸謹，年代尤促」的觀點，提出西漢以前君王，尤其是秦始皇父子統治的秦朝，「當時無佛，何以天曆不長」的例子，又引證元魏十七君合一百七十九年的例子反問：「爾時佛來，何故年久？」傅奕竟無言以對。也許韓愈感到傅奕跟他本人的主張，缺乏在思想上戰勝佛學的能力，便只好以華夷之辨來施展政治上的攻擊，於是便有了「佛本夷狄之人，與中國言語不通，衣服殊製。口不道先王之法言，身不服先王之法服，不知君臣之義、父子之情……乞以此骨付之有司，投之水火，永絕根本，斷天下之疑，絕後代之惑」的主張。這個主張顯然與大唐開放的文化風氣、中唐統治者正在鼓吹和鞏固的「中興」局面背道而馳，因而引起唐憲宗的勃然大怒和「將加極法」的裁決。韓愈「本爲聖明除弊事」，卻落得「夕貶潮州路八千」的悲劇下場。

儘管韓愈的反佛主張與中唐統治者以迎奉佛骨爲乞求「中興」的用意格格不入，但並不意味著諫迎佛骨沒有一點道理。當佛教傳入中國後，在其不斷的發展壯大中，出現了許多「僞」與「濫」的現象，特別是在經濟上耗國累民的靡費越來越繁重，崇迎佛骨便將這種現象全面地暴露出來。唐憲宗雖曾努力「中興」唐室，並取得一定的良好效果，但「中興」是短暫的，大唐帝國的危機依然四伏，用崇迎佛骨的做法來粉飾太平，顯然也不是明智之舉。就這一點而言，也許在藩鎮割據之勢已成、君主之權日益被削弱的情況下，借助儒家學說來突出君權是必要的，同時對強化民族意識、促使佛教中國化具有極大的作用。在等級森嚴的朝廷中，多數臣僚只求苟且偷生，只有韓愈敢於與大唐皇帝辯論是非曲直，維護儒學傳統思想，以「爲民請命」的「浩然正氣」挺身而出。這正可以說明佛教最終中國化，而不是中國被「佛教化」的原因。

當然，佛教中國化是唐人以開放與創造的心境對待外來文化的成功範例，這其中既包括對本民族文化傳統的自信，也包括對其他民族文化的虛心接納，所以韓愈本人的悲劇，又是一種不可避免的必然。而唐憲宗在痛感帝國缺乏團結精神和軍事力量的情況下，企圖借用佛力不戰而勝，也只能是一廂情願，所有的迎佛骨活動以大量耗靡國家錢財而收場，並不能爲唐朝統治者帶來眞正的「中興」。當唯心主義破產後，封建王朝即將滅亡，原所祈求的宗教將面臨厄運。韓愈此時的諫迎佛骨儘管沒有發生作用，但就從整個歷史發展過程看來，已明顯地吹響了滅佛的號角。佛教的大難就要來臨了。

編者註

❶樂山大佛：又稱凌雲大佛，位於今四川樂山市東凌雲山西壁，岷江、青衣江、大渡河合流處。大佛爲依栖鸞峰斷崖鑿成的一尊彌勒佛倚坐像，唐玄宗開元元年（公元七一三年）開鑿，德宗貞元十九年（公元八〇三年）完成，工程前後進行了九十年。據最新測量，大佛自頭至足爲五八．七米，若加上已被毀掉的蓮花座，則通體高七十米左右。佛首與山平齊，脚踏大江，氣勢宏偉，人稱「山是一尊佛，佛是一座山」。

❷鑑眞，中國唐代僧人，日本律宗初祖。亦稱「過海大師」、「唐大和尚」。俗姓淳于，廣陵江陽（今江蘇揚州）人。自幼出家，後歸揚州大明寺講律傳法。唐天寶元年（公元七四二年）應日本留學僧榮睿和普照之邀，率徒衆攜經論法物等東渡日本。前後五次，因風浪阻止，皆未成行。天寶十二年（公元七五三年）第六次東渡，終於成功，受到日本朝野僧俗的歡迎。他在東瀛首開登壇授戒之例，於奈良興築唐招提寺，又校正佛經，塑造

佛像，指導修建佛寺、辨別藥物等，對中日文化的交流有巨大貢獻。

❸偈頌：佛經體裁之一，即頌詞。多用三言、四言、五言、六言、七言以至多言爲句，四句合爲一偈。

❹三密相應：密教用語。大日佛爲遍法界之身，故法界體相，爲其身密；一切聲音，爲其語密；周遍之識大，爲其意密。「三密相應」爲修密之要，指衆生的身業（身之所作）、語業（口之所語）、意業（意之所思）與如來的三密，入我我入，無二分別。故行者以手結印契修身密，口誦眞言修語密，心觀本尊及隨事起念修意密。

❺灌頂：原爲古印度國王即位的一種儀式，後爲佛教密宗所採用。凡弟子入門，須先經本師以水或醍醐（酥酪上凝聚的油，味極甘美）灌灑頭頂。灌謂灌持，明諸佛之護念；頂謂頭頂，表佛行之崇高。

❻轉輪王七寶：轉輪王原爲古印度神話中的聖王，具三十二形像，即位時由天感得輪寶，轉其輪寶降伏四方，故名。又因飛行於空中，亦稱飛行皇帝。佛教襲用其說，以之爲護法神。據佛經載，轉輪王共有四位，各持金、銀、銅、鐵轉輪，皆擁有輪寶、白象、紺馬寶、玉女寶、明月珠寶、主藏臣寶、主兵臣寶等七寶。

❼永貞內訌：唐代有名的宮廷政變。貞元二十八年（公元八〇五年）初，順宗李頌即位，因病不能視事，重用王淑文、王伾實行改革，引起宦官及部分藩鎮反對。三月，宦官俱文珍等逼順宗立長子李淳爲太子，改名純。八月，文珍與韋皋、裴均、嚴綬等人強迫順宗禪位，改元永貞，李純登基。次年正月，改元元和。這一年之間的宮中紛擾，史稱「永貞內訌」。

❽桃茢：桃枝編的掃帚。古時迷信，謂鬼畏桃木，用以掃除不祥。

❾關於韓湘子其人的生平，歷史記載之一。他跟韓愈的親屬關係也有多種說法。據我們查考的資料看，韓湘係韓愈之侄，當更爲可信。

❿軍事衙推：據《唐書・百官志》記載，節度使、觀察使、團練使皆有衙推，刺史、領史亦置衙推，爲軍府之屬官。

⓫披緇之徒：即僧衆。緇，通「淄」，黑色。僧衣一般用黑布製成，故名。

⓬香積：原爲衆香世界之佛名。後取香積世界香飯之意，謂僧家之食廚或供料。

⓭姚姒：姚，虞舜之姓；姒，夏禹之姓。姚姒，指《尚書》中的〈虞書〉和〈夏書〉。

⓮周誥：指《尚書・周書》中的「大誥」、「召誥」、「康誥」、「酒誥」、「洛誥」等篇。

⓯殷盤：指《尚書•商書》中的「盤庚」上、中、下三篇。

⓰因明：佛教名詞。「因」指推理的根據，「明」指知識、智慧。是透過宗（邏輯中的命題）、因、喻（幫助論證成立的譬況）所組成的「三支作法」，進行推理、辨明的學問。三支中，「因」是主要部分，故稱爲因明。

第九章

佛門大劫難

佛、道相互傾軋，「三武」吹響了反佛的號角，一片刀光劍影。法門寺劫難臨頭，偷天換日，奇計連環，僧俗合力護衛聖體。國勢蜩螗，唐懿宗迎佛骨入京祈福，奈何已無力回天，匆匆送還，與金銀寶物同埋地底……

滅佛的號角

韓愈終於回到他夢中的京師，展開新的人生之路，關於他因諫迎佛骨而倒楣的一段歷史也告終結。

但是，他闢佛所引起的是是非非卻遠沒有隨著他回到長安而告終結。這個在中國佛教發展傳播史上極具典型和預言性的事件，因其特殊的歷史背景，成為中國正統的儒道思想與外來文化交匯的焦點，也是自佛教東傳以來各種矛盾鬥爭激化到最盛程度的標誌。而韓愈的思想，正是具體反映了歷史上佛教敵對勢力諸宗派的反佛觀點和願望。

其實，佛教自傳入中國後，一直面臨著本土宗教及本土文化的排斥和打擊。當永平七年明帝夜夢金人並派遣羽林郎蔡愔等人西土求法，終於以白馬馱經迎來佛教之後，就開始了五岳道士與佛教的設壇焚經之論戰。此後西晉的佛道之爭，蕭齊（南朝齊）的夷夏之爭❶、三破之論❷，梁武帝捨道事佛，北齊廢道……可謂烽煙迭起，爭戰不斷。佛教與儒教、道教就是在這樣一個起伏不定、烽火狼煙的大格局中，進行著他們的衝擊、傾軋、侵吞、分離和融合。佛教自來到東土，有過幾次的繁榮，又有幾次的沉淪和劫難。在中國漫長的歷史進程中，曾先後有四位皇帝發動過毀佛滅佛的事件。他們分別是韓愈諫佛骨之前的北魏太武帝、北周武帝，和韓愈諫迎佛骨之後的唐武宗、後周世宗，史稱「三武一宗」之厄。

衆所周知的是，佛教的發展，需要有巨大的經濟力量來支撐和維持。寺院的經濟力量一旦過分發展和膨脹，就會引起統治階級的不滿。而當種種交織在一起的矛盾激化時，便必須透過政治手段才能解決。中國佛教史上之所以出現「三武一宗」的滅佛之難，正是這種矛盾激化的結果。

歷史上第一個帝王禁佛者當屬北魏太武帝拓跋燾。頗有意味的是，他一開始並不討厭和排斥佛教，相反的，他還是一個地地道道的崇佛者。太武帝初登大位後，經常請一些「高德沙門」進宮談論，每當四月初八日的佛誕日，還親自登上城樓觀看慶祝活動，並向佛像散花以示敬意。

太武帝的崇佛來自他祖先留下的傳統。東晉末年，一個稱爲拓跋氏的族系崛起於塞北，並在拚搏厮殺中很快兼併了北方諸國，統一中原，是爲北魏。北魏的開國君主道武帝拓跋珪，深知自己是北方少數民族，難以駕馭廣大的漢民族，因而他打出佛教這面大旗，極力宣揚「人王即是法王」，試圖以此來消除中原百姓的民族意識。鑑於這一思想的考慮，道武帝拓跋珪一直充當著護佛布道的旗手，同時在登位之後廣造寺院，剃度僧尼，弘揚佛法，以此完成了少數民族與漢民族的融合。

歷史上的佛教專家大都認爲，太武帝從信奉佛教、尊崇沙門慢慢走向反佛甚至是毀佛的道路，與司徒（宰相）崔浩的推波助瀾、搧風點火是分不開的，而崔浩之所以如此，與他的生活背景和個人好惡又緊密相連——是他首先利用一個叫寇謙之的道士，將太武帝一步步從佛門而引入了道門。

寇謙之，生於前秦建元元年（公元三六五年），卒於北魏太平眞君九年（公元四四八年）。他出身於豪族，在曹魏初年，寇氏是關中馮翊地區的名門大戶。這寇謙之在童年時就迷戀仙道，有棄世絕俗之心，但他最感興趣的還是道教中能呑服成仙的藥物，只可惜「少修張魯之術，服食餌藥，歷年無效」。

正當寇謙之有志成仙而服食大量藥物，尙未成功之時，卻發生了一次奇遇。原來在他將滿二十歲的時候去姨母家作客，發現姨母雇一奇男，「形貌甚強，力作不倦」。寇謙之當即爲此人的形貌和風采傾倒，並憑他多年的修煉，覺得此人非同凡響，便藉機向姨母請求將此人領回自己家當差役。經過一段時間的相處，那位奇男覺得寇謙之對自己不錯，又迷戀道術，便對他說出自己的身分和經歷。此人名叫成公興，原是一名道士，後因得道而成仙，卻在天界不愼惹起火災，被判罰流放人間七年。爲了證明自己所說的事實，成公興大談道家高深的理論，並以自己精通的《周髀算經》，來求解一個個假設的難題。寇謙之深信不疑，並要拜其爲師。成公興推託不過，便說：「先生有意學道，豈能與興隱遁？」寇謙之當場答應。二人在齋戒三日後，共同奔赴華山。成公興「令謙之居一石室，自出採藥，還與謙之食藥，不復飢」。後來他們又移居嵩山，「有三重石室，令謙之住第二重」。七年之後，成公興屍解（得道成仙）飛升，留下寇謙之一人繼續「守志嵩岳，精專不懈」。

儘管這是一個近似神話的故事，但後人撰寫的《魏書・釋老志》中確有這樣一段記載。有歷史學家考證，自東漢魏晉以來，不少方士入華山、嵩山、武當山等名岳大山修道，後秦時也有一位來自膠東蓬萊的方士在河南伊川一帶傳授道法，此人精通曆算，號稱「遊遁大儒」，名成公興。這或許就是寇謙之早年所遇的仙人成公興。為了抬高自己的身價，寇謙之在名聲漸隆之後，杜撰了他的老師本是仙人的故事。不管這位成公興的身分和眞假如何，寇謙之早年曾隨方士在高山密林中修煉過仙術則是事實。

或許寇謙之感到自己修道成仙已無指望，或許他再也耐不住這深山的冷清與寂寞，而入世博取芳名的機會已經來臨，或許還有更加複雜的原因，他在始光元年（公元四二四年）離開了隱居三十多年的嵩山，攜帶六十餘卷《錄圖眞經》前往京師平城，拜見剛剛即位的太武帝，並稱自己講修道時，有太上老君的玄孫李譜文降臨嵩山，親授給他《錄圖眞經》，以其輔佐北方太平眞君。與此同時，還大談了一番修身煉藥之術，銷煉金丹之訣。這顯然是為了迎合當時加強中原統治的拓跋氏而特意製造的謊言，沒有立即得到太武帝的信服。在勉強接受這部書後，太武帝只是作了「令謙之止於張曜之所，供其食物」的安排。當時朝廷臣僚們得知這件事，也是一笑了之，並未放在心上。直到後來司徒崔浩介入，其事其人才非同小可起來，並因此爆發歷史上第一次重大的滅佛行動。

崔浩之所以不請自到地介入這件事，與其家世和當時的政治背景有關。他的母親原是一個道教徒，他本人從小也偏好道仙之術，稍大後曾學過占星和陰陽術。也許正是憑著這項本領，他才一步步成爲北魏明元帝的近臣，並備受賞識和重用。但隨著明元帝的一命歸天和新皇帝的登位，崔浩遭遇了從未有過的冷落，他正準備修煉、養生以待時機，寇謙之偏巧這時來到平城。一向工於心計又陷於不利處境的崔浩，彷彿看見一線東山復起的希望，他決定介入此事。而第一步要做的就是拜寇謙之爲師，隨後便向太武帝極力推薦這位師父。他在上疏中爲寇謙之陳言道：

「臣聞聖王受命，則有大應（祥兆），……今清德隱仙，不召自至，斯誠陛下侔蹤軒黃，應天之符（福）也。豈可以世俗常談，而忽上靈之命？臣竊懼之。」

北魏統治集團爲奪取和統治中原，曾以軒轅黃帝的後裔自居。「魏之先出自黃帝，黃帝子曰昌意，昌意之子受封北國，其處有大鮮卑山，固以爲號。」

崔浩的上疏正是抓住太武帝「侔蹤軒黃」、入主中原的心理，才極力鼓吹《錄圖眞經》中的符命之說。其實在這之前，寇謙之早就對拓跋氏王朝的心理作了深入細緻的研究，並針對此點撰寫《錄圖眞經》。崔浩的上疏只不過是發揮一個提醒的作用罷了，但使日理萬機的皇帝留心經書中的教義。

世祖聞之欣然，乃使謁者奉玉帛牲牢祭嵩岳，迎致其餘弟子在山中者。於是崇奉天師，顯揚新法，宣布天下，道業大行。……及嵩高道士四十餘人至，遂起天師道場於京城之東南，重壇五層，遵其新經之制。給道士百二十人衣食，齋肅祈請，六時禮拜，月設廚會數千人。

《魏書・釋老志》曾作了這樣的記載。看起來這位皇帝倒是極好唬弄，只是看了或聽了《錄圖眞經》的幾個片段，就高興地命人拿著禮物把寇謙之在嵩山的難兄難弟四十餘人全部請進京師，並給予超乎尋常的款待。這個看似滑稽的事件其實大有底蘊，因爲拓跋氏一直在爲自己的統治苦苦尋找的思想和依據，終於由寇謙之以上帝的名義提出來。雙方基於各自的需要而合作，即使再糊塗的皇帝也不會放棄這種大好機會，反而要藉題發揮一番。

由於皇帝的肯定和支持，寇謙之所創立的「天師道新法」便得到北魏官方的承認，很快興盛起來。而寒酸卑微的寇謙之本人，也隨之搖身一變「爲帝王師」，並以其特殊的身分，成爲實際上太武帝身邊的軍事參謀和政治顧問。那個爲寇謙之的發跡和得寵而奔走呼號的司徒崔浩，自然也再次成了新皇帝面前的大紅人。

始光三年（公元四二六年），雄心萬丈的太武帝想乘大夏國主赫連勃勃剛剛死去之機，出兵進討大夏。這個想法剛一提出，就遭到部分臣僚——特別是掌握兵權的太尉長孫嵩的反對。太武帝舉棋不定之際，便召來寇謙之問其出兵的得失。寇謙之回答得倒也乾脆：「必克。陛下神武應期，天經下治，當以兵定九州，後文先武，以成太平眞君。」

不知這寇謙之是膽大妄爲地信口開河，還是確有韜略和預見性，反正太武帝信以爲眞，並旋即率兵出擊大夏。也該是寇謙之命運頗佳，大夏不久即被北魏兵擊潰。旗開得勝的太武帝馬不停蹄，發動對中原諸國的猛烈進攻，並終於在公元四三九年蕩平中原，結束自西晉以來五胡十六國長期戰亂分裂的局面，完成了統一北方的宏圖大業。在這場曠日持久的戰爭中，寇謙之、崔浩等隨君伴駕，經常出謀獻策、占星卜卦，頗得賞識。當戰爭結束之後，太武帝對仙道更是深信不疑，並越發崇拜起來。

在寇謙之等人的鼓動下，太武帝開始自稱太平眞君，也將年號改爲太平眞君元年（公元四四〇年）。

太平眞君三年（公元四四二年），耐不住寂寞的寇謙之出面奏稱：「今陛下以眞君御世，建靜輪天宮之法，開古以來，未之有也，應登受符書，以彰聖德。」也就是說，太武帝要在京師平城設一個天師道場，並親臨道場受籙。

太武帝聞奏不久，即「親至道壇，受符籙，備法駕，旗幟盡青，以從道家之色也。自後諸帝，每即位皆如之。」這段話的意思不只是指太武帝本人照寇謙之所說的一切去辦了，還明文規定，往後的各位皇帝都要如此做。這種「君權神授」的特殊形式，可以向世人表明：拓跋氏建立的北魏政權，不是搶來和偷來的，而是由偉大的漢族神太上老君親自授予：它是正統的，合理合法的，甚至有交接手續。以此爲鞏固自己的統治政權服務。

就在寇謙之、崔浩大受皇帝寵愛之時，佛門教派的勢力依然在朝野內外存在。佛道兩家誰上誰下，孰先孰後，歷來都是各派教徒爭執的焦點。權勢逐漸膨脹的寇、崔等人，見皇帝已被自己從崇信的佛門中一步步引出，即將遁於道門，排佛心理日趨加重。爲了獨尊道教，打倒佛教，他們慫恿太武帝對佛教發動殘酷的鎮壓。

太延四年（公元四三八年）三月，太武帝終於頒發了禁佛的第一道詔令：「罷沙門年五十以下者。」強迫青壯年僧侶還俗，並責令他們充當勞役或從軍征戰。

太平眞君五年（公元四四四年）正月，在崔浩的極力主張下，太武帝連發兩道禁佛詔令。其中第一道詔敕規定：從王公以下到庶民百姓，一律禁止私養沙門、巫覡，凡私養者，限於二月十五日以前報告官府。過期不報者，不僅被窩藏的沙門僧或師巫等處以死罪，主人還要遭到滿門抄斬之災。第二道禁佛詔令則進一步規定，嚴禁僧侶或巫覡進入一般人的住宅，並強令他們老老實實地居守在廟宇裡。

從這兩道極其嚴厲的詔敕來看，太武帝的佛緣已斷，徹底遁入道門之中了。他站在道家的立場上，於同年九月，在崔浩等人的搧風點火下，下詔將佛門高僧玄高和慧崇幽禁起來，並施以酷刑。玄高大師曾一度身居宮廷，調解皇帝與太子的矛盾，慧崇則是當時朝中尙書韓萬德的老師。這兩位年邁的高僧被囚禁不到半個月，便在京師平城死去。

如果崔浩和太武帝的禁佛就此停止，也許還有其可原諒的理由，崔浩本人也不至於遭到滿門抄斬之禍。可惜此時的君臣誰也沒有顧及這些，他們依舊沿著這條道路瘋狂地向前急馳——中國歷史上第一次佛門大劫難到來了。

太平眞君六年（公元四四五年）九月，駐守在杏城（今陝西黃陵縣）的將軍蓋吳謀反，關中狼煙頓起，一片混亂。翌年三月，太武帝親率大軍前往鎭壓。他進入長安，因軍隊暫時休整，馬丁便將其坐騎牽到一座寺院的麥田裡放牧。當太武帝爲看馬而來到寺院時，和尙們請侍從官喝酒。侍從官進入僧衆的住室，發現了大批的弓矢矛盾等兵器，急忙出來稟報。太武帝大怒，憤然吼道：「這些兵器本非沙門所用，難道他們要與蓋吳合謀反叛嗎？」遂責令官兵徹底清查這座寺院。這一清查，寺院內許多不爲人知的祕密暴露出來。先是查得大量釀酒用具，以及州縣地方長官和富豪寄託或隱匿的財物，其數量竟達數萬之多。後是發現了寺內的密室，這些密室多爲「與貴室女私行淫亂」之用。當這一切穢行全部揭露後，太武帝已是憤怒至極，而當時隨從身邊的崔浩立即感到這是消滅佛教的天賜良機，便趁機鼓動太武帝立即蕩滅佛教，以絕後患。於是太武帝當即下詔：「誅長安沙門，焚破佛像。」並令太子拓跋晃行令天下四方，一體推行毀佛措施。

如果說在這之前的太武帝所採取的一系列態度和措施，僅僅表現了他對佛門的背叛，那麼，現在則由愛至恨，在這單獨的背叛之後又加上了一層憎恨。太武帝在詔敕中說道：「往昔漢明帝信奉邪僞，紊亂天道。佛教本是虛妄的，但末世的昏君或亂主卻多被其所惑，以致政教不行，禮儀大壞，鬼道（佛教）興盛，蔑視王者之法。從這以後，代代興禍亂而行天罰，民人多災多難，王化之地亦極爲荒涼，乃至千里蕭條，不見人跡。這一切，都是由於崇佛所致。」

被憤怒、憎恨的火焰灼烤得近似失去理智的太武帝，彷佛是在對天盟誓。他宣稱要除僞（佛教）定眞，以復遠古伏羲、神農之治，並聲色俱厲地說道：「自今以後，敢有事胡神及造形像泥人、銅人者，門誅。雖言胡神，問今胡人，共云無有，皆是前世漢人無賴子弟劉元眞、呂伯強之徒，接乞胡之誕言，用老莊之虛假，附而益之，皆非眞實，致使王法廢而不行，蓋大姦之魁也。有非常之人，然後能行非常之事，非朕孰能去此歷代之僞物？有司宣告征鎮諸軍、刺史，諸有佛圖形像及胡經，盡皆擊破焚燒，沙門無少長悉坑之。」

這段後來載於《魏書・釋老志》的詔敕，意思是說今後如果有人膽敢事奉胡神（佛陀），以及塑造泥銅佛像者，一律滿門抄斬。所謂佛祖，只不過是漢朝時無賴子弟如劉元眞、呂伯強等人，聽信胡人的妄言，又附會老莊的虛假之言而加以演化。如果不是非常之人，是做不出非常之事的，除了我太武帝，誰能將這歷代的虛假之物毀掉摒棄？因此，詔令征鎮諸軍和諸州刺史，在全國範圍內予以毀佛，並焚燒一切佛寺、佛像、佛經，寺內沙門不論年齡大小一律挖坑活埋。

這道敕令的頒發，使恨不得在一日之內蕩盡天下佛教的崔浩，自是欣喜異常。在他從政為僚的歲月裡，似乎沒有其他的事比太武帝這道詔敕更能讓他感到刺激，感到開心，感到自己的地位之高和權勢之重。

當崔浩得意忘形，淫威大發時，他的老師寇謙之卻害怕了。他怕的不是佛教本身，而是被佛教度化的千萬芸芸衆生，佛教的思想和精神已深入他們的心中，表面上的破壞和毀滅，只能使他們暫時將心靈封閉起來，同時也埋下了仇恨的種子。一旦星轉斗移，這佛教的精神和仇恨的種子便以迅猛之勢沖溢而出，給被仇恨者帶來的後果將是極爲可怕和不堪設想的。寇謙之不枉在深山荒野中苦練了三十多年，對這一點人生哲理和天下衆生的心理還是有所把握和洞察的。也正是因爲如此，他才對自己的所作所爲有些害怕，不得不一反常態地對幸災樂禍的崔浩警告說：「你必將因毀佛而縮減壽命，遭受刑戮，一門盡滅！」作爲學生的崔浩對寇謙之的警告頗不以爲然，依然我行我素，極力鼓動太武帝滅佛。從此，寇謙之和崔浩之間出現了嚴重的裂痕。

此時太子拓跋晃受太武帝之命蕩滅佛教。在京師平城以監國身分執事國政的他，早年就對佛教頗有好感並受過佛教思想的影響，因此他堅決反對毀佛行爲，再三向父皇勸諫，希望收回成命，停止禁佛。遺憾的是他的勸諫沒有被太武帝採納。

眼看佛門大難臨頭，不忍心殺戮的太子在無可奈何之中，只能利用手中的權力，把禁佛詔令稍作積壓並有意放出風聲，使得各地佛門僧尼能夠預先獲悉滅佛災難而速謀對策。太子的良苦用心，使京師平城的僧侶由此得救，大量的佛像、經典得以祕藏起來。散落在全國各地的沙門聞訊，也紛紛流亡他鄉，從而避免了殺戮之災。

在崇高山上經常坐禪的僧周，風聞朝廷禁佛，對衆門徒說：「大難將至！」立即率領弟子數十人直奔寒山（今陜西略陽縣南）。此山位於陝西西南部，終年積雪不化，道路奇險異常，溪谷深不可測，朝廷的滅佛隊伍無法進山搜索，僧周等數十名流亡沙門僧才免遭殺害。

儘管太子晃在毀佛事件中，以其特殊身分對佛教多加保護，但不久之後，太武帝的毀佛敕令還是在全國各地推行開來。正所謂跑了和尚跑不了廟，各地的佛塔、佛像、佛經紛紛被破壞和焚燒，北魏境內的僧尼全部責令還俗。一旦有逃匿者，必將派人追捕，一經擒獲，立即斬首，並將首級掛在樹上示衆。河南常山寺的僧人慧芬，於太武帝毀佛之時匆忙出逃，當行至烏江岸邊時，後面的數十追騎也已趕到。前面江水滔滔，看不見一葉帆影，要潛水渡江又不可能，正在這千鈞一髮之際，慧芬雙眼一閉，心中默默念佛。片刻工夫，江中流箭一樣駛過一條小船，慧芬猛地躍躍入船上，遂順江而下。後面的追騎亂箭齊發，無奈小船已去，箭落江中，慧芬大師由此得以免禍，到達建康（今南京）的白馬寺隱居下來。

還有西域高昌國出身的法朗，在太武帝禁佛敕令頒布後，向西逃出國境進入龜茲（音ㄑㄧㄡ ㄘˊ，西域國名），並在此終老一生。許多西部僧尼為了避禍，也一併逃往龜茲隱居。

由於太武帝毀佛的敕令，沒過多久，北魏境內僧尼死的死，逃的逃，再也見不到一個了。那個憑著手腕使太武帝掀起全國性滅佛大劫的崔浩，親眼看到自己的意志和精神在全國得以實施，心中的惡慾更加膨脹，他開始在朝野內外結黨營私，把持朝政，在地方要位中安插親信，耀武揚威不可一世，一步步向死亡的深谷滑去。

崔浩的死因看起來極為偶然，但卻潛伏著不可替代的必然。他主持編寫有魏以來的國史，卻有恃無恐，把胡族出身的北魏先祖許多本該避諱的地方照實列述。他觸犯了皇帝本人，也觸犯了整個拓跋氏族的天顏和自尊，所以，遭到幾乎所有敵對勢力的同時攻擊。在浩大威猛的攻勢下，他再也隱不住陣脚，他的大劫來臨了。太武帝在震怒之中，於太平眞君十一年（公元四五〇年）六月將崔浩誅殺，他的結局被其老師寇謙之不幸而言中。

在崔浩被誅死兩年後的承平元年（公元四五二年）三月，太武帝駕崩。這位老皇帝死後不過三個月，太子拓跋晃隨之夭亡。其後，長子拓跋濬即皇帝位，是為北魏文成帝。隨著這個新皇帝的上台，瀕臨滅絕的佛教又在中原和北國大地上死灰復燃，重新興行起來。

佛門大劫與地宮事變

在第四章，我們已經論述過北魏政權分裂後，東、西兩魏佛教的發展狀況，以及西魏文皇后失寵，出走麥積山並削髮爲尼的故事，想來讀者不會忘記。

公元五五六年，西魏強人宇文泰死去，其三子宇文覺接受西魏恭帝的禪讓，創建北周政權。這個政權剛一成立，免不了又是一場相互殺戮的殘酷爭鬥。宇文泰的侄子和一幫親信在經過一番密謀後，毒殺了孝閔帝宇文覺和明帝宇文毓，擁立十八歲的宇文邕，是爲北周武帝。

這位北周武帝登位之初，也像他的先輩那樣，對佛教表示了崇敬之情。有所不同的是，他更尊崇儒術，並憑著他那不算太淺的儒學功底，經常召集群臣到正武殿聽講《禮記》，而講解者則是北周武帝自己。

善於察言觀色、揣摩上意的臣僚，看到這位新皇帝那越來越不同於尋常的舉動，知道一個新的時代即將到來。爲了迎接這個新時代，天和二年（公元五六七年），最擅長投機鑽營的還俗沙門衛元嵩上書北周武帝，大肆渲染寺院僧尼過多氾濫，常常滋事生非，國庫收入因此驟減的事實，並提出治理國家之道不在於佛教，堯舜時代沒有佛教，但國家安定強盛；相反的，南朝齊梁寺舍遍布，卻導致亡國失祚……武帝看到衛元嵩的上疏深表讚賞，由此暗下了禁佛的決心。

北周武帝的禁佛不像北魏太武帝那樣莽撞和生硬，而是採取慢慢降低佛教的地位和削弱佛教影響的方法，爲禁佛的目的一步步作著準備。他先後八次召集百官、沙門、道士等，就儒、釋、道三教進行辯論。

辯論的第一次是在天和四年（公元五六九年）二月初八日，武帝親臨大德殿，召請僧道名儒及文武百官兩千餘人，就儒、佛、道三教誰優誰劣的問題展開舌戰，皇帝本人則是這場舌戰的評判官。辯論開始後，各派高手互不相讓，使出全身的本領想打垮對方，獨領風騷。一時大殿之上衆說紛紜，各執己見，爭吵不休。接著，三月十五日、三月二十日和四月十五日，武帝又親自主持三場辯論會，三教高手依然是難分勝負。

天和五年（公元五七〇年）五月初十日，北周武帝又主持第五個回合的辯論。在此之前，有一個叫甄鸞的僧人曾上呈《笑道論》三卷，對道教的三洞說❸給予猛烈抨擊和嘲諷，武帝就以《笑道論》爲主題，主持辯論。經過一番面紅耳赤的吵鬧之後，結果認定《笑道論》言詞偏激，中傷道士，當場被焚燒。這次大辯論，武帝排斥佛教的目的已表露出來。

建德元年（公元五七二年）正月，武帝行幸玄都觀，親升法座講說，並與公卿、僧道相問難，這是第六個回合的論戰。此時明眼人已經清楚，武帝借用道教的道觀來舉辦三教辯論，這本身就表明了他重道貶佛的意圖。接下來的建德二年（公元五七三年）十二月，第七個回合的辯論再次展開。武帝自登高座，命題讓群臣及沙門、道士等辯論三教的先後次序。結果是爭來爭去，最後由武帝親自敲定：儒教爲先，道教次之，佛教居後，這個次序的排列，在標誌著佛教不再受崇的同時，還預示著更大的厄運即將到來。

建德三年（公元五七四年）五月十六日，北周武帝舉行了第八個回合、也是最後一個回合的三教論戰。這次武帝先讓道士張賓與僧人智炫對論，張賓雖有辯才，卻不是智炫的對手，不長的工夫便汗流滿面，難以應付。武帝看張賓只有招架之功，並無還口之力，潰敗在即，便以皇帝的權威，出面斥責佛教之不淨。智炫明知武帝偏心，但還是據理力爭。此時的武帝有些惱羞成怒，決定不再作這無休止的辯論，於第二天便頒發了禁佛詔令。《周書》載道：

〔建德三年五月〕丙子，初斷佛、道二教，經像悉毀，罷沙門、道士，並令還民。並禁諸淫祀。禮典所不載者，盡除之。

從這道詔令可以看出，當時的北周武帝是佛、道一併禁止了，兩教的經典、造像全部毀掉，並令沙門、道士還俗，那些被視爲淫亂行爲的奉祀和崇拜，凡是儒家禮典上沒有提倡和記載的，一律廢除。北周武帝經過八個回合遮遮蓋蓋的辯論，終於露出了他的眞實面目——一場足以載於史册的禁佛行動。

當北周武帝禁佛道二教的詔令發布後，在一個月內，全國上下，不論是官立寺院還是民間寺觀，一律砸毀佛像、焚燒經典，強令僧人道士還俗，或為民，或充作軍士，寺院的財貨全部歸於官府，寺院則賜給王公大臣作宅第。數以百萬的僧衆還俗，多數應征入伍，成了職業軍人。

對於北周武帝的禁佛，多數佛教史家認為與這位皇帝崇信儒家學說有關，但有一個不可忽略的時代背景是，此時的武帝正欲大規模地攻取從東魏脫胎而來的北齊政權，要想取得成功，就得有相當的財力和軍卒。而在當時已占相當分量和比例的寺院、道觀，以及僧衆、道士，正是強化國力、增加軍卒的最佳選擇場所和人選。由此可以看出，北周武帝的禁佛，與其說是獨尊儒術的結果，不如說是他為了富國強兵所採取的措施更具眞實。

建德六年（公元五七七年），北周武帝果然發動對北齊的戰爭，同時也頒布在北齊境內大規模毀佛的詔令。在原北齊所轄地區的一切佛像、經典全部蕩盡，所有僧尼一律勒令還俗，或為民，或充軍。使「北地佛教，一時絕其聲跡」。整個佛教遭受了一場滅頂之災。

北周武帝死後，宣帝、靜帝先後繼位。隨著新皇帝的登位和復佛的詔令，佛教又如野火燒過的冬草，很快從根部生出新芽並迅速成長起來，直至迎來了隋唐佛教的繁榮。

隋朝佛教的繁榮，在楊氏父子兩朝始終沒有衰落。大唐佛教最鼎盛當屬武則天一朝，其後的中唐時期，也就是自「安史之亂」的肅宗開始到憲宗，對佛教的崇拜又掀起了一個新的高潮。這個高潮隨著韓愈的「諫佛公案」而漸漸沉寂，使佛門遭到歷史上最爲沉重的打擊，法門寺地宮及佛骨舍利也經歷從未有過的浩劫。

讓我們拋卻北魏和北周兩位武帝的毀佛經過，接著唐憲宗一朝和韓愈的「諫佛公案」往下敍述。隨著憲宗的死去和其子穆宗的即位，韓愈雖已平反昭雪，重新回朝爲官，但他的反佛言論並未得到執政者的響應。如果有什麼不同，那便是朝廷爲避免佛門僧尼的魚目混珠和濫竽充數，而進行了一次有效的整頓。

唐敬宗寶曆元年（公元八二五年），敕令京師兩街各建方等戒壇（大乘佛教有方等戒壇、圓頓戒壇之分），命左右街功德使選擇有戒行者爲大德主持考試，凡童子能背誦佛經一百五十頁者、女童能背一百頁者，方能准許剃度，這在一定程度上避免了佛門的混亂，同時也使僧尼在入寺前就掌握部分佛教知識，爲以後的繼續度化打下基礎。

中唐以後，由於連年的戰亂和政治上的腐敗，各地寺院也漸漸變成娛樂場所，原有的那種神聖、肅穆、威嚴已不復存在。僧尼們爲招引庶民百姓、達官貴人，往往賣法阿俗，也就是將佛教的講說世俗化。這種「俗講」逐漸受到公衆的青睞，甚至出現了由皇帝本人敕命而進行的俗講，有的俗講僧還被賜與「賜紫」、「引駕❹」、「大德」一類古怪的官名。朝野內外，上至天子妃嬪，下到刁民蕩婦，都爭相擁入寺院，迷戀於說法、譬喻及刺激性感官的音樂和唱詞。這時的佛家寺院，已跟二十世紀後半葉中國興起的酒吧、卡拉ＯＫ廳之類的娛樂場所無多大差別了。

在這股悄然興起的俗講狂潮中，有一位叫文溆的僧人脫穎而出，大有鶴立雞群之感，連敬宗皇帝都因他的盛名而親臨寺院聆聽。而這位文溆講的正如《因話錄》所載，「假託經論，所言無非淫穢鄙褻之事，不逞之徒，轉相鼓扇扶樹，愚夫冶婦，樂聞其說」。想不到堂堂大唐皇帝，竟也混同於「愚夫冶婦」以此爲樂。

一件神聖的事物，如果被它的操作者變得低級下流、淫穢不堪，便注定潛藏著巨大的危險和厄運。唐敬宗一朝將本來神聖、肅潔的佛教變成淫穢的性感官刺激物，這無疑招致了佛門和僧民們的厄運浩劫。

繼唐敬宗之後，即位的唐文宗已經覺察到父皇給佛門帶來巨大危險和潛在災難。於是他果斷採取措施，詔敕天下僧尼一個不漏地試考經文，如不及格，勒令還俗，試圖使佛教發展正常化。遺憾的是，這位慧眼大智的皇帝，在整肅僧尼隊伍中，又感到力不從心。已成氣候的「俗講」派僧尼和它的擁護者，對這道詔令進行了強硬的抵抗和機智的周旋，文宗的整肅計劃不但沒有成功，反而增加了各派之間的矛盾甚至仇視。當這個無法控制的矛盾激化到頂點時，佛門和僧尼的滅頂之災也算是正式到來——這便是歷史上最爲著名的「會昌法難」。

隨著文宗皇帝的死亡和其子武宗李炎的繼位，中唐時期結束了。作爲晚唐的第一個皇帝，武宗在執政期間做的最爲重大的事，恐怕就是對佛門的蕩滅。

在敍述武宗對佛門蕩滅過程之前，不妨先看一看這場法難的眞正內幕。

唐武宗本人素來偏好道術，排斥佛教。開成五年（公元八四〇年）正月，唐武宗登基，這年秋天，他即召請道士趙歸眞等八十一人入宮，在三殿修金籙道場。第二年，即改元後的會昌元年（公元八四一年）正月初四國祭日，唐武宗按照慣例敕命行香❺設千僧齋；到了六月十一日，武宗壽誕，於宮內集兩街大德及道士四人談經對論，結果兩名道士被賜紫，釋門大德卻什麼也沒得到。當時，在中國傳法的南天竺沙門寶月聞此極爲不滿，於是不經同意，便擅自入宮，從懷中抽出表文進呈武宗，請求回歸本國。見其驕狂的模樣和舉動，武宗大怒，當即詔令將寶月收禁五日，不放其歸國，並把他率領的三個弟子與通事僧等人各打七棒和十棒。寶月的逞驕犯顏，在武宗心中埋下了滅佛的種子。

武宗與道士趙歸眞過從甚密，趙歸眞和其弟子不時地爲蕩滅佛教搧風點火，並以「李氏十八子運盡」、由「黑衣天子」理國，附會爲唐第十八代皇帝武宗將被僧人奪位篡權，挑撥武宗與僧尼的關係。趙歸眞曾在禁中設壇，要「練身登霞，逍遙九天，康福長壽，永保長生之樂」，當他的做法最終失敗後，便藉口釋教黑氣「礙於仙道」，唆使武宗滅絕佛教，以便升天成仙。正是在這些挑撥、唆使下，武宗加緊了排佛的行動。

當然，會昌法難得以付諸實施，與當時的政治形勢密切相關。據粗略統計，截至武宗一朝，唐朝和尚被朝廷封官的達三十人之多，其中不乏有司徒、司空、國公等一類的顯官貴爵，甚至有的被封爲將軍而參與軍機事務。至於那些雖無官爵，但與權貴過從頗密，因而氣焰囂張的僧人，更是屢見不鮮。由於僧衆日漸形成的政治勢力，衝擊了正常的封建政治秩序，就不能不引起臣僚的憎惡和皇帝的擔憂。這種擔憂最終促使武宗走向滅佛道路。

促使武宗滅佛的直接原因，應算是寺院經濟的極端膨脹和僧尼的淫亂放縱。由於中唐時期特別是唐憲宗一朝大力扶植佛教，致使佛教勢力和社會影響越來越大，成爲中國佛教史上罕見的極盛時期。到唐武宗時，全國大中型寺院近五千座，小型廟宇多達四萬餘座，僧尼近三十萬人，寺院奴隸達十五萬人。全國寺院共占有良田數千畝，形成一個又一個相對封閉的莊園。寺院內部的經濟大權掌握在住持手中，僧尼們極少下田勞動，而是靠農民耕種，寺院以收取地租和發放高利貸作爲經濟來源。這種做法使寺院經濟迅速膨脹起來，以致達到「十分天下之財，而佛有其七、八」的程度。由於佛門僧尼憑藉皇帝的支持和扶植，巧取豪奪，不僅觸犯地主和貴族的利益，而且極大地影響了國家的財政收入，寺院經濟逐漸與皇權利益嚴重對峙。在這種可怕局面下，佛門僧尼又不廉潔自律，謹慎行事，一心事佛，而是迷戀咒術、燒煉（燒身煉指）、鳥文等邪術，有的僧尼犯淫養妻，不守戒行，甚至搶劫婦女，打砸燒掠，流氓成性，罪犯不止……這些自毀形象的表現和龐大的經濟勢力，使朝廷和貴族階級感到忐忑不安，非將問題徹底解決不可。

會昌二年（公元八四二年）三月初三日，在當朝宰相李德裕的奏請下，唐武宗敕命發遣保外無名僧，諭令不許置童子沙彌。

五月二十日，武帝將大內、兩街供奉的大德裁撤二十人。

六月十一日，武宗壽誕，按慣例僧道各二人入宮御前論議。同去年一樣，道士得紫，僧人空手而歸。

十月九日，唐武宗再度敕令：天下所有僧尼解燒煉、咒術、禁氣，身上杖痕鳥文，雜工巧，曾犯淫、養妻、不修戒行者，勒令還俗。若僧尼有錢穀田地，應收納入官。如惜錢財，情願還俗，亦令其還俗，充入兩稅戶❻。

敕令下達後，有左街功德使奏報說，所屬僧尼除年老及戒行精確者外，其愛惜資財還俗者達一千二百三十二人。右街功德使奏報稱，還俗者達二千二百五十九人。唐武宗聽罷再次敕令：寺院所蓄奴婢，僧人許留奴一人，女尼許留婢二人，其餘一併放歸本家，無家者由官方賃賣。

應該說，此時的武宗在反佛的問題上只是牛刀小試，並未大動干戈。從敕令的內容來看，對佛門以及僧尼的處理並不算過分。即使在這個時候，一些僧尼還可以帶著大筆的錢財還俗度日，而寺院中的僧尼還有奴婢專門為其服務，可謂待遇不薄。可惜的是，驕橫慣了的僧尼並不領武宗的情，他們想方設法給予對抗和蒙蔽，大有和武宗以及朝廷決一雌雄之勢，並期冀換來像文宗一朝那樣的結果。遺憾的是，這種錯誤的判斷和各種對抗措施，只能加劇僧尼們自身的悲劇，加快毀滅的步伐，因為此時的皇帝畢竟不是文宗而是武宗了。

牛刀小試後的武宗，對佛門開始步步緊逼，大動干戈了。

會昌三年（公元八四三年）二月，唐武宗透過功德使頒令，僧尼業已還俗者，不得再行入寺。五月二十五日，朝廷派人查問京城各佛寺外國僧人的來由。六月十一日唐武宗壽誕，召僧道入內論議，依然是只賜紫給道士。當時，有太子詹事韋宗卿向唐武宗進獻《涅槃經疏》二十卷、《大圓伊字鏡略》二十卷。唐武宗連看都沒看一眼，當即命人將兩部佛書焚毀，並頒布了讓佛門弟子絕望的敕令：

> 韋宗卿參列崇班，合遵儒業，溺於邪說，是扇妖風。即開眩惑之端，全戾典墳❼之旨。簪纓❽之內，頹靡何深。況非聖之言，尚宜禁斥，外方之教，安可流傳。

唐武宗在這道敕令中把佛教視作「邪說」，認為「外方之教，安可流傳」。他斥責佛本是西戎人，其經疏為胡書，說韋宗卿不知共遏迷聾，反而收集妖妄，轉惑愚人。可憐可嘆的是韋宗卿不知出於何種心理，在這個不恰當的時候做出這樣不恰當的事情，他當場被貶爲成都府尹，離開了京師長安。隨著韋宗卿的被貶謫，唐武宗又補發敕令，將宮內佛經、佛像一律焚毀。

就在這年四月，昭義節度使劉從諫死，三軍以從諫之侄劉稹爲兵馬留後，上表請授節鉞，但朝廷沒有批准三軍的請求，反而令劉稹護送劉從諫之喪前往洛陽。劉稹見朝廷不給面子，又故意要挾，於是在盛怒之下抗旨作戰。唐武宗下令出兵平叛，雙方經過一年多的廝殺，於會昌四年（公元八四四年）七月才平息此亂。這個期間，劉稹府的部分兵丁、家人見大勢已去，便紛紛潛逃至佛教寺院避難。唐武宗得知這件事後，立即敕令兩街功德使查禁城中僧人，凡是朝廷「公案」上無名者盡行勒令還俗，遣送回原籍。各道、州、府也一同行動，淸査僧尼，對來由不明者一律捉拿問罪。從這一年起，兩街慣例的佛法講說被廢止了。

自會昌四年開始，唐武宗進一步加快了毀佛的步伐，法難之中，法門寺的厄運也隨之降臨。

這年三月，唐武宗在敕令「焚燒經教，毀拆佛像，起出僧衆，各歸本寺」的同時，又敕令：代州五台山、泗州（今江蘇盱眙北）普光寺、終南山五台寺、鳳翔府法門寺，寺中原有佛指節，皆不許置供及巡禮等，如有人送一錢者，脊杖二十。如有僧尼等，在前述處受一錢者，脊杖二十。諸道州縣如有送供者，當處捉獲，脊杖二十。於是，四處靈境，絕人往來，無人敢再送供。准敕勘責彼處僧人，無公驗者，並當處煞（殺），具姓名聞奏。

唐武宗對法門寺等靈境採取的措施，與已提到的平定潞府劉稹之亂有極大的關連。即使進行「戡亂」，也只有在「敕准」的情況下才能入寺勘驗僧人，這一點，說明法門寺作爲一所宮牆外的內道場，依然具有皇家寺院的資格與名分。既然是皇家寺院，在一般情況下是不允許因公擾僧的。但在「會昌法難」中，法門寺的這種特權被取消了。特權一旦被取消，它的厄運和其他寺院一樣，在一年之後將全面降臨。

以往的唐代都城長安長生殿設有內道場，專門安置佛像佛經，並抽調兩街諸寺高僧三十七人，輪流入內持念（僧徒念誦經咒）。而這次武宗竟下令焚燒全部經教，拆毀佛像，並將在大內的僧人驅逐回本寺，道場之內改放道教始祖老子之像。

這年六月的壽誕日，唐武宗只召道士而不再召僧人入內論議，並敕令僧尼不許街里行、犯鐘聲，如有外出者，須於鐘聲未動前返回。各處僧尼不得在別處寺院留宿，違者治罪。

同年七月，唐武宗頒發敕令，拆毀天下山房、蘭若、普通佛堂、義井、村邑齋堂及不入寺額者，其僧尼均勒令還俗。按照有唐一代的稱謂，凡由官府所批並賜僧衆名額者爲寺，由私人或民衆共同建造的佛廟稱爲招提、蘭若、野邑、山房等等。這個敕令的頒發，使僅長安城內就毀掉私人佛堂三百餘所，四方之內毀掉的就無法計算了。

同年十月，唐武宗又詔令，拆毀天下小型佛寺，經文佛像移於大寺，各寺大鐘轉送道觀。其被拆佛寺的僧尼，不依戒行者，不論老少一律還俗，遣回本籍。對於年老且精於戒行者，分配到各大寺，雖有戒行而年少者，也一併還俗回籍。這一次，長安城又拆小寺三十三所，其他城鄉拆毀廟宇更是不計其數。

與這次毀佛相反的是，道士趙歸眞對武宗說：「佛生西戎，教說不生，夫不生者，只是死也。」他見皇帝對自己的言詞頗有好感，並進一步迷惑鼓動皇帝說，倘煉丹服食，可求長生……武宗終於被他的話所打動，即令趙歸眞於大內築造仙台，以煉製丹藥。至此，唐武宗對佛道兩家惡好的懸殊，一覽無餘地顯露出來。

唐武宗和佛教短兵相接，對其施以最嚴厲的屠滅，在會昌五年（公元八四五年）全面展開了。

這年三月，唐武宗敕令天下寺院不得設置莊園，並令盤查清點天下寺舍的奴婢和財物，京城諸寺由兩軍中尉勘檢，諸州府寺舍委令中書門下檢查。同時將城中寺舍的奴婢分爲三等，分別收遣。自四月一日起，年齡在四十歲以下的僧尼，盡行勒令還俗，返還原籍。於是，長安城每天約有三百多名僧尼還俗，直到十五日才暫告一段落。自十六日起，令五十歲以下的僧尼還俗，至五月十日方止。自五月十一日起，令無度牒者還俗，接著勒令有度牒者亦須還俗。到五月底，長安城內的僧尼已是一掃而光了。本土的佛僧不再存在，對於外國來的胡僧，唐武宗同樣作了驅逐的詔令，凡無祠部牒者，亦須還俗，送歸本國。如有不服還俗敕令者，朝廷在各佛寺大門上張貼的牒文是：「科違敕罪，當時決殺。」

會昌五年八月，唐武宗再次下詔，對只有招架之功、已無還手之力的佛門子弟給予最致命的打擊。詔敕中稱：

洎於九州山原，兩京城闕，僧徒日廣，佛寺日崇。勞人力於土木之功，奪人力於金寶之飾，遺君親於師資之際，違配偶於戒律之間。壞法害人，無逾此道。且一夫不田，有受其飢者；一婦不蠶，有受其寒者。今天下僧尼，不可勝數，皆待農而食，待蠶而衣。寺宇招提，莫知紀極，皆雲構藻飾，僭擬宮居。……豈可以區區西方之教，與我抗衡哉！

唐武宗認爲，由於全國的和尚數量越來越多，寺院遍布，不僅在修建中要耗費很多的人力、物力和財力，而且大量金銀財寶都流入寺院。與此同時，僧徒們又與官府勾結，害人壞法，威脅國家安全，不予以打擊，大唐王朝就難以穩定和鞏固。唐武宗的這道敕令，也許眞正道出了他反佛和毀佛的初衷。既然佛教勢力發展到足以跟朝廷抗衡的地步，作爲朝廷的執政者，自然就不能等閒視之，滅佛已成爲國家所需和時代的必然。

在武宗發動的一系列滅佛運動中，全國共有四千六百座佛寺被毀，其他有關佛教建築被毀四萬餘座，勒令還俗的僧尼二十六萬之多，沒入寺院土地數千畝、財產無以勝計，收寺院奴婢爲兩稅戶達十五萬人。

關於「會昌法難」的具體情況，當時正在大唐求法的日本僧人圓仁，曾作了翔實的記述。圓仁於開成三年自島國日本西渡大唐求法，可惜他生不逢時，來到中國後正遇上會昌法難，並於會昌五年五月底，被大唐朝廷以無祠部牒爲名，勒令還俗回國。回國後的他，根據自己在大唐的所見所聞和親身經歷，寫成了在佛教史上極具重要意義的《入唐求法巡禮行記》。這部著作的產生，爲後來者研究「會昌法難」的細節，提供了強有力的依據。

「會昌法難」給佛教帶來的毀滅性打擊遠不止這些。考古人員在法門寺地宮中發現的《誌文》碑則進一步說明，這次法難其驚心動魄是難以想像的。其碑文載：

> 洎武皇帝蕩滅眞教，坑焚具多，銜天憲者碎殄影骨，上以塞君命，蓋君子從權之道也。緣謝而隱，感兆斯來。乃有九隴山禪僧師益貢章聞於先朝，乞結壇於塔下，果獲金骨，潛符聖心，以咸通十二年八月十九日得舍利於舊隧道之西北角。

這段碑文的大意是，「會昌法難」中，唐武宗曾敕令毀碎佛指骨舍利，但受命者卻只是毀碎了佛骨舍利的「影骨」，搪塞過去。而那眞正的佛骨卻被祕藏起來，至咸通年間才在舊隧道的西北角處找到。

這看似簡短、平淡的文字，若細一琢磨，便不難發現其中暗含的一幕幕刀光劍影的故事。一個個懸念促使我們去作一番尋根問柢。首先是唐武宗對誰下達了要毀滅佛骨的命令？受命者是怎樣來到法門寺的？法門寺僧衆又如何得知這個消息？這影骨是以前製造的，還是地宮被打開後現場製造的？「碎殄影骨，上以塞君命」的主謀者，是朝廷派來的官員，還是法門寺僧人？或者雙方共同密謀？不管怎樣，法門寺地宮上演的事變，主謀者和參與者是冒著殺身的危險而發動的，倘有半點閃失，無數人的頭顱將要落地，眞身佛骨也將毀於一旦。儘管從後來的發掘中可以看出，當時法門寺地宮的大多數器物——甚至包括地宮石門都遭到了大劫，但那枚釋氏的眞身佛骨卻安然無恙，這不能不說是世界佛教和整個人類的幸事。一九八七年四月二十八日深夜，當考古人員韓金科呼叫打開照明燈，從地宮的西北角一個隱祕的地方搬出一只寶函時，那枚在「會昌法難」中劫後餘存的釋迦牟尼眞身指骨舍利就躺在裡面，《誌文》碑記載的內容被現實所驗證。當然，那時的韓金科和考古人員還不知道這個重大發現，要等謎底揭開，還需一些時日。

「會昌法難」使法門寺同全國各地的寺院一樣，遭到殿宇被拆、地宮被毀、僧尼還俗、佛教經典湮滅散失的厄運——這是唐代乃至整個中國佛教發展史中所受到的最嚴重的一次打擊。這場「法難」，從表面看來是由於武宗信仰道教，加之道士趙歸眞等人趁機慫恿所造成，但實際上則是佛教勢力和大唐朝廷勢力之利益矛盾衝突的總爆發。任何事物，超過一定限度，即朝相反的方向發展。佛教勢力的過分膨脹，導致了滅門之災，而朝廷勢力過分地打擊佛教，對大唐的統治也極爲不利。雙方在衝突中的過分行動，預示著必然要有一個大的反覆和重新解決矛盾的開端。

會昌六年（公元八四六年）三月，當毀佛行動還在進行時，唐武宗因服食趙歸眞等人供奉的仙藥，暴疾而死，其叔父李忱繼位，是爲唐宣宗。宣宗立即誅殺鼓動武宗滅佛的道士趙歸眞、劉玄靖等人，並於當年五月下令復京師寺宇。

大中元年（公元八四七年）閏三月，唐宣宗再次下詔：「會昌季年，併省寺宇，雖云異方之教，無損致理之源。中國之人，久行其道，釐革過當，事體未弘。其靈山勝境、天下州府，應會昌五年四月所廢寺宇，有宿舊名僧，復能修創，一任住持，所司不得禁止。」

敕令頒布之後，各地方寺宇開始全面恢復。由於佛教的復興，其他各個方面都一反常態，朝著有悖於會昌一朝的方向發展，並從一個極端走向另一個極端。這一反覆，使國家本來處於虛弱之態的財政蒙受了巨大損失，整個大唐王朝也被折騰得步入衰途。

最後的聖光

唐宣宗掀起的崇佛熱潮，愈演愈狂烈，逐漸脫離了佛門的正常軌道。長安城內的大寺院，如慈恩寺、青龍寺、薦福寺、永壽寺等已開設「戲場」，戲場的活動有樂舞、俗講、歌舞小戲、雜技魔術等諸種。此時的寺院再一次變成娛樂場，猶如今天的夜總會、卡拉ＯＫ廳。

唐宣宗本人不僅親往戲場，后妃公主也時常前去尋歡作樂，許多妃嬪公主在戲場同僧人眉來眼去，有的甚至勾搭成姦，在寺院密室和皇宮禁地作男歡女愛之事。不到幾年的時間，整個寺院就由冷清淒慘的景觀，發展到一片淫穢汚濁之氣充塞整個殿宇的地步了。

面對這種極不尋常的現狀，在大中五年（公元八五一年），終於有一個叫孫樵的進士上表勸諫道：「陛下自即位以來，詔營廢寺以復群髡。自元年正月，洎今年五月，斤斧之聲，不絕天下，而工未以訖。聞陛下即復之不休，臣恐數年之間，天下二十七萬禿（鼎盛）如故矣。」

這位進士的上表，只是勸諫皇帝不要耗費太多的錢財和人力廣造佛寺，而沒有指出那些淫穢不堪的現象，這顯然是給皇帝面子，同時也爲自己留了條退路。儘管如此，孫樵還是遭到唐宣宗在盛怒中的一番嚴厲斥責。

宣宗在位沒有幾年便魂歸西天，接替其位的是以迎奉法門寺佛骨出了名的懿宗李漼。

這位新任天子，在奉佛的問題上，比之他的歷代先祖有過之而無不及。自他即位開始，便內結道場，聚僧念誦，並多次行幸寺院，大量布施財物。對於這位皇帝超常的舉動，許多臣僚起來勸諫，希望其有所收斂，但他依然充耳不聞，我行我素。咸通三年（公元八六二年），又有左散騎常侍蕭倣上疏，勸諫皇帝遠避佛事，勤理朝政，並指出：「昔年韓愈已得罪於憲宗，今日微臣固甘心於遐徼（邊遠之地）。」而這位皇帝不同於他的祖先的是，對上表者既不貶官，也不斥責，只是當作壓根就沒有這個人和這上表之事。他照樣瀟灑大方地敕命於兩街僧尼四寺各置方等戒壇度僧，並在大內經常以美味佳餚招待成千上萬的僧人，他本人還親自製作讚唄。每年遇到佛祖降生日，唐懿宗便敕令在宮中大肆慶賀，結綵爲寺，宮廷伶人李可及「嘗敎數百人作四方菩薩蠻隊」，「作菩薩蠻舞，如佛降生」。而咸通十四年舉行的迎奉佛骨活動，使這股宮廷崇佛的熱潮升到極致，佛教在大唐王朝也顯現了最後一次輝煌。

當大唐歷史進入懿宗一朝，已是老態畢露，餘日無多。藩鎮勢力的急劇擴張，南蠻、戍卒的不斷反叛，苛捐雜稅的日益增多，民衆反叛情緒的漸趨高漲，使一個雄踞東方長達三個世紀的封建帝國走向衰亡。

咸通十四年，懿宗在內外交困中身患重病，他迫感來日不多，便將國家前途和自己的命運交給佛祖，希祈得到神靈的保佑和自身的解脫。這年三月二十二日，唐懿宗親派供奉官李奉建、高品彭延魯和左右街僧衆到法門寺迎奉佛骨。朝中百官聞訊紛紛上疏勸諫，有的竟提出當年憲宗迎佛骨誤國害民，自身不久晏駕之事。但懿宗決心已下，毫無收回敕命之意，並當著諸多臣僚面，說出了令人無可奈何的話：「但生得見，歿而無恨也！」由此可見這位皇帝對佛骨已迷狂到怎樣的程度，對大唐帝國的前途和自身的能力是怎樣地悲觀和無可奈何。

後來的歷史學家在談到懿宗這個固執並有些自我痲醉意味的舉動時，總是給予過多的責難，而同情者卻幾乎沒有。客觀地說，到了懿宗這一朝，他這個皇帝的確是越當越難，越當越覺得復興的無望。當然，這個原因要追溯到許久之前，應負責任的也不應是懿宗一人。早在唐憲宗死後不到三年，繼位的穆宗不知李氏家族創業之艱難，「中興」之辛勞，「謂威權在手，可以力制萬方，謂旒冕在躬，可以坐馳九有。」於是，所任非人，怠而荒政，上不理朝廷之秩序，下不恤黎民之痛苦，致使藩鎮在蟄伏中重新抬頭，朱克融再據盧龍，成德將王庭湊、魏博將史憲誠隨之叛唐。朝廷雖發兵討伐，但無濟於事，直至唐最終滅亡，河北再也沒有收復過。到了敬宗一朝，「中人擅權，事多假借，京師豪右，大撓窮民」，更是江河日下，日薄西山。文宗皇帝雖「有帝之道，而無帝之才」，終於導致「王室寖卑，政由閹寺」。藩鎮作亂已構成大患，朝廷內部又出現宦官干政，更爲晚唐錯綜複雜的形勢蒙上一層陰影。在這陰影籠罩下，多虧出了個宣宗皇帝還算有點帝王氣度和才能，朝野內外大有「權豪斂跡」、「奸臣畏法」、「閹寺懾氣」的新氣象。遺憾的是這種氣象沒能維持多久，便又復歸原初，大唐王朝可能再度中興的機會一去不返。宣宗死後，懿宗即位，這位新皇帝「器本中庸，流於近習」，壓根就無法治理一個泱泱大國，上台不久便亂象橫生，戰事迭起，大唐王朝如一艘千瘡萬孔的古船，向死亡的深海疾速滑去——

咸通元年二月，浙東觀察使王式斬「草賊」仇甫，浙東郡邑皆平；

咸通二年至七年，南蠻、戍卒相繼舉事，朝廷每年都需派兵討伐；

咸通三年七月，徐州軍亂，兩月之後盡誅「徐寇」三千餘人；

咸通九年七月，徐州赴桂林戍卒五百人反唐，後至十萬人響應，從嶺南殺回徐淮；

咸通十年，以十八將分統諸道兵共七萬三千零一十五人進攻「徐寇」，至九月平定；

咸通十三年十二月，以振武節度李昌國為檢校右僕射、雲州刺史、大同軍防禦等使。就在這時，李昌國的小兒子李克用殺雲中防禦使段文楚，據雲州，自稱防禦留後；

咸通十四年正月，李昌國拒不奉詔，亦反，懿宗令張公素帥師討之。

從以上事例可以看出，唐懿宗執政十四年期間，戰亂從未中止，反唐的烈火越燒越烈。為了平息戰亂，必須進一步徵兵斂稅，這一做法的結果是「徵二蜀之捍防，蒸人盪覆，徐寇雖殄（消滅），河南幾空」。天下已形成昏政、搜刮、反叛的惡性循環，庸懦無能的懿宗皇帝漸漸將佛擺到一個比任何時候都更重要、更神聖的地位。在這位皇帝的心中，自己注定已無力回天，只有佛可以保大唐不亡，可以為百姓帶來福音。這或許就是懿宗在悲觀絕望時的又一種僥倖心理和自我麻醉心態。於是，浩大的迎奉佛骨行動開始了。

這次迎奉佛骨的場面歷史記載較為詳細，其中《杜陽雜編》（叢書集成初編本）這樣描述道：

咸通十四年春，詔大德僧數十輩，於鳳翔法門寺迎佛骨。百官上疏諫，有言憲宗故事者，上曰：「但生得見，歿而無恨也。」

遂以金銀爲寶剎，以珠玉爲寶帳、香舁（作名詞用，轎輿），仍用孔雀氄毛飾。其寶剎小者高一丈，大者二丈。刻香檀爲飛簾、花檻、瓦木、階砌之類，其上遍以金銀覆之。舁（作動詞用，扛、抬）一剎，則用夫數百。其寶帳香舁，不可勝紀。工巧輝煥，與日爭麗。又悉珊瑚、馬（瑪）瑙、眞（珍）珠、瑟瑟（珠寶名），綴爲幡幢。計用珍寶，不啻百斛。其剪綵爲幡爲傘，約以萬隊。

四月八日，佛骨入長安。自開遠門（入）安福樓，夾道佛聲震地。士女瞻禮，僧徒道從，上御安福寺，親自頂禮，泣下霑臆（胸口）。即召兩街供奉僧，賜金帛各有差。而京師耆老，元和迎眞體者，悉賜銀椀（碗）錦綵。

長安豪家，競飾車服，駕肩彌路。四方挈老扶幼來觀者，莫不蔬素，以待恩福。

時有軍卒，斷左臂於佛前，以手執之，一步一禮，血流灑地。至於肘行膝步、齧指截髮（者），不可算數。又有僧以艾覆頂上，謂之「鍊（煉）頂」。火發痛作，即掉其首，呼叫坊市少年擒之，不令動搖，而痛不可忍，乃號哭臥於道上，頭頂焦爛，舉止蒼迫。凡見者無不大哂焉。

上迎佛骨入內道場，即設金花帳、溫清床、龍鱗之席、鳳毛之褥，焚玉髓之香，薦瓊膏之乳，皆九年訶陵國所貢獻也。

初，迎佛骨，有詔令京城及畿甸於路傍（旁）壘土爲香刹，或高一、二丈，迨（逮）八、九尺，悉以金翠飾之。京城之內，約及萬數……又坊市豪家，相爲無遮齋大會，通衢門結綵爲樓閣台殿，或水銀以爲池，金玉以爲樹，競聚僧徒，廣設僧像，吹螺擊鈸，燈燭相繼。又令小兒玉帶金額，白脚呵唱於其間，恣爲嬉戲。又結錦繡爲小車輿，以載歌舞。如是充於輦轂之下，而延壽里推爲繁華之最。是歲秋七月，天子晏駕……

《資治通鑑》載：

……四月，壬寅，佛骨至京師，導以禁軍兵仗、公私音樂，沸天燭地，綿亙數十里，儀衛之盛，過於郊祀，元和之時不及遠矣。富室夾道爲綵樓及無遮會，競爲侈靡。上御安福門，降樓膜拜，流涕霑臆，賜僧及京城耆老嘗見元和事者金帛。迎佛骨入禁中，三日，出置安國崇化寺。宰相已下競施金帛，不可勝紀。因下德音，降中外繫囚。……十二月，己亥，詔送佛骨還法門寺。

如果把這兩段記載組接起來，便可看到懿宗迎奉佛骨的全部過程。他沿襲唐高宗與武后兩次迎奉佛骨的盛況，又在此基礎上作了前所未有的發揮和創造。諸如導以禁軍兵仗、沿途二百里道旁壘設香刹等等，都是聞所未聞的，其耗費的人力、物力、財力更是無法計算。深爲後人銘記的是，懿宗皇帝在城樓上看到迎來的佛骨舍利寶函，竟激動得流下了熱淚。可以想像，此時的大唐皇帝一定是百感交集，希望、理想、痛苦、焦灼、幸福、欣慰……這一切都由一股熱淚表達出來。遺憾的是，懿宗皇帝最終所渴望的祈福延壽沒能實現，甚至連佛骨都未來得及送回法門寺，就一命嗚呼了。這個結局怎不令人扼腕嘆息。

讓後人感到不可思議的是，在大唐咸通十五年正月初四日，新即位的天子僖宗李儇匆匆下詔將佛骨送還法門寺，隨之供奉的金銀寶物其數量和精美程度都極爲驚人。多少年後，當考古人員打開法門寺地宮時，發現的財寶裡，有一百二十多件是懿宗、僖宗兩朝的供品。儘管由於懿宗的溘然長逝，使迎奉活動明顯地具有悲劇色彩，但衆生們所表現出的熾熱的宗教情感不但沒有減弱，反而得到加強。可能由於他們從自身的苦難和朝廷的危急中，預感到一種不祥的徵兆和改天換地的迫在眉睫，才出現了京城耄耋士女爭相送別、嗚咽流涕的場面，才有了「六十年一度迎眞身，不知再見復在何時」的悲愴之問，才有了整個大唐帝國回光返照式的妄舉。事實上，就在僖宗送佛骨於法門寺的三十多年後，在中國歷史上風雲近三百年的大唐王朝滅亡了。

隨著唐末社會更大的動亂以及後周王朝的第四次禁佛運動，盛極一時的法門寺徹底衰敗了，那埋藏著無數奇珍異寶的法門寺地宮，也漸漸在人們的記憶中消逝。待它重新得到開啓時，歷史已過去了一千多個春秋。

編者註

❶夷夏之爭：南朝宋末年，道士顧歡以佛、道二教相互非毀，於是作〈夷夏論〉以會通二教，然立場偏袒道教而貶抑佛教，尊華夏而遠夷狄。此論一出，明僧紹作〈正二教論〉、謝鎮之作〈析夷夏論〉、朱昭之作〈難夷夏論〉、朱廣之作〈諮夷夏論〉、釋慧通作〈駁夷夏論〉、釋慧敏作〈戎華論〉等痛加駁斥。

❷三破之論：南朝宋末年，有道士托名張融，作〈三破論〉以醜詆佛教，說它入國破國、入家破家、入身破身，佛教「不施中國，本止西域」，依然不出〈夷夏論〉的範圍。此論一出，劉勰作〈滅惑論〉、僧順作〈釋三破論〉、玄光作〈辯惑論〉等痛加駁斥。

❸三洞說：三洞，道教中的仙境名詞，即洞眞玉清境、洞玄上清境、洞仙太清境。《上清太上開天龍蹻經》卷十記載：「寧君告曰：三境三界，通礙見殊，高聖下凡，悟有深淺，洞通無礙，名爲三洞。」

❹引駕：唐代僧職。源起於貞觀中，太宗封天台宗六祖爲引駕大師。引駕大師其員有四，故又稱四大師。

❺行香：禮佛儀式，起於南北朝時。其方法是主齋者執香爐繞行道場中，或散撒香末，或自炷香爲禮，或手取香分授衆僧，故亦稱傳香。帝王行香則自乘輦繞行佛壇，令他人執爐隨後，代行上述之動作。

❻唐初實行「均田制」，並搭配以丁身爲本的「租庸調制」，課徵賦役。到武周時期，土地兼併嚴重，失去田產而流亡的農民衆多，均田制與租庸調制逐漸破壞。安史之亂後，户口削減，按丁收税已不可能。大曆四年（公元七六九年），開始按畝定税，爲兩税法預作準備。德宗採納宰相楊炎的建議，於建中元年（公元七八〇年）頒行兩税令，其主要内容是各州縣不分主户、客户，都按現住地立户籍；不分中男、丁男，都按貧富定等級。民在夏、秋兩季納税，夏税不得過六月，秋税不得過十一月，都按錢計算。而僧尼領有政府核發的度牒，本非一般的民户，可以免除傜役。

❼典墳：《五典》、《三墳》二書的合稱，泛指一切古籍。

❽簪纓：古代官吏的冠飾，比喻顯貴人士。

第十章

度盡劫波法門在

李茂貞野心勃勃，修寺原有圖王志。名妓李師師向佛而來，宋徽宗作贊題額，留下歷史懸案。烈火焚身，法爽德感衆生。玉鐲雖小，殃及五條人命。流民爲患，高迎祥怒斬同袍。法門寺猶如浴火鳳凰，兵馬戰亂中得新生……

「西府王」的興滅

唐中和三年（公元八八三年），曾經一度攻占長安並建立政權的黃巢軍，在各路軍閥的圍剿下，被迫撤離。臨行前，一把火將長安城的宮殿、省寺、居第幾乎燒了個精光。光啓元年（公元八八五年）十二月，割據的軍閥王重榮聯合李克用打擊宦官田令孜。田令孜先退守長安，繼而又劫持僖宗出幸鳳翔，走前再次焚燒坊市、宮城。至昭宗朝，長安更成爲各路軍閥拉鋸式征伐的戰場。先後有鳳翔軍、岐軍相互焚燒，致使「宮室廛閭鞠爲灰燼」，再是宦官韓全誨勾結神策軍李繼筠「挾天子以令諸侯」，第四次火燒長安城。天祐元年（公元九〇四年），朱溫勾結宰相崔胤脅迫昭宗遷都洛陽，同時令長安居人按籍遷居，行前「毀長安宮室百司民間廬舍，取其材，浮渭沿河而下」，「長安自此遂丘墟矣」。朱溫毀城既是最後一次，也是毀滅性的一次，因長安的佛寺與宮室、民居錯落而成，宮室、民居被毀，佛寺怎能獨免？當前幾次的戰火過後，雖有修復，但無疑是宮室、民居先就，佛寺的修葺自是列在其次的地位。朱溫毀城不久，即有留守匡國節度使韓建改建長安城之舉。這次改建，去掉了原來的宮城及外郭城，僅修建子城（即皇城），其面積也僅爲原城的十六分之一。這時的長安，即使還有佛寺殘存，也應是殘垣斷壁，荒草萋萋了。

正當這戰火連綿、舉國慌亂、人民流徙之日，法門寺不僅未遭毀壞，反而大興土木，擴大規模。算其功德，全在李茂貞一人身上。

李茂貞，深州博野（今河北）人，本姓宋，名文通，原為李克用部將，鎮壓黃巢起義後附唐，以功自隊長升為軍校。光啓元年，藩將朱玫反，唐僖宗被迫逃至興元（今陝西南鄭），宋文通又因護駕有功，由扈蹕都頭拜武定軍節度使、檢校尚書左僕射、洋州刺史等，並被唐僖宗李儇賜姓名李茂貞。扈蹕東歸，途中再受命攻殺叛將李昌符，又以功拜檢校司空、同平章事，兼鳳翔尹、鳳翔隴右節度使。成為節度使的李茂貞，詭詐狡猾，能軟善硬，恃強凌弱，放任官兵迫害百姓，致使軍無紀律，官無德行。如此一幫弱肉強食的烏合之衆，之所以能夠以鳳翔為大本營，以寶雞地區為中心，橫行西部三十七年之久，就在於李茂貞本人是善變投機的老手。

光啓四年（公元八八八年）二月，李儇回到長安，三月病死。其弟李曄繼位，即昭宗，四月加封李茂貞為檢校侍中，李茂貞羽翼變得更加豐滿起來。此時的宦官楊復恭專制朝政，蓄養私黨，昭宗為削弱他的勢力，便任命其為鳳翔監軍。楊復恭看出這位新皇帝的用意，心中頗為憤恨，在家裝病二個月不肯上任，至大順二年（公元八九一年）十月攜家族跑到興元發動了叛亂。

景福元年（公元八九二年）正月，昭宗李曄調遣李茂貞等討伐楊復恭。李茂貞倚仗自己的勢力，趁機要挾李曄，討價還價。昭宗只得任命他為山南西道招討使，李茂貞才答應起兵南征，並於三月二十五日攻克鳳州（今陝西鳳縣），八月連占興州、洋州、興元，楊復恭兵敗退閬州（今四川閬中縣東），後爲西川兵所擊殺。自此，李茂貞除割據整個寶雞地區外，還擁有漢中、隴西地方，共達四鎮十五郡，甲兵雄盛，凌弱王室，頗有問鼎之志。

乾寧二年（公元八九五年），李茂貞聯合邠州王行瑜、華州韓建等節度使各率精甲數千人入覲，欲廢昭宗而立吉王，後聞李克用起兵於太原勤王，才留兵宿衞而各返原鎮。

乾寧三年（公元八九六年）六月，李茂貞絕朝貢，謀犯京闕，鳳翔軍、岐軍焚掠京師，宮室廛閭焚爲灰燼。昭宗忍無可忍，決定派兵征討。李茂貞自知力量不敵，忙上表稱罪改悔，並獻錢十五萬，助修京闕。

天復元年（公元九〇一年）十一月，李茂貞在宦官韓全誨、李繼誨的幫助下，劫昭宗車駕至鳳翔。此時的李茂貞已給昭宗配備了以宰相韋貽範爲首的一套百官班子，將李曄變成一個身不由己的傀儡皇帝。

李茂貞雖挾了天子，但卻不能號令諸侯。東平王朱溫（賜名朱全忠）率兵來奪昭宗，將鳳翔圍困二年多，李茂貞每戰皆敗，萬般無奈中，遂於天復三年（公元九〇三年）正月與朱溫約和，交出昭宗，斬宦官韓全誨等二十餘人。

昭宗離開鳳翔還京不久，即被朱全忠劫持至洛陽。天祐四年（公元九〇七年），朱全忠篡唐，廢哀帝李柷，建立後梁，改元開平，立都汴州城。大唐王朝遂宣告滅亡，中國歷史進入了五代十國時代。

對於朱全忠的篡奪活動，李茂貞雖極言討伐，實際上自知力不能敵，按兵不動，目的是爲了保存實力，等待時機。

同光元年（公元九二三年），李克用的兒子李存勗滅掉了後梁，建立後唐，建都洛陽。李茂貞懼怕前蜀來攻，又恐後唐移兵西伐，於次年正月遣子李繼曮入後唐朝貢，上表稱臣。李存勗封李繼曮爲中書令，遣還鳳翔，仍封其父李茂貞爲岐王。二月，李茂貞改稱秦王。四月，李茂貞病死，其子李繼曮被後唐任命爲知鳳翔府事。自此，曾經稱霸中國西部的李家政權滅亡，鳳翔成了後唐的一個府。

在挾昭宗遷都洛陽至同光二年（公元九二四年）對後唐上表稱臣的二十年間，李茂貞雖未被列入五代十國，但他盤踞關中，在鳳翔設府署官，出入用皇帝儀仗，稱妻爲皇后，儼然一個小朝廷。他以秦王自居，以唐王朝的正統爲號令，仍沿用昭宗的天復年號不改，以示與後梁政權勢不兩立。關中的險要地勢，使他能夠在亂中保靜，肥沃的田地，又可使他沒有用度之愁。在這期間，他曾多次企圖乘亂併取，一統天下，但因力量終不及朱溫的後梁和李克用的後晉，屢屢不能施展。要想在亂中求存，除了需要政治、經濟、軍事上的力量作保障，還要一根維繫人心的精神支柱，而建立起這根支柱的最好方法當然是事佛。李茂貞走上事佛的道路由此開始了。

在這事佛的決定過程中，還有一個因素不可疏忽不記，那就是在此之前鳳翔府僧寧師關於李茂貞當為王者的傳言。據《宋高僧傳》卷二十一〈寧師傳〉載：寧師：岐陽人，天復初年暴卒於山寺。三日而蘇，遂向官府報告入冥司事，稱其為冥司追攝，並令使者引其巡遊署之李茂貞、李克用、朱全忠、王建和楊行密等上殿，使者聲稱諸人將為王。此後不久，李茂貞果然被封秦王，李克用為晉王，朱全忠改唐為後梁，王建創立前蜀，楊行密建吳，「諸皆符合」。儘管明眼人深知此傳言為無稽之談，這位僧人卻由此聲名大振，「秦、隴之人往往請〔師〕入冥，預言吉凶，更無蹉跌。」李茂貞對此傳言亦深信不疑，以為是佛祖在暗中保佑自己，遂定事佛之心。而自天復元年之後，列強中最大的兩股勢力李克用和朱全忠逐鹿中原，爭奪天下，李茂貞偏處西北一隅，沒有捲入戰爭的漩渦，因而物資豐厚，民眾安居樂業。在這樣一種環境和經濟實力下，李茂貞才可將事佛落實到具體行動，並將修復在唐末戰亂中毀壞的法門寺視為最重要的一環。《大唐秦王重修法門寺塔廟記》碑曾這樣記敘道：

今則王天潢（皇族宗室）稟，異帝裔承榮（指蒙僖宗賜姓李）。立鴻勳於多難之秋，彰盛烈於阽危之際。遍數歷代，曾無兩人。增美儲闈❶，傳芳玉諜❷。將中興於十九葉❸，纂大業於三百年。竭力邦家，推誠君父。身先萬旅，屢掃攙搶❹。血戰中原，兩收宮闕，故得諸侯景仰，八表風隨。當虎踞於山河，即龍騰於區宇。朝萬國而無慚伯禹，叶五星而不讓高皇。惡殺好生，泣辜罪巳（應作「己」），然而早欽大教，風尚空門……

從碑文中可以看出，李茂貞擺出一副大慈大悲、救苦救難的姿態，在近二十年間，幾經修復法門寺這座古剎「靈境」，見諸碑文記載的有：

天復元年，施相輪塔心樘柱（或作樣柱，即支撐的斜柱）方一條。

天復十二年（後梁乾化二年，公元九一二年），澆塔修復階舍二十八間；至十三年工迄，主修人為舊寺住持寶眞大師和賜紫沙門筠等。

天復十四年（後梁乾化四年，公元九一四年），又修復寺宇至少十八間、兩天王像兩鋪，塑四十二尊賢聖菩薩，畫西天二十八祖兼題傳法記及諸功德，並皆彩繪畢。

天復十七年（後梁貞明三年，公元九一七年），造八所銅爐等，並於塔內外塑功德八龍王。

天復十九年至二十年（後梁貞明五年至貞明六年，公元九一九～九二〇年），蓋造護藍牆舍四百餘間，又甃（修補）塔庭兩廊講所等。

天復二十年開始，修塔上層綠璃瓳瓦（筒瓦），歷三年而完成，達到了「窮華極麗，盡妙罄能，斧斤不綴於斯須，繩墨無虧於分寸」之佳境。

在修復法門寺的期間，李茂貞「晝夜精勤，躬親繕葺，不墜祇園之教，普傳貝葉❺之文」。他分別於天復十九、二十年四月八日佛誕節，遣功德使李繼潛和僧錄明□（碑上缺文）大師、賜紫沙門彥文、首座普勝大師、賜紫沙門寡辭分兩次施梵筴❻《金剛經》一萬卷，十方僧衆受持於塔前。

從李茂貞對法門寺曠日持久的修復來看，會昌法難和唐末戰亂，確是給了法門寺重大破壞。儘管早在懿宗迎佛骨時，於咸通十五年「詔鳳翔節度使令狐綯、監軍使王景珣充修塔寺」，但遠未能恢復寺宇的本來面貌。以致在相距三十年後，李茂貞又不得不大興土木進行修復。當然，這次修復不是一般的修殘補舊，而是幾近於重建。從碑文僅存可辨的數字來看，修復面之廣、工程量之大、時間之長不能不令人震驚。諸如蓋造護藍牆舍四百餘間，以邊長各百間、每間四米計，該寺院的面積已達十六萬平方米。即使如此，也未能修復到唐代的原有規模。這次對寺宇的修復，重點是放在眞身院內，僅就這一小區域而言，基本上再現了盛唐的風貌。而從記載的施梵筴《金剛經》一萬卷及十萬僧衆於塔前受持的情況看，李茂貞已把法門寺當成他所控制政權的「國寺」，加之這個政權的政治中心又設在鳳翔，使法門寺的佛事又顯出往日的繁華。其弘法的重心可能轉移到密宗金剛界法一面，目的似在弘揚密宗佛事，爲李茂貞本人及其政權祈福消災，以便在亂世中延生長命並立於不敗之地，佛教與政治的密切關係再次清晰地反映出來。可惜的是，這個獨立的政權僅存活二十年便夭亡了。

當占住北方的後梁被後唐滅掉之後，在幾十年的時間裡，又連續更替了晉、漢、周三個朝代。這一時期，各統治者相繼併吞、攻戰、廝殺，百姓無力安心生產、耕種，佛教勉強維持。到周世宗時，佛教的厄運再度來臨。這位皇帝對佛教推行大力整頓的政策，向各地僧侶女尼發出一連串的禁令，對佛事採取了種種限制，並於顯德二年（公元九五五年）頒布禁佛詔令：

自今不許私度僧尼，及親無侍養者不許出家，無敕寺舍並須停廢。

周世宗在詔令中規定，若要出家，男子年齡在十五歲以上，須背誦佛經一百張或讀五百張，女子年齡十三歲以上，須背誦佛經七十張或讀三百張。在出家時，要陳狀呈上，由本郡考試，成績上報，最後由祠部發給牒文方得剃度。同時詔令，除官府允許存留的寺院之外，民間的銅鑄佛像全部沒收入官，用以鑄錢等等。

從史料記載看來，當時周世宗禁毀佛教的原因，主要是當時僧尼功令漸弛，以致寺僧浮濫，直接影響到國家賦稅、兵役。另外，漢地崇佛，大量金銅用於鑄造佛像，致使銅錢出現短缺，這也是促使禁佛的一個原因。

與「三武滅佛」不同的是，周世宗在較理智的思想支配下，增加了新的禁毀內容。前幾次滅佛的出發點大都是經濟和政治的原因，但這次除了這些以外，還特別申明禁止當時流行的燒身、煉指等迷信色彩濃厚的過激行爲。需要指出的是，自從佛教傳入中土以來，排佛禁佛的呼聲就沒有停止過，而其主要根據便是以儒家爲正統的傳統文化思想，批判僧尼坐食不勞和迷信鬼神、殘害肢體的做法。周世宗的這次禁佛，史書中很少提到他與儒教有什麼關係，但是，就反對迷信、注重實用的文化心理這一點，其脈絡是清晰可循。因此，周世宗明令禁止燒身、煉指等眩惑世俗的行爲，這是以往毀佛帝王所沒有注意和實施的。

在後周世宗的禁令下，寺院建造要經國家批准，僧尼出家要接受嚴格的讀經測試，私度僧尼絕對禁止，這一系列的規定，阻斷了相當一部分人的出家之路。這些措施實施後的結果，使國內寺院幾乎減少一半以上，僧尼自然也大量遞減。在周世宗禁佛的當年，全國共廢佛寺三千三百三十六所❼，存者僅有二千六百多所，僧尼減去大半。此次滅佛，距「會昌法難」一百餘年。佛教經過幾次打擊，致使歷代名僧章疏文論，幾乎散失殆盡，各種佛學經論也多遭湮滅——這便是中國歷史上第四次、也是最後一次帝王廢佛事件的結局。

在可查的史料中，沒有提及周世宗禁佛對法門寺究竟產生了怎樣的影響。可以想像的是，在這樣一次全國性禁佛運動中，已失去「國寺」地位的法門寺即使倖免，也難逃漸趨衰落的命運。

宋徽宗與名妓李師師

自統帥禁軍的大將趙匡胤，導演了「陳橋兵變，黃袍加身」這齣戲碼之日起，後周王朝滅亡，大宋王朝建立。

建隆元年（公元九六〇年）六月，宋太祖趙匡胤即位不久，便頒布詔令：凡在周世宗時所廢還未毀的寺院，立即停止毀禁，並著手修復。已經拆毀的寺廟，所遺留下來的佛像要妥善保存，且用金字、銀字書寫佛教經文。

在宋太祖保護佛教的政策下，僅建隆元年便在全國剃度僧尼八千人。緊接著，宋太祖又派行勤等一百五十七人前往印度求取佛法，大力弘揚佛教。

在唐之前主要依靠抄寫流傳的佛經，到了宋朝，由於經濟的發展、文化傳播的需要，雕版印刷❽技術逐漸推廣。開寶四年（公元九七一年），宋太祖利用最新技術，敕命內官張從信在益州主持雕刻《大藏經》，前後費時十二年。最初刻製佛經五千多卷，後來又增刻一千多卷，共達十三萬塊雕板。這部佛經因刻於宋開寶年間，所以被稱爲《開寶藏》。又因刻於四川，故又稱《蜀版大藏》。它是我國第一部佛教總集，也是當時最全的一套佛教叢書。宋太祖趙匡胤可說對佛教的發展貢獻良多。

宋太祖趙匡胤死後，其弟趙匡義繼位，即是歷史上的宋太宗。宋太宗依然採取保護佛教政策，在登基的第一年，也就是太平興國元年（公元九七六年），即剃度僧尼十七萬人。自太平興國五年（公元九八〇年）始，又在東京（開封）設立譯經院，恢復了從唐代元和六年（公元八一一年）以來中斷一百七十年之久的佛經翻譯工作。胡僧攜帶經文來漢地者絡繹不絕，如天竺僧人法天、施護、天息災，都曾入東京譯經院，並有御派漢地僧人法進、常謹、清沼等人充任筆役，協助譯經。

宋太宗的後官內，也有不少虔誠信佛的嬪妃佳麗。有故事傳聞，南唐李後主曾手書金字《心經》一卷，將其賜給宮女喬氏。後來，這名宮女被宋太宗選入禁中，頗受寵愛。當李後主過世時，喬氏從內庭拿出所賜經文，捨身相國寺，並以工整的字跡，在經文後寫下一段語意悽惋的話：「故李氏國主：宮人喬氏，伏遇故主百日，謹捨昔時賜妾所書《般若心經》一卷，在相國寺西塔院。伏願彌勒尊前，持一花而見佛。」後來有僧人把這一李後主書寫、宮女喬氏添詞的經文帶到江南，放置於大禧寺相輪中。據說，該寺後來大火，相輪從火中墮毀，而經文仍完好無損。

繼宋太宗之後即位的宋眞宗趙恆，不僅繼續建造佛寺、翻譯佛經，還親自爲佛經作注，又御筆撰寫〈崇釋論〉，文中反覆論說佛教與孔孟之儒教「跡異而道同」。在他的提倡下，全國僧徒達到四十萬，女尼六萬餘，成爲趙宋一朝僧尼最多、佛學最盛的時期。

接下來的宋仁宗趙禎，可謂是北宋中期的開明皇帝，他對佛教教義和僧尼備加關照。及至宋神宗時，崇佛的熱潮仍未消退。據傳，宋神宗熙寧年間（公元一〇六八～一〇七七年），某一天夜裡，司理院獄屋的高處有道道彩光閃現，京城官民爲之驚駭。第二天，宋神宗的大赦詔令頒下，百姓都爲此感到奇怪。宋神宗命人到彩光出現的地方搜尋，結果得到一紙，上有三十八個字：「觀世音南無佛，與佛有因，與法有緣，佛法相因。行念觀世音，坐念觀世音，念念不離心，念佛從心起。」又據載，元豐三年（公元一〇八〇年），欽差大臣王舜封巡視東海普陀洋面，突遇狂風巨浪，幾欲將船掀翻。船上的人連連向普陀山觀音大士叩禱，終於平安濟渡。王舜封回到朝廷奏報此情，神宗感激觀世音菩薩保佑大宋使臣，當即撥款擴建修整原來的小庵院，完工後賜名「普濟寺」。

北宋晚期的哲宗趙煦，也曾在皇家大院設立道場，並親臨道場聽經。宋時刻的《宋稗類鈔》卷七記載：紹聖改元九月，禁中爲宣仁作小祥道場。宣隆報長老升座。上（哲宗）設御幄於旁以聽。其僧祝曰：「伏願皇帝陛下，愛國如身，視民如子。每念太皇之保佑，常如先帝之憂勤。庶尹百僚，謹守漢家之法度。四方萬里，永爲趙氏之封疆。」即時有僧問話云：「太皇居何處？」答云：「身居佛法龍天上，心在兒孫社稷中。」當時傳播，莫不稱嘆。

儘管北宋自宋太祖趙匡胤起至哲宗一朝都崇尚佛教，但由於北宋末年政治動盪，經濟衰退，至神宗即位初，佛教已顯出沒落的趨勢，全國僧尼人數由原來的四十六萬之多，減至不足二十六萬人。又由於這種沒落是全國性的，就法門寺而言也就不可避免地要受到影響。

跟五代十國時期幾乎相同的是，歷史文獻中也絕少關於北宋時期法門寺情況的記載。要窺知此時法門寺的法事等項活動，就不能不借助於有幸流傳下來的寺碑銘文。

法門寺內至今尚存的宋代刻碑有二方，一為太平興國三年（公元九七八年）的《法門寺浴室院暴雨衝注唯浴鑊器獨不漂沒靈異記》，二為慶曆五年（公元一〇四五年）的《普通塔記》。此外尚有碑雖佚而文已著錄或見於目錄的有《買田地莊園記》、《靈異記》等近十方。其中《靈異記》、《買田地莊園記》、《普通塔記》都從不同的角度反映了法門寺在北宋前、中期的佛事盛況。如《靈異記》載：

寺之東南隅有浴室院，或供會幅（應作「輻」）湊，緇侶雲集，凡聖混同，日浴千數，洎百年已還，迄於今日，檀那❾相繼，未嘗廢墜。

這段碑文表明，僅供會日前來浴室院就浴的僧侶就日有千數，那麼，如果將沒有就浴的人算在一起，就不僅僅是個千數的問題了。可見當時法門寺對僧俗的影響依然很大，否則，怎會那麼多人在此就浴？從百餘年來未嘗廢墜一語來看，這種盛況是帶有連續性和持久性的。這一推斷，還可在《普通塔記》中得到證實。記中載道：

重眞寺天王院沙門智顒……復常悲其寓泊僧骨棄露零散，乃於寺之南城外不盡一里募施，掘地爲壙，際水起塔，出地又丈餘，磚用萬餘口。既成，近左收捃得亡僧骨僅四十數，於慶曆二年二月二十一日夜建道場，請傳戒師爲亡僧懺罪受戒。塔頂開一穴，以備後之送骨……今智顒師……作普通塔，使遊方之徒來者、未來者死悉有所歸，其用可嘉也。

這段碑文的意思已表述得很淸楚，即在普通塔修建前後，前來法門寺瞻禮的遊方僧很多，死於此處的亦不在少數。如此衆多的人在此處死去，可見這時的法門寺是怎樣地出類拔萃，又具有怎樣的感召力。依次還可推斷的是，唐末時期李茂貞重修的寺宇，破壞性當爲不大，而這個時候唐代二十四院的規模亦應基本保留了下來。

法門寺具有如此多的寺院和僧衆，其經濟上的開銷從哪裡來？以怎樣的經濟形式支撐著寺內法事的正常運作？這諸多的設問，恐怕要從三個方面來回答。一是朝廷的撥款，再是前來朝拜者的施捨，而最爲重要的可能是寺院擁有的土地。這一點，從法門寺在北宋咸平六年（公元一〇〇三年）所立的《買田地莊園記》碑可得到證實。碑的原文曾這樣記載：

重眞寺眞身塔寺兼都修治主、賜紫大德志□……與師兄志永、師弟志元，輟那衣鉢，去寺北隅置買土田四頃有餘，又於西南五里已來有水磨一所及沿渠田地。……具列□琰所有土田段數如後：寺南魏衙東邊地二十畝，寺後東北上地一段計八十五畝，東北上地一段計四十五畝，東北上地一段計五十五畝，東北上地一段計三十畝，東北上地一段計□□□畝，正北上地一段計二十五畝，正北上地一段計七畝，西北上地一段計五十畝，西北上地一段計三十五畝，西北上地一段計二十畝，莊子一所，內有舍八間，牛口一具，車一乘，碌碡[10]大小五顆。……田地、水磨及牛□合計錢七百九十六貫五百文足。

由此文可以看出，這四百多畝土地都是屬於重眞寺（即法門寺）內「眞身塔寺」的，而這個時期，唐代建成的二十四寺院應該大部分存在，眞身塔寺不過是二十四寺院之一。它既然有獨立的田產，其他院也應該一樣。如此算來，重眞寺的田產就完全有可能多於這個四百畝數字的幾倍或幾十倍。試想，如有了這樣一份田產作經濟後盾，整個寺院的運轉是不成問題的。

北宋一朝共歷九帝一百六十八年，除第八帝徽宗一度排佛外，其餘各帝皆推崇佛法。當然，徽宗並不是一登龍床就排佛的，相反的，他亦對僧尼表示敬重。史載大觀年間（公元一一〇七～一一一〇年），有僧人道楷名聲遠揚，宋徽宗仰慕其名，賜予「定照禪師」稱號，又賞給紫衣牒一套。想不到這僧人道楷不識抬舉，對徽宗的封號賞賜均予回絕，沒有接受天子的一番好意。宋徽宗一怒之下，當即下詔將此僧治罪，但不久又將其特赦，放歸廟庵。道楷七十六歲時過世，臨死留下遺言：「吾年七十六，世緣今已足。生不愛天堂，死不怕地獄。撒手橫身三界外，騰騰任運何拘束？」

宋徽宗後來走上了排佛崇道的道路，是否與這個事件有關，現已無從可考。史有明載的是皇帝身邊如蔡京、童貫等一批奸佞小人，和後來得寵的道士林靈素等人一再引誘和欺騙，才使他漸漸排棄佛教而篤信道教的。開始時宋徽宗曾一度令佛教與道教合流，改寺院為道觀，並將佛號、僧尼的名稱都道教化。作為一國之君的這個做法，對佛教無疑又是一次極重的打擊，並使之很快衰落下來。雖然不久即被新上台的宋欽宗恢復原狀，但北宋的統治也隨著徽宗、欽宗二帝被金兵俘獲擄去而宣告終結了。

有些奇怪的是，宋徽宗的排佛沒有在法門寺史志上留下一點痕跡，反倒是有一段關於這位皇帝親臨寺院朝拜的故事流傳下來。在可查的《扶風縣志》、《關中勝跡圖志》中，法門寺的條目之下，竟出現「宋徽宗嘗有贊⓫，又手書『皇帝佛國』四字額於山門」的記載。有些非官方的史料，還對這一事件作詳細的描述，並將當時的名妓李師師也扯了進來。文中說宋徽宗陪李師師遊山玩水，自京師達長安。為說明其「皇權神授」，遂來法門寺朝拜。相傳法門寺曾經有塊臥虎石，是隋文帝楊堅從麟遊仁壽宮而運來成實道場（法門寺舊名之一）的。那臥虎石是塊天然的石頭，形狀好像一隻猛虎，昂頭蹲臥，尾盤足下，好不威風。每當隋文帝駕幸法門寺，朝拜聽經時，必來此落坐享用。後來經過四次大的毀佛運動，那臥虎石被毀壞並遺失。這次宋徽宗要駕幸法門寺，地方官員接到詔令後，爲投聖上所好，便派民夫在秦嶺選了塊大青石，火速運到寺院，擺放在大佛殿前，讓工匠打磨光滑，供宋徽宗朝拜聽經時所用。

聽說宋徽宗這位不理朝政，罔顧百姓生死，整日淫逸作樂、採花盜柳的昏庸皇帝要駕幸法門寺，便激起了當地百姓的怨恨。在派去打磨大青石的工匠中，有個叫石頭的男娃，生得劍眉虎目，機智過人，其父早年是聞名鄉里的石匠。石頭自小隨父學藝，在四方廟宇、樓閣、大院刻製石碑、石獸，因其聰敏機靈，幾年之間就學成了一套嫺熟的技藝。當他前來打磨青石時，靈機一動，趁人吃飯休息的工夫，從懷裡抽出了小刻刀，用一種被稱作「水隱法」的技術，悄悄在大青石上刻出了一隻猴子。這種「水隱法」的奧妙之處在於，物件刻好之後，往往平時看不見異常狀況，只要用水一浸，方可顯出原形。

宋徽宗駕幸法門寺，在名妓李師師和大小官吏的奉陪下，來到大佛殿前，端坐在那塊光滑平整的大青石上，拜佛、聽經。當一切結束後，宋徽宗提起御筆，爲法門寺題寫了「皇帝佛國」四個大字，便攜李師師起駕回京。

宋徽宗走後，地方官僚爲取悅這位當朝天子，命人將那塊大青石用水清洗，準備作爲「聖品」以示供奉。就在幾個民夫清洗時，卻驚奇地發現那塊大青石上出現了一隻栩栩如生的猴子。地方官僚見狀，大爲驚異，不敢作爲「聖品」供奉，亦不敢提及此事。大青石便一直沉睡在法門寺院內。由於百姓痛恨宋徽宗，便將那塊大青石稱爲「臥猴石」，以戲謔一代昏君。宋亡後，人們漸漸將昏君忘掉，又把那「臥猴石」改稱「臥虎石」了。直到現在，那塊大青石還臥在法門寺大佛殿東房檐下，倘用一碗清水潑，一個鮮活的猴形即可顯現出來。

不難看出，這宋徽宗與臥猴石的故事顯係虛構而成，其藍本應是來自宋徽宗題寫的「皇帝佛國」四個字。而這四字是否是宋徽宗來法門寺所題，亦實屬一樁疑案。從史料來看，宋徽宗共在位二十五年（公元一一〇一～一一二五年），正史中並未發現有其巡幸關中的任何記載，更未有其親睹寺宇的隻言片語。既如此，何以作贊？又怎會親題「皇帝佛國」四字？幾乎衆所周知的是，宋徽宗即位之初，尚能崇信佛教，並數次駕幸過汴京佛寺。但自大觀四年（公元一一一〇年）以後，即以「士庶拜僧者，論以大不恭」，而「詔天下訪求道教仙經」，並「諷道籙院上章，冊己爲教主道君皇帝」，「用蔡京言，集古今道教事爲紀志，賜名《道史》」。宣和元年（公元一一一九年）春，更改佛號爲大覺金仙，餘爲仙人、大士；僧爲德士，易服飾，稱姓氏；寺爲宮，院爲觀；改女冠爲女道，尼爲女德。與此同時，這位皇帝對於儒教更是寵愛有加，幾乎到了五體投地的地步。如到國子監把祭祀孔子的大殿改名爲「大成殿」，親筆爲此題寫匾額；去哲宗封孔氏後裔爲奉聖公、不得作官之制，恢復仁宗時期封衍聖公之制；賜錢三百萬重修鄒縣東北孟子廟，和用二百萬錢再在鄒縣南門外新建孟廟等等一連串的行動。在這樣一片尊儒崇道排佛的氣氛中，很難設想此時的天子又跑到關中的法門寺題寫匾額。按照法門寺文化研究專家陳景富先生的觀點，在法門寺諸多宋碑中，大部分看起來雖無足輕重，但都較為詳盡地記載當時發生的事件，並流傳至今或者存世很久，如果宋徽宗眞的為法門寺作了贊，或題了額，這當是有宋以來的頭等大事，必然要立碑刻文以示銘世的。但就是這樣一件大事，不僅今日的研究者沒有見到碑文，而且元明之際亦未有記載，即使在金石錄的著作中，也同樣找不到半點踪影。元代至正十四年（公元一三五四年）九月，由錢塘人黃樹轂輯錄的《扶風縣石刻記》當是極為詳盡的金石集，而在此中同樣無宋徽宗的贊和額。非但如此，即使作於宋徽宗執政晚期的《頌圓相觀音菩薩瑞像》碑⓬，也未留下當朝天子的贊或額的一絲痕跡。這些事例無不在說明，宋徽宗為法門寺作贊和題額的說法是難以讓人置信的。至於名妓李師師是否來過法門寺，則又是一個頗為爭議的懸案。在筆記小說《都氏聞見錄》上，曾記載名妓張好好和李師師前來法門寺朝拜過，並在四級木塔上憑欄遠眺，又在塔柱上刻詞留念等等。妓女進寺燒香拜佛的事，在歷史上並不罕見，只是張好好與李師師是否眞有行此，亦難考證。不過，就法門寺的興衰而言，這兩個著名妓女來與不來，並不算什麼轟動四方的大事。這裡權且放下，不再提及。

法爽自焚大德彌九州

公元一一二五年，金滅遼。公元一一二七年，繼滅宋。

公元一一二八年，金左副元帥宗翰命部將婁室攻下陝西同、華、京兆、鳳翔等地，在一番搶掠燒殺之後，還軍山西。同年九月，金太宗又命婁室攻取華州、下邽、蒲城、同州，十一月攻下延安府。次年二月，麟、府、豐三州降金，四月又占鄜、坊二州。再次年，耀州、鳳翔府、渭州、原州亦相繼降金。至公元一一三一年，東起淮水，西至秦嶺，形成了宋、金間一條非經雙方議定的臨時界線。這條界線的形成，標誌著陝西秦嶺以北地區已經被金所實際統治的事實。位於這個地區的法門寺，也自然置於金的統治之下。

金朝共歷八帝一百一十年，至第四帝世宗朝達到頂點，至金章宗以後開始衰落。金代各帝大多崇信和支持佛法，太宗、熙宗都有建寺、設齋等大的法事活動，世宗則大興土木建寺立廟，賜予寺院大量土地、金錢，並允許寺院賣牒聚財。同時又對此作出一定的限制。例如禁止民間建寺，整頓僧人隊伍，以防止其逃避賦役等。到章宗一朝，則進一步規定不得私度僧尼，行試經度僧制，甚至規定不同地位的僧人所帶徒的不同數目，和僧人通過課試經律論獲取尊號的命令。這種既推崇又限制的政策，使金代前半期的佛教在一定程度上避免了僞、濫的問題，祥、淨、華嚴、密、律各宗都各有發展。自金章宗末年開始，賣牒取費以解國家財政拮据的方法被大肆使用，終於引導金代佛教在陷於氾濫的同時也走上末路。

就這個時期的法門寺而言，基本保持了平穩的過渡時期，沒有遭受大的洗劫和毀壞，亦未有發展壯大之勢。從現存的資料來看，有兩塊碑文倒是直得觀賞品評一番。

其一是大安二年（公元一二一〇年）所刻《謹賦律詩九韻奉贊法門寺眞身寶塔碑》，碑文曰：

寺名曾富布金田，塔字來從梵夾傳。
可笑異宗閑鬥嘴，比乎吾道不同肩。
世人朽骨埋黃壤，唯佛浮圖倚碧天。
谷槖山爐煅勿壞，鐵錘霜斧擊尤堅。
三千界內眞無等，十九名中最有緣。
百代王孫爭供養，六朝天子遞修鮮。
讜能倒膝罪隨缺，或小低頭果漸圓。
三級風檐壓魯地，九盤輪相壯秦川。
經書談我釋迦外，今右煩君說聖賢。

這首贊歌道盡了對法門寺、眞身寶塔和眞身舍利的崇敬仰慕之情，敍述其長盛不衰的悠遠歷史，以及眞身寶塔長倚碧天，百代王孫爭相供養，歷朝天子加以修葺的歷程。正因爲如此，才有了依然挺立於古周原的塔廟奇蹟，才有了「碧天若高，寶塔可摩；魯地若遠，風櫓可及；秦川若大，輪相可輝」的壯美與輝煌。自五代初李茂貞重修至金大安中期，其間二百六十餘年，法門寺以及法門寺眞身寶塔尙還如此氣勢雄偉、光彩奪目，不能不令人發出由衷的讚嘆。遺憾的是，今天的人們再也無緣置身其中，登臨其上去感受那種壯闊神奇了，只能從這首贊歌中去追憶、咀嚼箇中滋味。

如果說《奉贊法門寺眞身寶塔碑》記載的是整個法門寺的盛況，那麼同樣刻於大安二年（公元一二一〇年）的《金燭和尙焚身感應之碑》，記敍的則是法門寺僧人最爲奇特的一個片段。該碑這樣記載道：

岐陽鎭重眞寺（法門寺）淨土院有一僧人法爽，字明道，京兆雲陽人，生於皇統九年（公元一一四九年），其人秉性耿直，自幼入道，從萬善寺僧涓受法，具戒於大定四年（公元一一六四年），時年十六歲。繼而到嵯峨山依師研習三藏，深通義旨。隨後遊方各地，參拜過五台、天都、嵩少、洛陽龍門等名山大刹，並在寶應寺或乾元寺主領西堂一年。之後於大定二十一年（公元一一八一年）拂袂歸來，詣眞身寶塔前，身掛千燈⓭，以爲供養；後更備香花、幡蓋、燈燭、音樂之具，廣陳薦獻，竭其丹誠；又以香水洗塔拭塵，自上而下，一一周遍。泰和五年（公元一二〇五年），於塔兩側造二石幢，上刻經咒及觀音像等。後讀《法華經・藥師品》得到啓迪，決定行「眞法供養」（即燒身煉臂供佛之法）。次年，便於寺外四、五里處起築壇場，欲構寶塔十九座，焚己身以供養。第一次卜定泰和六年（公元一二〇六年）九月某日爲期，「忽値府帥見疑，輒沮其事，加以邊境未寧，所議遂寢」。第二次再卜定泰和八年（公元一二〇八年）三月十八日爲期。焚身前十天，先立加持⓮道場，設無遮大會，再次拭塵浴塔，作種種供養，跪拜禮念，六時不輟。

十七日中夜。「師往詣壇所，自積餘薪，先以布臘造爲巨燭，虛中而實外，師就立燭間，頂布褐僧帽，冠五佛冠。」

火苗漸漸燃起，法爽立於此中神色坦然，首先教誡諸人：「諸惡莫作，衆善奉行，自淨其心，是諸佛教。」接著，「白（念）辭世頌二首，詞甚穎脫。」過一會兒，自取火炬，「從頂三燃，烈炎（焰）交至」，法爽合掌禮拜於火光之中。「當是時也，七衆之人，作禮圍繞，差（擦）肩接踵，不啻數萬計，莫不□□動地，以眞佛呼之。」

當火焰熄滅，僧徒、衆生們歛灰之際，得舍利焉。「其後神光燦爛，屢現於中夜。近地居民，無不見者。雖三尺之童，感而化者，皆知爲善。」

事後，許多寺僧、俗衆以及遠近地方官（包括女眞族官員）都參與了名爲《感應碑》的刻樹工作，碑銘有詞曰：

仰止重眞，實爲名刹。於中何有，神通寶塔。如來滅度，玉骨存焉。人千供養，千百斯年。靈祐所孚，異□間出。宜有勇者，以身供佛。昔在樂王，通達無我。首倡家風，證菩提果。今此爽公，精修苦行。焉知來際，不爲賢聖。英明可珍，雅德可貴。文以足言，傳之後世。

從碑文記載知道，繼宋之後，這時的法門寺尚存二十四院之若干院落，淨土院即是其中之一。此院在法爽歸於法門寺之後數年間，共換過兩位住持，一是因公，二是斌公。「眞法供養」多爲淨土僧人所用，而淨土宗的祖師善導大師就是從樹上墜身而求往生的。從這次法爽的焚身供養由淨土院住持斌公助成和主持這一現象來看，此時法門寺的淨土宗信仰是較盛的。而先前法爽在法門寺所作的諸般供養，絕非一人或少數人能完成，其間必定有許多寺僧、俗衆參與，圍觀作禮者不啻數萬。由此看來，法門寺的影響面極廣，法門寺與僧、俗的關係亦可見一斑。

撲朔迷離的玉鐲奇案

宋、金之後，隨之崛起的元朝，採取了排佛而推崇喇嘛教的政策，致使漢地佛教進一步走上衰落，法門寺自然也是「每下愈況」。在這股佛教衰頹的大趨勢中，朱明王朝終於取而代之。

由於明太祖朱元璋出身釋門，對佛教懷有殊異的感情，便力圖重振漢魏以來發展延續的傳統佛教。在明代歷史中，自洪武朝至武宗朱厚照各帝，護持佛教的政策基本未變，而佛教的各宗派以禪宗最爲盛行，其中臨濟、曹洞居先。淨土宗則成爲各宗派共同的信仰。此外之華嚴宗、天台宗，乃至慈恩宗[15]、律宗也有相當的影響或者繼興於微絕。其間自明宣宗之後，各宗復呈衰勢，至世宗朝，因皇帝本人學道而排佛，京師寺院大部被毀，佛教衰勢進一步加速。至神宗萬曆年間，佛教稍有回升的氣象，除出現一些弘法高僧之外，明代刻印五藏（除藏文《目稱》外）之一的《嘉興藏》[16]，就開始於這個時期。

明代的整個佛教政策，無疑地要影響到法門寺的興衰沉浮。從寺宇的修葺方面看，宋、金兩代均無土木之工，元代更遭冷落，幾乎沒有留下一絲痕跡。從可查的資料來看，明代隆慶年間（公元一五六七～一五七五年），法門寺眞身寶塔（四級木塔）崩毀，後來得以重建，始成現在看到的寶塔模樣。明弘治十八年（公元一五〇五年），有邑人張杰主持重修寺內大乘殿，並於正德二年（公元一五〇七年）再次重修，其重修詳情因碑佚或記載不詳，今已無法得知。據現代研究專家陳景富推斷，分別發生於弘治和正德年間的兩次重修實爲一次，理由是其間只有一年之隔，從修一殿便樹碑記其事這一點來看，工程經年未必完工。可能的情況倒是：張杰重修是就工始之年記其事，正德二年重修是就工畢樹碑之日而言。這樣，自宋立國至明隆慶六百年的歷史中，一方面由於佛教的衰勢難遏，另一方面由於年久失修，不可避免地要導致法門寺寺域的日益縮小、寺僧的日益減少和經濟上的日益困難。因此，最樂觀的估計，這時的法門寺繼失去了「國寺」的地位之後，至多也只是與府、州所留的寺院相當。儘管如此，法門寺昔日輝煌的餘暉，仍未從這裡完全消失，發生於明正德四年（公元一五〇九年）武宗之母張老太后前來拜佛降香的故事，即可證實這個推斷。張太后前來法門寺降香的故事，又因為其本人和隨行的劉瑾智斷玉鐲奇案，而廣為民間百姓所知並編寫了戲曲《法門寺》等流傳下來。

嫌涉男女相戀，累及五條人命的玉鐲奇案，發生在離法門寺不遠的眉縣金渠鄉寧渠村。這寧渠村因著名的寧渠而得名，又以渠分為東、西兩村。

命案的起因來自東村有座高大門樓的傅姓人家。這傅家有位公子，名傅朋，字雲程。祖上為大明開國功臣，聖上敕封世襲指揮（明代武官名），久住京城。後來明朝廷宦官專權，老指揮嘔氣廢命。其夫人因原郡土地肥沃，風水甜美，帶幼子歸來，農桑度日，倒覺自在。

傅朋天資聰穎，七歲能誦〈阿房宮賦〉，年齡稍長，即通曉子、史、經、集。他不願承襲先祖指揮一職，立志寒窗苦讀，自取功名。母親見他一心苦讀，少問婚事，遂賜玉鐲一對，讓其日後自擇佳偶。

明正德四年初夏，傅朋挽袖賦詩作畫。一窗友見他腕戴玉鐲，知是訂親之物，便打趣地說：「西村孫寡婦的女兒，容貌艷麗，天姿國色，女流中西施也，你何不前去一會？」

傅朋聽了，微微一笑道：「這窮鄉僻壤，哪有什麼天姿國色？」傅朋嘴裡這般說著，心裡卻有些前去一見的念頭。

這天，傅朋因事路過西村，信步來到孫家門口。偏巧，孫寡婦之女孫玉姣在院內開籠餵雞。不料，幾隻雞飛出牆外，孫玉姣出門追趕，與傅朋相遇，兩人對視之下，雙方驚呆了。原來傅朋五、六歲時，父親由任上歸里，曾帶他到金渠鎮給姑母拜壽。姑母一見到侄兒傅朋，滿心歡喜，摟在懷中，左親右吻，不讓離開。壽誕過後，一定要留傅朋在她身邊多住些日子。這樣傅朋便留下來，父親帶著家人回京理事了。

傅朋在姑母家住了月餘，免不了到街上找小孩子一起玩耍，就在這群玩伴當中，他認識了姑母鄰居傭人孫寡婦之女孫玉姣，並漸漸成為好朋友。

卻說這孫玉姣，家住寧渠西村，原來也是殷實人家，只因父親懦弱無能，不事農桑，天長日久，家道中落，處境日漸貧困。當孫玉姣兩歲時，父親患病身亡，母親無奈，只得帶著女兒到金渠鎮東街給人幫傭，直到孫玉姣十四歲時，母親才帶著她回到西村，種田養雞，苦度日月。

冬去春來，轉眼孫玉姣已長到十六、七歲，並出落得相貌俊美，大有傾國之色。與孫寡婦一向不錯的劉媒婆，曾多次提親，怎奈難有玉姣稱心之人。再者，這女子雖有傾國之色，卻家境貧寒，門戶難當，也就好事難成。

這傅朋、孫玉姣雖曾有一段青梅竹馬的生活，但自傅朋離開姑母家回京再歸故里，兩人難能相遇。此刻一見，童年的往事不覺又展現在各自的眼前，彼此的愛慕之情油然而生。

正當兩人久別重逢，又難敍眞情之時，傅朋忽然見地上雄雞飛撲，觸景生情，忙上前施禮答話：「請問大姊，學生想買一隻雄雞使用，不知大姐可方便否？」

「雄雞倒有，只是我娘不在，奴家不便作主。」玉姣飛眼流波，含羞帶澀，低低答了一句。

傅朋見狀，心領神會，語帶雙關，進而言道：「你我今日已非童年，何不自己作主。」

「公子所言極是，但此事總得與母親商議才好。」

傅朋聽罷，點了點頭，又衝孫玉姣極動情地送過一個眼神，趁機假意抖衣衫「遺掉」玉鐲，依依作別。孫玉姣心領神會，含羞拾鐲，滿心歡喜。

正當兩人私定終身，欲成百年之好時，誰料此情此景被劉媒婆瞧見，並引發了一場五人喪生的大案。

這劉媒婆世居縣城內南街，年過半百，老伴早喪，人稱劉媽，留下一子名叫劉彪。劉娘平生一大嗜好就是爲青年男女牽線聯姻。這天，她吃過早飯，來到西村想到孫寡婦家串門，正巧看見了傅朋和孫玉姣定情的景況。劉媽一見，滿懷興奮，想到傅家雖是宦門大戶，但只要傅朋有意，此事必成大半。

等傅朋依依不捨，舒袖而去之後，劉媽踏進孫玉姣家中，佯裝不知她向孫玉姣提起婚姻之事，並聲言願為她們二人周旋，孫玉姣當然求之不得。劉媽臨走時，向孫玉姣討得一隻剛做好的繡鞋作為信物，並說：「三天後一定送來佳音。」

劉媽回家後，她的兒子劉彪發現了那隻繡鞋，並設法偷去藏了起來。這劉彪乃是「手拿鋼刀一把，專營六畜宰殺，開腸破肚成日幹，鮮血盆裡作生涯」的角色，不但生性凶殘暴戾，且又貪色好淫。當他從母親嘴裡探知孫玉姣和傅朋的曖昧之情後，那眠花宿柳的習性驟然升起，一個指鞋詐錢的陰謀也隨之醞釀成熟。

第二天，劉彪來到東村，找到傅朋指鞋詐錢，因出言不遜，反被家人轟出了村子。劉彪回到家中，不覺怒從心頭起，惡向膽邊生。一計不成，又生一計，他決定來一次冒充「情人」會「情人」。

當天晚上，劉彪藉著漆黑的夜幕，懷揣繡鞋，手提燈掛（類似鐵底馬燈，用麻辮作提鋻），走出房門。為了怕發生意外，他又在門口一個籮筐裡，順手抽出一把殺豬尖刀攥在手裡，取小道直奔西村。

正當劉彪急匆匆趕往西村之時，孫寡婦家中早已來了兩位客人，這就是孫玉姣的舅父屈環生和舅母賈氏。這屈環生家住槐芽，其妻年過三十尚無生養，屈環生盼子心切，整日求神拜佛，燒香許願，卻懶得照料家業。近日聞聽普陀寺請來法門寺一位高僧講經說法，便偕妻子賈氏順路到西村邀姊姊同去聽經。聽經完畢，天色已晚，便留宿姊姊家中，於玉姣房中就寢。

這夜二更天剛過，劉彪便摸到孫寡婦門前。孫寡婦住宅，坐北向南，原是關中標準的四合頭院子，因家計貧困，上房早已變賣，只留下東西兩座廂房。東廂房一頭作廚房，一頭孫寡婦自己留作臥室。西廂房是孫玉姣的繡房。劉彪情知屋裡只有寡母弱女，輕手推門，門緊關著，便拿出尖刀，往門縫裡一插一撬，撥開門閂，單手推門閃身而進。按鄉俗常規，西房爲下，劉彪推斷，孫玉姣必住西房無疑。

劉彪來到西房門口，將燈掛放在門旁台階上，再撬門入室，輕手輕脚放下尖刀，在懷中摸出繡鞋，心中懷著無限的美意向炕上撲去。當他的手觸摸到一張仰躺著的臉時，不禁大驚：「怎麼這女子還有鬍渣?!」這樣想著，繡鞋「啪」的一聲落到炕頭上，劉彪頓覺不妙，拔腿就跑。屈環生此時已被驚醒，朦朧中大呼「有賊！」隨之從炕上跳了起來，對著夜色中劉彪的臉就是一記耳光。賈氏也被驚醒，轉身抱住劉彪的腿，三人扭打成一團。這時，只聽「噹啷」一聲，劉彪的脚跟碰到了尖刀把上。膽顫心驚的劉彪急欲擺脫，遂起殺人之念。他伸手操起尖刀，惡狠狠地向屈環生刺來，這一刀正中咽喉，屈環生當場斃命。紅了眼的劉彪抽刀回身，對著賈氏趁勢一抹，頭顱當場落地。劉彪見圖姦不成，反戕二命，心悸惶惶。脫身出來，不敢遲延，黑暗中就地一摸，不顧燈掛提鋻還是人頭長髮，牢牢握在手中，慌忙奪門而逃。

劉彪一口氣跑進縣城，在一家店前停下。當他定神一看，發現不是自家住的街道，猛悟到由於自己慌不擇路，進城後一直向前奔走，忘了拐彎，又借著面前店裡透出的燈光，突然發現自己手拎的不是鐵座燈掛，而是一顆血淋淋的人頭，手裡攥的不是麻辮提鋻而是女人的長髮。驚悸之中，只見面前的店門「吱呀」一聲開了，劉彪急忙躲進店邊的黑影裡，這時他恍然記起這是城內劉公道的粽子店，小夥計宋興兒正準備生火煮粽子。劉彪攥著人頭，情急生毒計，心想，粽子鍋費火，如果將人頭扔到鍋裡，等到煮好粽子，這人頭早就煮得模糊不清了，任他天王神仙也難以辨認。他打定主意，趁劉公道和興兒將粽子下到鍋裡，回店抱柴、取火的時刻，猛地竄到鍋邊，將人頭狠勁往粽子鍋裡一塞，轉身跑回家中，待大氣喘定，忙換了血衣，扔到渭河。然後裝作若無其事的樣子，第二天又夾著屠宰工具，走村串戶，幹起了他的殺豬宰羊的生意。

劉彪這邊已逍遙無事，而劉公道的粽子店卻又鬧出了人命案。

劉公道見生著了火，他一面點根菸吸著，一面在灶前轉悠。約過了半個時辰，小夥計興兒翻攪粽子時，感到鍋裡有一硬塊，便用棍子一撥，挑到鍋邊一瞧，嚇得全身打了個寒顫，失魂落魄地驚叫道：「啊，人……人頭！」

劉公道聽到驚叫，忙奔過來，借著一絲昏暗的燈光，看見了鍋中那帶著一團黑髮的人頭，頓時嚇得目瞪口呆。過了片刻，劉公道稍稍回過神來，怕被人發現，忙取過一個擔籠，盛起人頭，飛快提進後院。

劉公道站在後院裡，看著擔籠裡的人頭，六神無主，驚恐不已。他想：這粽子突然煮出了人頭，無疑是天降大禍，若被官府查問，怎好辯白？若按律問罪，自己性命難保。如果將這人頭神不知鬼不覺地提離街道，但此事已被興兒看見，難保他不張揚出去。這興兒終是一個雇工，外姓之人，而今送他一些好處，倒能一時堵住他的嘴，但無法保他日後不藉此事敲詐勒索……劉公道急得如同熱鍋上的螞蟻，在地上轉來轉去，突然一腳踩到柴堆邊的一把斧頭上。劉公道見斧頓生殺人滅口的歹意，他心一橫，操起斧頭轉回身向鍋邊的興兒劈去。

當興兒倒在血泊中氣絕身亡時，劉公道又猛地意識到自己闖下了大禍，慌忙丟掉斧頭，將興兒的屍體和那顆人頭一併抛入後院枯井，然後鏟去地上血跡。這時，東方已經發白，劉公道給粽子鍋裡另換了新水，重架柴火，魂不守舍地坐在鍋台前想著心事：這顆人頭到底是誰扔進鍋裡的？悔不該自己貪財好利，半夜叫起興兒開門煮粽子，結果粽子未煮成，先撈出一顆來歷不明的人頭。悔不該見人頭藏匿不稟，以後官府尋得蛛絲馬跡前來追問，自己難免身受牽連。更悔不該一時糊塗劈死興兒，若他爹向我要人，該拿何言答對？官府一旦查出真情，少不了殺身償命……想到這裡，他覺得頭腦發脹，脊背發涼，坐不穩，立不安，在前院後院轉悠起來。忽然，一個念頭浮現在面前：此事只有自己跟興兒知道，如今興兒已死，若自己守口如瓶，別人怎會知道？但轉念一想：假如興兒的爹告到官府，難免進店搜查，一旦露出破綻又如何是好？劉公道想著，心裡越發焦躁不安，在苦無良策之中心一橫，乾脆來個惡人先告狀，反告他興兒盜物逃走，縣太爺若派快頭捕拿興兒，又怎捕得？到那時只能聽從原告的一面之辭，此案便會不了了之。想到此處，劉公道心情通暢了許多。

五月十四日清晨，黃鸝鳥在樹梢上婉轉啼鳴。

一陣緊似一陣的堂鼓聲傳來。「有人喊冤！」眉縣縣衙的三班衙役聞鼓聲奔向大堂，列班侍候。

知縣趙廉提袍端衣升堂：「喚擊鼓人上堂回話。」

原來是當地鄉約⓱、地方村民稟報，說西村出了殺人命案。

一聲「命案」二字，兩榜進士、頗以才華自居的縣太爺趙廉心中著急，當即顧不上吃飯便率三班衙役、刑房、書吏、捕快等，前往命案現場。由於他向以除惡揚善、治理一地、造福一方著稱，早已贏得百姓愛戴和上級賞讚，這次也不例外，接案便雷厲風行，直撲現場要查斷他個水落石出。

轉眼來到西村，此時孫玉姣家中早已圍滿了同情、看熱鬧的人群。衙役撥開人群，開出一條道，讓知縣下轎坐定。經驗屍方知男女兩具屍體，頸項均係銳利刀器所傷，且男屍有頭，女屍無頭。還有大門被尖刀撬過，判斷爲凶手撬門入室作案。

知縣趙廉離開座椅親勘前後院落及殺人現場，發現房門外燈掛一個，室內繡鞋一隻。急忙傳來孫家母女，點名問姓，追問現場物件「燈掛」。孫寡婦哪見過如此世面，早嚇得身體篩糠，低頭入懷，隨口回知縣老爺：「燈掛係自家常用之物。」又問「綉鞋」，孫玉姣回道：「是小女新做。」

趙廉命孫玉姣抬起頭來。孫玉姣抬頭，知縣見她確是美貌、靚麗，面若施粉，雙眸傳神，於是心中頓時豁然一亮，便猜度出八九分來。當孫玉姣提衣下跪時，又見其腕戴玉鐲半對，更加堅定了知縣的判斷：此案必係姦情所致。

知縣隨即喝退衆人，將孫寡婦與孫玉姣分開審問。問起玉姣，玉姣說是「自家之物」。但孫寡婦卻說「家無此物」。知縣自以爲判斷無誤，就嚴刑拷問。

玉姣眼睜睜見舅父妗母均遭毒手，又見知縣威逼，索性什麼也不顧了，將自己拾玉鐲的經過，從頭至尾詳述一遍。這無異於爲知縣「必係姦情所致」的判斷作了證明，她被喝令帶回縣衙收監。

而另一邊傅朋卻平明裡災禍來臨。這天，他正在看書吟詩，被衝進的衙役不問青紅皂白，鐵鏈鎖身帶到公堂。

傅朋據理爭辯，被知縣視爲抵賴。知縣拿出玉鐲，傅朋隨口承認。知縣馬上喝道：「你與孫玉姣苟且偷情，已有物證，還不招來！」

嚴刑下，傅朋將贈鐲之事，從實詳說了一遍，且辯解道：「母親給我留下玉鐲一對，命我自擇佳偶。我與孫玉姣情投意合，雖私贈玉鐲，也稱不上盜柳偷花，望大人明鑑。」

知縣聽罷辯白，冷笑一聲：「好個情投意合，自擇佳偶。本縣且問你，可有父母之命，媒妁之言？既然是情投意合，就該明媒正娶，爲何深夜入室行凶？還不從實招來！」

傅朋聽罷已亂了方寸，直冒冷汗，更不知從何說起。

「你既無父母之命，又無媒妁之言，自投玉鐲，她會意而拾，雙雙欲自相幽會，怨女曠夫起淫姦，其情昭然，你還有何抵賴？自相幽會，難道不是偷花盜柳？你與她幽會不成，反見與另一男人相眠，妒火中燒，將人殺死，還有何言？」知縣自以爲判斷不差，頻頻對傅朋逼問。傅朋輕蔑地搖了搖頭，長嘆一聲，側臉不再理會知縣。

知縣氣極，聲嘶力竭地大喊：「大刑伺候！」

可憐傅朋一介書生，受刑不過，昏死過去，又被用涼水潑醒。反覆多次，已熬忍不下來，就只好編口供以免皮肉之苦。

畫過押，知縣好不得意，又緊緊追問女屍之頭的下落。傅朋沒想到知縣如此狠毒，自己怎能知道女屍之頭的去向。只好在大刑的逼訊下，再次編造口供混過堂審，便說：「女屍頭已扔入渭水河中。」

自此，傅朋被打入死牢。

再說劉公道。他惡人先告狀，到縣衙「喊冤」，毫無反應。一打聽，原來西村昨晚出了人命案，知縣大人驗屍去了，縣衙門緊閉，空無一人。只好等中午，知縣一干人方回，他已得知孫寡婦的弟弟、弟媳被傅朋殺了。男屍有頭，女屍無頭。這麼倒恍然大悟，藏在粽子鍋裡的人頭想必是孫寡婦弟媳的頭顱？想這傅朋乃宦門子弟、文弱書生，斷不會殺人，況且他與我平日無冤、近日無仇，殺了人又爲何繞了這麼大一個圈子，將人頭藏在我的粽子鍋裡？

劉公道越想越糊塗。一種恐懼感襲上心頭。眼前一黑，坐在地上。他不想告狀了。但又一轉念：我殺了興兒如何了結？興兒爹向我要人可咋辦？人命攸關，還是先保住自己再說，他想到此，支起身子，又走進縣衙。

此時，知縣趙廉在後堂也陷入沉思之中。他想：既然傅朋與孫玉姣自相幽會，爲什麼要帶刀？難道……

正思忖間，一聲稟告打斷了他。劉公道大堂喊冤。

衙役遞上狀子，知縣展開一看，「小夥計宋興兒昨晚盜物逃走」一語，引起了他的注意。孫家刀傷二命的案子不由與此聯繫在一起。知縣又作出主觀推斷：必定是宋興兒放羊途中，見到孫玉姣美麗可人，淫心萌動，於昨晚到西村調戲。不料，孫玉姣繡房夜寢孫之舅父妗母，謀姦不成，又怕姦情敗露，遂將人殺死。殺人欲逃，又無銀兩盤費，因而回店盜物逃去。想到此，知縣趙廉擊股斷言：「定是興兒這個奴才將人殺死。」他立即擲出一枚火簽發令：「傳宋國士一家到案！」

衙役奉命疾馳而去。

這被傳的宋國士，是眉縣一位頗有名望的生員，家住眉縣縣城南門外宋家園子，由於貧窮，無力趕考，於縣城內書院學堂教書，不幸中年喪偶，留下一男一女。男的名興兒，女的名巧姣。幾年前葬妻，借下劉公道一筆賬債，收入微薄無力償還，劉公道三番五次催要，且當眾羞辱他，逼得無可奈何時，只好將兒子興兒傭工抵債，女兒巧姣帶在身邊。巧姣年方二八，長得端莊凝重，粉紅笑臉，水靈大眼，身體婀娜多姿，舉止大方，天資聰穎，秉性剛直。她自小隨父讀書習文，能詩善賦，通古達今，遇事機智、果斷。

這一日，宋國士父女莫名其妙地被衙役傳喚，上了公堂。知縣趙廉開門見山便提起劉家被盜之事，要宋國士交出盜物逃犯宋興兒。

宋國士只知興兒自去劉家當傭工，已數日未歸，他哪裡會想到孩子盜人家物什逃走，一時間慌了神志，張口結舌，無言交代。

知縣見宋國士神態，再次以為自己推斷不誤，便直接威脅道：「宋國士，你身為生員，知書達理，如何教育出這等奴才，深夜去西村謀姦孫玉姣不成，反殺死孫之舅父妗母，又回店盜物逃走。現人藏於何處，還不從實交出？」

年幼機智幹練的宋巧姣立於父親一旁，她見縣官如此武斷，忍無可忍，柳眉倒豎，杏眼圓睜，據理力辯：「我兄長忠厚老實，憨直為人，給劉家當傭工，晝夜辛苦，怎麼可能深夜去西村殺人？既然殺人，逃走還來不及，又怎能回到劉家再行盜物？盜走劉家什麼物件？說他殺人有何憑證？謀姦孫玉姣不成，何不傳來孫玉姣當堂對質？」

一連串辯問，使知縣張口結舌，暗忖：此小女子如此厲害，且孫玉姣並未供出宋興兒淫戲於她，若喚其上堂對質，她反不認，我怎好收場？想到這裡，知縣強打精神，一拍驚堂木：「將宋巧姣暫且收監，宋國士交出紋銀十兩，補賠劉公道失物，以贖宋巧姣回家。若藏匿宋興兒不報，與其同罪。」

宋巧姣入獄，卻不同於監禁。衙役們並沒給她戴刑具，也沒有嚴禁她的行動自由。一進女監，禁婆另眼相待她，要她監護孫玉姣外，還讓她幫著幹諸如做飯、給犯人送飯等雜活。實際上，她男監女監進出隨便。

皮開肉綻的傅朋即關在男監。這天晚上，傅朋痛苦難忍，決定自殺，他長歌嘆息道：「人生苦短，坎坷何多，舉酒望月，一醉淚落。千里風塵，海闊天空，堪嘆此生，斷送囚牢。」言畢，就要自殺，卻不想窗外飄進一女子清婉的吟哦：「勸君莫惜太白酒，人生自當對酒歌。輕生非丈夫，壯志空自多，若將熱血寄冤情，錯！錯！錯！」

傅朋聽言，恍若似在夢中。他放下輕生之念，回頭搜尋吟詩女子。原來，宋巧姣的女牢與男牢相連，這晚她獨自一人想著兄長興兒被牽扯進孫家命案之中，難以入眠。夜深人靜，隔窗聽出男牢有人長吁短嘆，吟哦道：「天殺我傅朋，今夜與世別。」她立即對吟，阻其自殺。她明白了孫家命案牽連在內的傅家公子就在自己的隔壁，遂於第二天找送飯的機會與傅朋聯絡。

傅朋向宋巧姣訴說自己的冤情，他們共同分析出劉彪才是眞正的命案凶手。宋巧姣說出越衙告狀的想法。傅朋全力支持，託人轉告母親，取銀交給宋巧姣的父親宋國士，將巧姣贖出監獄。

宋巧姣立誓越衙上告，伸屈鳴冤。

是年爲明武宗正德二年，法門寺重修寶塔及殿閣，彩塑菩薩四十六座，功德龍王像八座、鑄

▲清代建造的法門寺大雄寶殿，殿前甬道上鑲著一塊留有近似跪痕的青石，傳為宋巧姣長跪哭訴冤情之所在。

▲平劇《雙姣奇緣》劇照，敘述宋巧姣向太后、劉瑾喊冤。

銅香爐八個，二十四院面貌一新。武宗之母張太后隨帶太監劉瑾慕名駕臨古刹，前來拜佛降香。耀眼的車輦儀仗浩浩蕩蕩往法門寺而來。一路上，各處官員列隊攔庶民百姓焚告跪拜，誦經念佛之聲傳遍千里。

張太后鑾駕落抵法門寺，香湯沐浴，拜佛進香的儀式完畢。第二天早晨，用完齋，正由太監劉瑾陪伴，於大佛殿靜坐養神。

突然，山門外一陣喧嚷。劉瑾問：「外邊何處吵嘩？」侍立太監道：「有一民女喊冤。」「拉下去做了！」只見忽地竄出幾十名錦衣衛來，就要對喊冤女子動手。張太后聽到要殺人，便閉目喊道：「大佛殿前豈可動刀流血！」

劉瑾又忙傳話：「不可殺人！」

也該喊冤女子命大，造化高。張太后降香欲行善事，由於久居皇宮很少與平民百姓有接觸，今日遇此事，正撩起她閒情逸致，便想聽聽這鄉野女子有什麼冤情。即令劉瑾將告狀女子喚進大佛殿。

面對道路兩旁戒備森嚴、如狼似虎的殺氣，宋巧姣毫無懼色，衝向大殿。

老太后瞇縫著雙眼，遠遠見一衣衫襤褸、披頭散髮的女子向大佛殿撲來，心中不禁讚嘆起她的膽量來，並歡喜不已。

年少的宋巧姣雙膝跪在大佛殿前的一塊拜佛石上，頭頂狀子，低頭遮顏，聽候張太后公斷。

侍立太監讀完狀子，太監劉瑾傳出太后旨意：「小女子，上面坐的是太后老菩薩，你有什麼冤，如實講來，不許有一字欺哄相瞞！」

「謝過太后恩准。」話說間，宋巧姣已淚流滿面。她開始大聲申訴——

「小女子乃眉縣儒學生員之女，只因家貧，兄長興兒與劉公道作傭工抵債。東村世襲指揮傅朋去西村遊玩，路過孫寡婦門前，遺卻玉鐲一隻，被孫玉姣拾去。時有劉媒婆從旁窺見，到孫家誆來玉姣繡鞋一隻，又被其子劉彪偷去，拿到東村誆詐傅朋銀兩未遂。是晚，孫玉姣繡房一刀連傷二命，房中卻遺下劉媒婆誆去孫玉姣那隻繡鞋。縣太爺既不詳察，也不究問劉家母子，反把一個世襲指揮斷爲因姦殺人，屈打成招，押進監中。適逢劉公道又告民女之兄興兒，是晚盜物逃走。縣太爺不審虛實，信以爲眞。又因兩事同在一晚，遂誣斷興兒殺人盜物逃走，強斷民父補償銀兩，立逼爹爹交出興兒。興兒至今生不見人，死不見屍。聞太后、太尉興平下馬，法門寺降香，民女冒死台前，伏乞明斷，惶惶上告。」

巧姣之言，字字珠璣，句句冤情，膝下的拜佛石也心慈面軟，陷落幾分，留下她兩窩膝印。這塊石頭，又名「巧姣跪石」，至今仍在法門寺大佛殿前完好靜臥。

張太后聽了巧姣的申訴，大爲驚怒，即刻命太尉劉瑾審淸此案，爲民昭雪。

恰巧，知縣趙廉迎接太后尚未回去。劉瑾喚來知縣一問，確如宋巧姣所訴，便沒好氣地一把將訴狀甩向知縣的臉上：「殺人者分明爲劉彪，這份狀子寫得很是淸晰有理，拿去細細讀看！」

知縣趙廉顫抖著看完訴狀，仍然執迷不悟，半信半疑，他不願否定自己在此之前做出的判斷。然而，太尉劉瑾喊道：「限你三日內將凶犯劉彪審明帶到，不然，提你狗頭來見！」

知縣趙廉嚇破了膽，急忙飛馳回到眉縣，速傳來劉彪問訊。

劉彪自知法網恢恢，抵賴只能帶來皮肉之苦，遂將以繡鞋訛詐傅朋及黑夜殺人之事如實招供。知縣聽罷接著斷喝：「女屍之頭哪裡去了？」劉彪臉上冷汗直冒：「丟到劉公道煮粽子的鍋子裡了。」捕快轉眼押來劉公道，一問，劉公道答：「丟在後院枯井內。」知縣帶一班人馬火速趕到劉公道家後院枯井邊，打撈人頭。不料，又撈出一具屍體，劉公道見無法隱藏，如實交代了斧劈興兒，殺人滅口，枉狀告人之一一情節。這趙知縣方如夢初醒。他悔恨交加，直罵自己矯枉過正，主觀臆斷，致使殺人凶犯漏網，無辜者蒙冤，若不是宋巧姣冒死上告，自己已成千古罪人無疑。想到此，他無地自容，不覺對宋巧姣這個鄉間女子的俠義肝膽肅然起敬。

冤明案淸，善惡終有結局，一切自是一片新天地。眉縣知縣，主觀武斷，按照明法，決難再爲民之父母。然而，張太后和太監劉瑾此次法門寺事佛之行，乃在與人爲善，多行善事。他們決定對趙廉法外開恩，「姑念他尚能知過悔改，在限期內查明案情，不予追究，仍作皇家命官。」

關於玉鐲奇案的再調查

第二次去法門寺採訪時，沉浸在浩繁的歷史與滄桑的傳奇中，宋巧姣告狀的跪臥石使我們的身心爲之一振，就決定對這一離奇的傳說追根刨柢一番。

在寫完宋巧姣告狀的故事後，意猶未盡，我們遂萌發了對這個「玉鐲奇案」的再調查。諸如傳說與史料有沒有距離、史實及其人物今天是否還留有讓我們懷念的東西等等，帶著這一系列的問題，我們來到與扶風法門寺緊鄰的縣——眉縣（古稱郿縣），走進當地的文史資料編寫組。

在這裡，經過整整一日的訪問，問題大致上都找到了答案。

宋巧姣告狀一案，根據文史資料編寫組掌握的史料顯示，事件基本屬實，傳說中的人物姓氏確鑿，此案起於明朝武宗正德初年，發案在眉縣，結案在法門寺，距今約四百八十多年。事件中的主要人物，至今在眉縣和北京等地都留有後代。

據民國時期的眉縣教育科長董鐸、軍事科科員王輝、田糧科科長李凌霄作證說，他們見過「宋巧姣告狀」的狀子，它一直保存完好。曾任眉縣縣長的黑長榮也回憶說：「一九四九年夏天，我到眉縣後，聽說有宋巧姣告狀的狀子，出於好奇心，我讓祕書拿來簡單看了看。但由於戰局未定，工作繁忙，未作妥善處理。記得狀子是用毛筆正楷字寫在麻紙上，整整齊齊，厚厚的一本子，夾在卷宗套子裡，紙邊都發黃了，中間還沒變色。」

關於縣令趙廉，明代志書六十二名知縣中沒有他的名字。但據明萬曆二十九年（公元一六〇一年）劉九經編纂的《郿縣志》記載：「李鎰，祥符人（今河南浚縣），正德四年以舉人任郿縣知縣（至正德七年），仁明勤慎，一錢不私，士民頌其廉潔，上官稱爲冰蘗，故志相傳。」所謂「冰蘗」，係用以形容李鎰做官廉潔，如冰之清淨，如蘗之有益於人民。

根據李鎰在眉縣任職的時間及政績看，「趙廉」的原型人物似是李鎰。傳說及劇作者可能覺得這位縣官做官「廉潔」，只判過一樁錯案，是難能可貴的，遂取其「廉」爲名，附以趙姓，隱去其名，便於藝術創造，使其形象更加逼眞。這樣的觀點我們認爲是可取的。

而這個故事中的其他人物，據查證，被眉縣知縣錯判蒙冤的宋、傅、孫三姓，當宋巧姣告御狀於法門寺而復審昭雪後，這一干人等均感恩戴德，隨張太后和太尉劉瑾進京。孫家姑娘嫁傅公子爲妻，宋傅兩家都得以擢官，成了權傾一時的劉瑾的親信。後來劉瑾謀篡皇位，被其同黨「八虎」之一的張永出賣告密，凌遲處死遇誅，宋、傅兩家受到株連，一部分人被謫職，一部分逃回家鄉眉縣。

宋國士，原住眉縣縣城南街，明中葉以後遷到縣城南宋家園子，現在的位置屬城關鎮東關村。他是明正德初年一位飽學生員，因家貧無力赴考，在城內書院教書。有長男幼女，靠教書、做工度日。巧姣告狀勝訴，隨劉瑾進京做官。後受株連，部分家人留京，部分家人仍回眉縣。明末，宋家住北京郊區操場巷的後代，又在京地做官。崇禎十七年（公元一六四四年），宋氏後裔中有人奉命出京追緝逃犯，時值李自成義軍進京，明朝滅亡，無法回京，這些人也落居眉縣。眉縣城南宋家園子，現有宋氏親族十一戶六十人。

傅朋其人，家住眉縣金渠鎮北約二公里的傅家院，即現在的金渠鄉寧渠村。傅朋的祖先於明朝初年征北虜有功，官居要職，後代封為世襲指揮，主管巡查、緝捕，到傅家第四代傅朋之父時，因劉瑾在朝專權，傅朋之父看不慣劉瑾的作為，但又拿劉瑾無法，嘔氣之下身亡，傅朋母子離京回到眉縣居住。法門寺結案明冤後，傅朋被劉瑾賞識，帶入京都升遷，後受株連遭斬，京都家眷部分人又回到了眉縣傅家院。

孫玉姣其人，家住眉縣金渠鄉黃家坡村，與傅家院東西相隔不到三華里。相傳古代人們把傅家院稱東村，黃家坡稱西村。現在眉縣境內查無孫氏後代。

至於劉媒婆、劉彪、劉公道等人，查無下落。因為縣城內小南街劉家和縣城西街大槐樹底下的劉家均否認他們有此前輩，以「事老人新不知情」相推託。此三人是同族還是同姓異族，其姓名為原貌還是虛構，尚待進一步考證。

當這一切都擺在世人面前時，一個啼血如訴、山環霧繞的歷史公案，謎底便不揭自明。

戰火過後硝煙散

大明王朝的歷史車輪繼續向前推輾。

法門寺那鑽天入雲的雄塔，在層層霧靄中時隱時現。

崇禎八年（即公元一六三五年）八月九日，高迎祥、李自成軍的先頭部隊兵臨扶風縣城，很快將這座西府重鎮圍了個水洩不通。法門寺再度面臨戰火的襲擾。

當此之時，正值飢民蔽野、蟊賊成精，關中大地上流寇橫行，打家劫舍隨處可見。百姓苦不堪言，稼穡荒蕪。高迎祥領兵進駐法門寺，四方百姓多聞訊棄家逃跑。高迎祥駐兵妥當之後，自己一人獨自到街上查訪民情，只見家家戶戶空無一人，他心裡甚爲不安。便立即命令兵卒，嚴守紀律，愛護百姓，並親自到法門寺各大街口找尋過路之人，用以安撫百姓，申明大義。

在法門寺街上，過街樓附近，住著一戶姓汪的窮苦人家。由於饑荒，這家人僅剩一位臥床不起的老母，還有一對兄弟——一個十五歲，一個十七歲，母子三人相依爲命。哥哥汪守仁，爲人老實本分，每日只是田間勞作，眼下禾稻已旱枯，再勞作也無補於事，只好回到家裡整日愁眉不展；弟弟汪守義，倒長得虎虎生氣，好似天旱無糧於他沒多大影響。他們傾盡家產求醫問藥，多無效果，後來聽說法門寺來了一位郎中先生，便請來爲母親診脈配藥。那老郎中三指把脈之後，說：「老人家得的是一種出水病，火候就在今日，若水出來，老人家就會病癒，若水出不來，則會身亡。」

眞是草從細處折。就在這天，高迎祥領先進入法門寺，大街上人多逃走，只有這兄弟兩人在家侍奉老母。約莫半日光景，兄弟倆聞聽街上沒有什麼響動，哥哥汪守仁便對弟弟說：「這隊伍可能已去遠了，你在家照看母親，哥哥出去弄些吃的回來。」說罷他便出了門，但沒走多遠，就被哨兵發現並抓住，這哨兵正爲抓不到人而著急呢，心想，該邀功請賞了。一把將汪守仁抓住，就要舉刀開殺戒。汪守仁未料到找吃的食物竟碰上個瘟神，他嚇得直哭。弟弟在家裡聽見哥哥哭，就跑出來看個究竟。見此，便上前給哨兵求告：「老兄，你殺了我吧！他是我哥哥，家裡還有臥病不起的老母。你留下他，殺了我，好讓我哥哥活著侍候老母。」

汪守仁說：「不，弟弟比我孝順，就殺了我，留下他。」這哨兵好不驚奇，心想，天下哪有這等事，爭著去死。於是，舉刀將兄弟倆全殺掉了。

卻說兩兄弟的母親，因出水病發作，高燒過度，一直處在昏迷之中，無人照料，不久，氣絕身亡。

哨兵殺了兩兄弟，立即趕到高迎祥處，稟報自己的功勞。本想請功，孰料高迎祥勃然大怒，罵道：「我是來關中訪賢的，你卻亂殺人，把我的賢人殺了！」當下便命士兵將這個哨兵捆起來，他則親自到街道上尋訪百姓。在法門寺街北門口，碰到個一個正在逃跑的老頭，高迎祥上前攔住老人道：「老伯，不要怕，我叫高迎祥，是隊伍的首領。剛才我的部下殺了兩個百姓，我甚為痛心，這都怪我教管不嚴，請您將街上的人都叫回來，我向大家講幾句話。」老人一聽，方知是高闖王率部前來，素聞這支隊伍與衆不同。他站到城門樓上喊：「喂！都回來，這是好支隊伍，不拿咱的東西。」聽到老人呼喊，人們三三兩兩回來了，向前靠近。至傍晚時分，高迎祥登高見天色不早，就說：「請鄉親們先回家，明天早上來這兒集中，大家不要怕。」

這一夜，高迎祥失眠了。面對部下急功近利，私殺無辜以冒充敵人數字請賞，他備感痛心，難以向關中父老交代。為重新贏得廣大百姓的心，高迎祥決定將進駐法門寺街的一營軍卒全部就地斬首，向汪氏兄弟抵命，以悔罪責。

第二天清晨，高迎祥命人早將一營軍卒列隊集合在法門寺山門前，那名殺人的哨兵被五花大綁，押在最前邊。待百姓們聚攏而來，高迎祥雙手抱十作揖，然後淒惋地說：「我高迎祥起兵榆林，是曾做過土匪，但現在我的隊伍早已成了咱老百姓的軍隊，除暴安良，殺富濟貧。不想我的這名部下殺死了咱們街上的兩兄弟，邀功誆賞，實為罪責難赦。為表誠心，我決定為死去的汪家兄弟樹碑立牌，以示紀念。同時，我願以我這一營士兵向汪家兄弟償命。」言畢，他揮筆寫下「兄弟爭死處」的五字牌匾，命人將匾懸掛於法門寺街道的過街樓上。

緊接著，便要下令處死自己的一營兵卒。此時，法門寺街上男女老少早已被他仗義豪俠的氣質所動，忽然跪倒一大片，爲一營軍卒求情。有年長者言說：「人死難以復生，汪家兄弟既已身死，將軍的胸襟想必早感動了他們的魂魄。若要處置，將殺人者一人處死即可，千萬不要殺了全營兵士。」高迎祥熱淚盈眶，他扶起老者，痛心疾首地說：「大家請起，我主意既定，決難再改。」當下命令手下偏將執行命令。

瞬間，百姓們慌了手脚，大家一齊往前擁擠，抱住衆殺手的手，泣淚飛濺。法門寺山門前，頓時哭聲一片。

無奈中，高迎祥親自動手，拔劍將一營兵士的頭顱掠於地上……時值深秋，天漸漸涼了，但一營士卒的血腥，卻在空氣中浸漫。

事後，百姓們自發組織，挖就一個大土坑，將軍卒們的屍體掩埋。

住在法門寺附近的幾位百歲老人，至今仍可清晰地憶起高迎祥所立的「兄弟爭死處」的牌匾，說其一直高懸在法門寺街的過街樓上。文革時，這道牌匾才被毀壞，那掩埋一營兵士的大墓冢，也一直保存至文革前。

法門寺一如我們的悲苦多難的民族一樣，經歷明末的戰火，終於走向另一個時代——大清。

公元一六五三年，即清世祖愛新覺羅・福臨順治十年，扶風人党國柱重建法門寺鐘鼓樓、大雄寶殿和臥佛殿。

公元一六五四年，清順治十一年六月初九日，大地震，法門寺塔身受震向西南傾斜。

公元一七六九年，清乾隆三十四年，全國政治經濟文化中心早已東移數百年之後，法門寺少了戰亂的滋擾。政府與百姓齊心，將法門寺塔地震殘損部分修復。但是，沉溺於下江南秦淮弄月的乾隆皇帝，卻不可能將國民的心境引向西北，張揚事佛的輝煌。

終於在公元一八六二年，清末同治元年正月，回民在西北捲起千群白帽起義，法門寺被攻占，並毀於大火。

時間繼續推移。到了民國初年，甚至出現軍閥覬覦法門寺珍寶的事件。據我們查考，軍閥樊老二、劉富田、張白英等，都曾在法門寺屯駐兵卒。樊老二等早已對傳說中的法門寺珍寶垂涎三尺，他曾在此用帆布圍住寶塔塔基，並派崗哨將周圍一公里之內戒嚴，如同盜掘清東陵⑱的大盜孫殿英⑲一般，肆意濫挖，但一連數日，終無所獲，這才悻悻而去。

就如同一位年邁滄桑的老人，法門寺在民國初期，步履維艱地踽踽獨行。在坎坷的長路上，他遇到了這樣一位好心人的攙扶，此人叫朱子橋。朱子橋嘔心瀝血，竭盡才智，使即將傾覆、已有裂縫的寶塔得以修復。

一九五三年，終南山南五台佛寺僧人良卿法師攜澄觀、慧明、常慧三位法師來法門寺。良卿法師擔任該寺住持。

一九五六年八月六日，陝西省人民政府宣布法門寺為省級重點文物保護單位。

自此，法門寺迎來了它的新生。

編者註

❶儲闈：太子居住的宮闈，即東宮，故又可用以稱太子。

❷玉諜：應作「玉牒」，古代帝王宗屬世系的譜牒，採用編年體形式，凡政令賞罰、封域戶口、豐凶祥瑞等一代大事，都加以記載。

❸十九葉：唐自高祖建國，歷太宗、高宗、中宗、睿宗、玄宗、肅宗、代宗、德宗、順宗、憲宗、穆宗、敬宗、文宗、武宗、宣宗、懿宗、僖宗，至昭宗時已有十九世，故名。

❹欃槍：亦作欃槍，彗星的別名。隱寓有除舊更新之義。

❺貝葉：貝多羅樹（一種闊葉棕櫚樹）之葉片的簡稱，後泛指一切佛教經典。古印度人不諳造紙之法，其流通佛經的方式，係將經文刻寫在貝葉上。

❻梵莢：又稱梵夾、梵篋、經夾，即貝葉經。其製作步驟可分為採葉（當貝葉呈淺棕色時，從葉柄割取，並去掉粗梗）、蒸煮曬乾（使質地柔韌，不易斷裂）、磨光、裁割（按一定規格裁成條狀）、燙孔（在葉側燙一至二孔，以備裝訂之

用）、刻寫（以鐵筆爲工具）、上色（以燈煙調肉桂油，或說以木炭調松香油，塗在葉片上，使凹刻的字跡顯出黑色，油漬並可防潮防蛀）、裝訂（封面、封底常用優質木板或象牙板，兩邊打孔，然後以繩貫穿捆紮）。以上過程執行完畢，即可歸類及收藏。

❼此數字係根據歐陽修《新五代史·周世宗本紀》，但薛居正《舊五代史·周世宗本紀》作三萬零三百三十六所，兩者記載有異且差距甚大。

❽雕版印刷：在版料上雕刻圖文逕行印刷的技術。創始於公元七世紀間的中國，曾經歷了印章、墨拓石碑、雕版，再到活字版的幾個發展階段。早期雕版印刷活動主要在民間進行，多用於印製佛像、經咒、發願文、曆書等。其底版一般選用紋質細密堅實的木材（如棗木、梨木），製版和印刷的程序是先把字寫在薄而透明的棉紙上，字面朝下貼於木板，用刻刀按字形把字刻出，然後在雕版加墨，再覆蓋紙張於版面，用刷子輕勻揩拭，揭下來，文字即轉印於紙上，並成爲正字。

❾檀那：佛教稱謂，指佛門中人對布施者的稱呼，即俗稱的「施主」。

❿碌碡：亦稱磟碡、磠碡。整地碾穀脫粒的農具，用石滾及樞架構成，以牛馬或人力牽引。

⓫宋徽宗〈贊眞身舍利〉：「大聖釋迦文，□□等一塵。有求皆赴感，無刹不分身。玉瑩千輪在，金剛百煉新。我今恭敬禮，普願濟群倫。」

⓬據《扶風縣志》卷十一記載，《圓相觀音菩薩瑞像》爲楊傑祕本，熙州慧日禪院僧彥泯作頌，宋政和八年（

公元一一一八年）立碑，其頌詞曰：「妙覺慈悲主，身雲瑩碧霞。光輪停夜月，瓔珞綴千花。無畏全心普，分形應類差。圓通斯第一，名號遍恆沙。處處傳消息，頭頭感嘆嗟。和風飛語燕，斜日噪寒鴉。昂首清塵眼，稱名斷苦芽。諦觀圓滿相，砧杵落誰家。」

⑬即俗稱的「燃肉身燈」。指和尚裸體，以鐵鉤遍鉤全身肌肉，每一鉤懸掛一盞小燈，貯滿油脂，用火點燃。

⑭加持：佛教用語。梵文原義爲站立、住處等。一般指以佛力佑護衆生。

⑮慈恩宗：即法相宗，因創始人之一的窺基住長安慈恩寺而得名。

⑯《嘉興藏》：明末清初刻造的私版藏經。創刻於明神宗萬曆十七年（公元一五八九年），清聖祖康熙十五年（公元一六七六年）完成，由僧人眞可、德清、密藏等主持，先在五台山，後移至徑山（在今浙江餘杭）雕版，最後將經版集中在浙江嘉興楞嚴寺印刷。全藏分「正藏」、「續藏」、「又續藏」三部分，共收佛典二千一百四十一部。

⑰鄉約：明清時鄉中小吏，由知縣任命，負責傳達政令、調解糾紛。

⑱清東陵：清初選定今河北遵化縣馬蘭峪爲陵址（東陵），葬入順治、康熙，雍正八年（公元一七三〇年）又選定今河北易縣永寧山太平峪爲陵址（西陵），從此清帝陵寢有東、西之分。東陵包括十五座陵寢，即孝陵（順治）、景陵（康熙）、裕陵（乾隆）、定陵（咸豐）、慧陵（同治）等五座帝陵，餘爲后妃公主陵寢。東陵始建於順治十八年（公元一六六一年），依昌瑞山南麓修建，以孝陵爲中心，其他各陵分列左右。其中以慈禧太后的普

陀峪定東陵，建築最爲考究。

⓳孫殿英：字魁元，河南永城人，一八八九～一九四七。早年寄身綠林，後改投軍旅，外號「孫老殿」。一九二八年以軍事演習爲名，曾掘開清東陵，將乾隆、慈禧墓中的珠寶洗劫一空。

第十一章

佛骨面世

文物轉移，考古人員重新調整，再度投入工作。七色佛光夜現，天文異兆中，回想過去許多荒唐事。大惑不解的巧合，佛誕日首枚佛指骨面世。輕揭棺塔，相繼又出現三枚。傳聞中的「一身三影」終於重見天日……

佛指舍利安在

當一九八七年四月二十八日深夜，韓金科在探照燈下，將匿藏於地宮西北角的一個神祕的龕籠挖出之後，地宮的貴重文物基本清理完畢。第二天，在韓偉的指揮下，王占奎、白金鎖、党林生等人將笨重的靈帳須彌座吊出地宮。從靈帳內題刻得知，靈帳爲武則天時代著名的唐代高僧法藏所造，原是盛唐文物。須彌座下的禪床爲南北兩部分組成，南半部分成四塊，北半部爲三塊，從下午開始，禪床南北兩部分全部吊出中室，禪床底部的銅幣也一一清理出來。當這一切相繼完成後，考古隊員又對中室地面進行了鑽探，並由此得知地宮鋪石下面爲夯土，夯土三十厘米以下便是生土，這個現象說明，中室地下再無文物埋藏。

至此，爲期兩個多月的法門寺地宮田野清理工程宣告結束。考古人員從此轉入了室內清理階段。差不多在這前後，在韓金科的具體組織和指揮下，地宮出土的文物已陸續轉移到扶風縣博物館（原文廟）大殿及兩廂內，以供室內清理急需。

一九八七年五月四日，考古人員在經過短短幾天的休息之後，又開始新的工作。爲使室內清理工作順利做了，考古人員做了重新調整和分工。由韓偉爲業務總負責，張廷皓爲行政總負責。另外，劃分了五個專業小組：

◎金銀器組

組長：韓偉（兼）

記錄：曹緯

總帳：傅升歧

稱量：趙賦康

建卡：白金鎖

出入庫：王倉西、呂增福

◎絲綢、雜器組

組長：羅西章

記錄：王占奎

總帳：淮建邦

稱量出入庫：徐克誠

建卡：邵燕寧

◎技術組

王孖、王亞蓉、馮宗游、單偉

◎照相組

王保平、劉合心、魏全有、閻大勇、黃埔校、李明

◎安全組

韓金科、侯館長、袁股長

當這一切安排就緒後，考古人員便投入了繁忙而具有科學意義的室內清理工作。

為了確定器物編號，富有經驗的韓偉先給地宮各部位的位置編號：

踏步、平台——F_{D1}

隧道——F_{D2}

前室——F_{D3}

中室——F_{D4}

後室——F_{D5}

在韓偉的編號中、F、D分別代表扶風、地宮。整理開始後，兩組在清理每件文物前，先由

▲白石靈帳須彌座四周浮雕人物花紋圖案（局部）

▲四瓣花藍琉璃盤（俯視）

韓偉劃出器物標本號，以替代在野外工作時暫編的出土順序號。這個做法，對後來編寫法門寺地宮發掘報告起了至關重要的作用。

韓偉劃出的第一個標本號是盤口細頸淡黃琉璃瓶，因爲此瓶出土於後室，故標本號爲F_{D5}—○○一。器物取出後，先由王保平照相，然後專業組成員各執其事，測量、塡卡、建帳、初步劃分文物等級，有時還要對器物重新定名，如F_{D5}—○○二，原定名爲五足鎏金銀熏爐，沒有反映出器物的紋樣、形制。室內清理時，發現該爐底部有五十多字的鏨文，涉及形制的具體稱呼，故在清理時特改名爲鎏金臥龜蓮花紋五足朵帶銀熏爐。

這次經研究確定定名的原則是，透過名稱，讓人即可了解到器物的紋飾、工藝、形制、質地，即使稍長亦採取此方。金銀器的紋飾、工藝、形制等特徵，均由韓偉口述，塡卡建帳人員筆錄。這兩件器物整理完畢，室內清理的現場準備階段工作已圓滿結束，爲以後的全面清理提供了工作程序及人員配合的寶貴經驗。

從下午三點開始，考古人員在後室依序整理了罌粟紋黃琉璃盤（○○三）、素面銀香匙（○○四）、單輪十二環純金錫杖（○○五）、素面淺藍色琉璃盤（○○六）、鎏金人物畫銀罈子（○○七）、花葉紋藍琉璃盤（○○八）、素面橢圓形圈足銀盒（○○九）❶、四瓣花藍琉璃盤（○一○）……

就在考古人員緊張而科學地整理法門寺地宮出土文物時，神奇的天象異兆在古老的周原天地間出現了。

遠近聞訊雲集於法門寺講經堂的幾十名高僧，連續三個晚上，在淩晨三點多鐘的時候，都感到有異樣的像雨、像霧、像風、像氣的東西向自己身上撲來，使人輾轉難寐。有的和尚發現，每到這時，天空便閃現出無數道七色佛光，且約略聽到有鼓樂絲竹之聲……

對於這些風言風語，考古人員總是半信半疑，因爲對於世界上到底有沒有佛靈的顯現，法門寺寶塔下的地宮中是否眞有神奇的佛指骨，古今不少人均持懷疑態度。縱然有許多佛書記載，人們認爲那不過是佛教僧衆爲了宣揚自家宗教而杜撰的神話，縱然衆多典籍記載有北魏、隋、唐八位聖君親迎供養，人們認爲那也不過是歷史統治者爲「愚弄」人民而臆造的假說之類。即使考古人員在法門寺地宮發現了記載佛指舍利的物帳，但對這神祕佛骨的存在仍沒有堅定的把握。茫茫塵世，釋迦牟尼的佛骨舍利眞的存在嗎？

謎，這才是眞正的千古之謎。

據歷史記載，珍藏釋迦牟尼佛骨舍利最多的南亞次大陸，由於後來強大的伊斯蘭教入侵，佛教受到了致命的打擊。至十三世紀初，作爲佛教起源聖地的印度，在伊斯蘭教的猛烈衝擊下，佛教漸漸消亡。自此之後，南亞地區佛祖舍利保存的情況不爲世人所知，有人推斷釋氏的靈骨已大部或全部消毀散失了。爲了證實這個推斷的眞僞，世界上許多佛教徒和考古人員前來聖地尋覓佛骨。一八九八年，一位美國考古學家遍踏南亞各地尋找佛舍利，遺憾的是一粒未見。後來他在印度和尼泊爾邊境釋迦牟尼故鄉庇埔拉瓦一處倒塌的廢墟中，從距塔廟三米深的地下，發現一個當年釋迦國王盛裝本族所分得的舍利的滑石壺，石壺蓋部有銘文，但壺內卻無一粒舍利。儘管如此，這位考古學家還是如獲至寶，欣喜若狂。這一發現也很快轟動了世界。此後，更多的考古學家紛紛前來南亞各地，希望在這「曙光」的背後有更為驚世駭俗的發現。可惜，縱是讓他們踏破鐵鞋，佛骨舍利總是不肯顯現於世。漸漸地，佛教徒和考古學家們絕望了，南亞珍藏的佛骨舍利看來是真的銷聲匿跡。

就在人們為釋氏佛骨在南亞大陸的消失而仰天長嘆，扼腕嘆息時，在西方世界又發生了一件奇特滑稽的事情。

十九世紀末，英、法、葡等國的聯合軍隊端著火槍，紛紛侵入南亞大陸。當時，英國軍隊中有一個出身於考古和古董世家的軍官約翰・卡爾斯。當他從英格蘭率部出征時，老約翰以行家的另一種戰略眼光囑咐他：「此番南亞之行，無論如何要設法弄到舍利佛的靈骨。」在這位古董商的眼裡，佛骨的價值比英倫三島還要貴重幾百倍。

卡爾斯不負老約翰的厚望，在登上南亞大陸特別是印度國土之後，他幾經周折，四處探尋，終於在印度朱木拿河流域的一個山洞裡，發現了釋迦牟尼的大弟子，號稱「智慧第一」的目犍連佛的靈骨。這一意外發現，使卡爾斯幾乎高興得發狂，他手捧盛裝靈骨的盒子，跪伏在地，興奮地連聲喊道：「感謝萬能的上帝，我們約翰家族的財產就要遠遠地超過英國皇家了！釋迦牟尼的大弟子，你太大慈大悲了……」卡爾斯叫喊著，差點昏厥過去，他得到佛骨的消息也很快傳遍整個征印英軍。

駐紮在朱木拿河附近的英國另一個軍團司令加達菲爾，原也是一個財迷心竅的冒險家和淘金者，當卡爾斯得到佛骨的消息傳來時，他的第一個想法就是不能讓卡爾斯獨吞這份「珍寶」。於是，他派人找到卡爾斯談判，希望這份「珍寶」的一半歸自己。他的要求遭到卡爾斯理所當然的拒絕。已被珍寶饞紅了眼的加達菲爾司令惱怒異常，當即決定出兵進攻卡爾斯軍團，要用鮮血換回佛骨。於是，兩個英國軍團很快在朱木拿河畔擺開戰場，自相殘殺起來，經過三個晝夜的激戰，朱木拿河已被雙方軍士的鮮血染紅。卡爾斯軍團節節敗退，大有全線崩潰之勢，而加達菲爾兵團則越戰越勇，大有「珍寶」傾刻到手之望。卡爾斯一看不妙，便召來幾個心腹手下，化裝成商人模樣，攜帶佛骨舍利匣，悄悄走出軍陣，向英國本土潛逃。卡爾斯則帶著部下，撤離戰場，慌忙逃竄，同時派人向英國皇家最高軍事指揮部報告了加達菲爾兵團的不法行爲。加達菲爾司令遭到上級的嚴厲指責，並被處以革職查辦，卡爾斯兵團才免遭厄運。

當卡爾斯的部下捧著佛骨舍利輾轉來到英國本土，見到老約翰時，白髮蒼蒼的老古董商竟不敢相信眼前的事實，他大瞪著眼睛對前來的士兵驚呼：「不可能，這一定是在做夢！」

「老約翰先生，這不是做夢，是千眞萬確的事實。」士兵們指著盒子裡的佛骨說。

當老約翰確切地看到佛骨並用手觸摸了良久後，才如夢初醒般地叫嚷道：「謝天謝地，我約翰家族將要成爲大英帝國的頭號富主了！」

很快，約翰家族擁有佛骨的消息傳了出去。一時間，英倫三島爲之震驚，舉國視此爲千古奇聞，佛教徒們更是欣喜若狂，紛紛前來想一睹這佛骨的神奇風貌，芸芸衆生則幻想看一眼佛骨，頓悟成佛。

此時的老約翰，則完全以一個商人的眼光和方法來看待和處理佛骨，他要利用人們對佛的崇信和迷狂來做一筆驚人的生意。他要公開拍賣佛骨。

爲了造成更大的轟動效應，老約翰讓在印度帶兵的兒子卡爾斯設法找理由回到英國。父子兩人經過一番密商，拍賣開始了。

約翰父子面帶笑容，彬彬有禮地在倫敦拍賣大廳接待著一批又一批的參加者。這些參加者多是腰纏百萬英鎊的大富翁、富婆，他們深知兩千多年前「智慧第一」的目犍連佛，在釋迦牟尼座下建立了何等不可磨滅的豐功偉績，他對佛法的形成、鞏固和傳播起了何等重要的作用。能擁有他的靈骨，這是多麼了不起的功德，多麼偉大的幸福！即使傾盡萬貫家財也很是值得。

爲了證明佛骨的眞實性，機智幹練的卡爾斯給大家添枝加葉又出神入化地講述了他發現佛骨的經過，那簡直是令最偉大的小說家也難以想像，一段九死一生的非凡冒險歷程。在人們的心目中，世界上除了他這樣的英雄人物，別人是沒有資格發現這神奇而偉大的佛骨的。當卡爾斯講完，將那個水晶盒搬出來時，只見靈骨在其中發出了顫悠悠、忽明忽暗的聖光，在場的人無不爲之驚駭，無限的景仰和崇拜從內心深處迸出，禁不住紛紛跪倒拜揖不已。

經過一番激烈的角逐，一位叫海倫登的公爵，終於以二百八十萬英鎊捧走佛骨舍利。約翰父子狠狠地發了一筆橫財。

這海倫登當然也不會白白地拋掉這筆金錢，他的生意經更爲叫絕。在得到英國政府同意後，他將佛骨放入大英博物館展出，以高價門票來逐漸掙回他付出的金錢，並作著大發橫財的準備。

儘管門票價格高得讓人咋舌，但前來觀展的人還是絡繹不絕，天天爆滿。當人們看到水晶盒中佛骨發出忽明忽滅的靈光，無不驚駭不已，虔誠禮拜。在參拜的人群中，有一位悉心參佛的貴婦找到海倫登公爵請求，她願以五千英鎊的代價，親吻一下靈骨。求財心切的海倫登欣然應允。

當公爵親手將水晶盒蓋掀開時，那位華貴的夫人驚呼著忘我地撲將上來，用微張的朱唇深情地向佛骨貼去，當她感知自己的朱唇和舌尖已確切觸到了乾枯的靈骨時，禁不住熱淚橫流。她微閉著雙眼，自言自語地說著：「親愛的，眞想不到，我此生會有這樣幸福的機遇，親愛的，快保佑我成佛吧，求求你，親愛的……」

貴夫人聲淚俱下的表演，如同當年墜入愛河而陶醉在茫茫無際的情網之中；又如同在愛河斷流後，一條將要枯死的魚在向水神求助。她貌似崇佛敬佛的表演，實際上已變成了對佛的褻瀆和汚辱，是對釋氏弟子的不敬和踐踏。

就在海侖登公爵導演的觀拜佛骨的鬧劇，在大英博物館折騰得昏天黑地時，更大的鬧劇出現了。一天夜裡，大英博物館突發火災，裝有靈骨的水晶盒被一個消防隊員搶救出來後，他以爲是一件標本，便送到一家醫院。醫生們因搞不淸這件標本爲何物，對此進行了科學化驗，結果發現原來是兩千年前棲息在古天竺朱木拿河邊黑猿的遺骨。這個結論一經出現，英倫三島再度爲之震驚和譁然。

與這個結論同時公布於衆的是，那枯骨散發出忽明忽暗的光芒，是有人表面抹上了一層非金屬元素的磷質物。無需作什麼調查，這一定是老謀深算又財迷心竅的約翰父子幹的。

一場震驚世界的發現佛骨舍利的鬧劇、醜劇、惡作劇，終於在世人的唾罵和指責中落下了帷幕。

這場鬧劇是落幕了，但它又從另一個側面刺激人們尋找佛骨舍利的慾望。一位和卡爾斯同時侵入印度的英國軍官比爾特，懷著和卡爾斯相同的心理，在征戰途中悄悄來到印度伊私闍梨山探尋佛骨。這比爾特早年曾是一位宗教研究者兼屢屢失敗的淘金者和探險家。他知道伊私闍梨山的懸崖下，便是釋迦牟尼的大弟子目犍連的殉難處。這裡原是一個流泉低語、雲纏霧繞的人間幽境。相傳目犍連在山崖下一塊平坦的鋪石上參禪時，被異教徒從山頂上投下的石塊砸爛了肉身而一命歸西。

面對目犍連的慘死，當時尚在人世的佛祖釋迦牟尼，對處於悲痛中並設想復仇的弟子們有過一番著名的教誨：「看來，你們還要不懈地證悟人生的眞理。須知，肉體是無常的，業報是要了結的。我已經在夜靜入禪時看到，目犍連亡身時並不迷妄，也不憾然，他安然進入了涅槃。生與死，在悟者面前平淡如水，有生就有死，像一盞燈光，有亮就有滅，自然而然。目犍連爲宣揚如來教義而殉身，他是偉大的佛門尊者，他生而有德，死而無憾。他成正果了……」

比爾特憑著自己掌握的佛教知識和探險經驗，在當地人的指點下，找到目犍連當年遇難的具體位置，並展開一連串的發掘工作。就在當年目犍連參禪的坐石底下，他終於發現兩顆佛牙舍利。爲了避免像卡爾斯那樣的鬧劇發生，他把這兩顆舍利送至行家處進行鑑定，證實確是二千多年前目犍連的門齒。

得到證實後，比爾特高興得幾乎發瘋，他決定把這兩件無價的珍寶，迅速帶回國去，親自獻給英國女王，以換取榮華富貴、高官厚祿。不久，他離開軍隊，帶著兩件佛牙舍利搭乘「拿破侖號」商船回國。當時，這艘商船設有一個極爲華麗浩大的賭場，比爾特原本是一個好賭之徒，自然也不會放過這豪賭的機會。經過一局又一局的激烈角逐，不到一個晚上，比爾特就輸了個精光。爲挽回頹局，比爾特狠下心，以五千英鎊爲底價，將兩顆舍利子作賭資。也許他的運氣不佳，這兩顆舍利子被一個西班牙人贏去。

比爾特眼看著自己的夢想成了泡影，並淪落爲一個身無分文的乞丐，便怒從心頭起，惡向膽邊生，他想以暴力奪回佛牙舍利。隨著這個計劃的實施，船上發生一場你死我活的惡鬥，西班牙人被打得頭破血流，哀嚎不止，只好乖乖地交出舍利子。正當比爾特望著重新回到手中的舍利子得意忘形時，一個意外的不幸又發生了。「拿破侖號」駛進英吉利海峽，突遭十級風暴的突襲，輪船被風浪掀翻後沉入海底，比爾特懷抱兩顆佛牙舍利子也隨之湮沒於滔滔風浪之中。目犍連的最後一點身物再度從塵世中消失。

自此，三千大千世界再也沒有一點關於佛骨舍利的信息。

法門寺地宮的發現及文物的出土，是否意味著人類夢牽魂繞的佛骨舍利就要重見天日？永生不滅的佛骨舍利安在？

偉大的發現

此時，誰也沒有確切的把握，誰的心裡都裝著一份希望。那個期盼已久的偉大時刻就要來臨了——這是一九八七年五月六日的傍晚。

古老的周原大地越發凝重深沉，西方的天際殘陽如血，幾道火紅的雲線從黛色的山巒上方四散而出，橫貫長空。橘紅色的大地與緋紅色的穹蒼連爲一體，形成了一個燦爛輝煌、光焰四射的五彩世界。

艷麗彩霞映照下的扶風縣博物館，正浸染在春夏之交的溫馨中。那飛檐斗栱、雕樑畫棟遮掩下的石子鋪成的小徑上，不時劃過幾縷暖暖的輕風。一位位身穿白色大褂的考古學家無聲地穿過一道道武警部隊官兵組成的崗哨，秩序井然地進入後院用博物館展覽室改造的臨時工作間。

從北京專程來到扶風的中國社會科學院歷史研究所研究員王孖，這位年屆花甲的著名學者，滿頭的花髮映襯著清癯的面容，使原本那沉靜、穩重的面容，越發顯得肅穆莊嚴。

屋裡極靜。王孖接過工作人員遞來的雪白手套，默默地戴在手上，然後來到平鋪白布的工作台前。台上放著一個潔白的盤子，裡面盛放了鑷子、夾子、放大鏡、膠帶、卡片紙、筆等備用工具。

一切準備就緒，王矜端坐在椅子上，望了一眼面前的韓偉。韓偉心領神會地點頭示意，身邊的工作人員隨即捧來一個精緻的黑漆檀香木函，放在王矜身前的工作台上。經過一系列詳細的觀測、研究、分析，考古人員和文物保護工作者，毅然決定在衆多急需清理的珍寶中，首先打開這個表面精美華麗、整體極爲沉重的寶函——無論是外部的裝飾還是整體的重量，它都在向大家宣示著裡面那非同凡響的祕密。

這個沉重華麗的寶函意味著什麼？

史書上曾明確記載：「至顯慶五年春，三月，下敕請舍利往東都入內供養……皇后捨所寢衣帳准價千匹絹，爲舍利造金棺銀槨，雕鏤窮奇。」

如果史書所載無誤，這個寶函將意味著裝有人類夢寐以求的佛指舍利，並和歷史上的武則天有必然的瓜連。

王矜示意攝影師爲這只還殘留著絲綢殘片的木函拍照。因爲寶函一旦打開，再也不會有這經一千多年前古人包裹封鎖的函盒原型了。

寂靜的工作間，鎂光燈咔咔地閃著亮光。寶函的風采被一次又一次地印進歷史的底片。

工作室外的天際間，晚霞愈加火紅。那是西邊秦嶺山正在以火熱的心胸接納它。漸漸地，自秦嶺山背後投向天空那扇面的霞光開始隱去，緊接著，天空飄逸的雲朵呈現出藍灰色的形狀，大地開始暗下來，熱呼呼的氣浪充溢了整個空間。

此時，扶風縣博物館門外，聚集了一群群從四方趕來的周原父老鄉親，他們議論著、猜測著、叫喊著，都想擠進大門到館內看個究竟，沾一點佛光寶氣，圖個終生的吉祥如意。但大門前那持槍荷彈的武警戰士露出刀子般銳利的目光，又使他們駐足不前，只好望天興嘆。

也就在天空將要全部黑下來時，只聽門口有一個鄉間青年高呼：「快看，多麼漂亮的雲彩！」衆人循聲望去，只見西北方向的天空，突然飄動數片五色彩雲。這雲朵將大半個天際映得透明放亮，燦爛輝煌，光彩奪人。

聚集的人群開始騷動起來，叫喊聲、吵鬧聲、議論聲如同大海的波浪，強勁地沖擊著博物館的每一個角落。

負責指揮安全警衛的韓金科循著聲浪奔出大門，立在人群中，禁不住順著人們手指的方向，如醉如癡地觀看著西北天際間呈現的五彩祥雲。看著看著，他不由地想起《扶風縣志》上所載的一段話：「開成三年（公元八三八年），五色雲現，近此寺，因改名法雲。」他還憶起《資治通鑑》中的記載：「初，太和之末，杜悰爲鳳翔節度使，有詔沙汰僧民。時有五色雲見（現）於岐山，近法門寺，民間訛言佛骨降祥，以僧尼不安之故。」當年司馬氏記史時將五色雲現於岐山，評說爲民間訛言佛骨降祥，難道今日的五彩雲朵也係訛語不成？這位司馬氏的反佛言論和觀點，就眞的能經受得住歷史的驗證嗎？

韓金科不再去想這些古老的論爭和是非，他目前的首要任務是絕對保證文物的安全。他心中有一個預感，不管此時的五彩雲朵是否和法門寺佛骨關連，可以確信的是，一樁驚世駭俗的大事件就要到來了。

博物館內，清理工作正在緊張地進行。

由於寶函外部曾用紅錦袋包裹，王㐨只得一絲絲、一片片地揭掉木函上的絲綢殘痕，小心地放到早已準備好的白紙板上。於是，寶函的原貌很快顯露出來。

這是一只可謂精美絕倫的黑漆寶函，整身呈正方形，邊長爲三十厘米。雕花銀稜略斜，盝頂，通體用檀香木製成，內壁用黑漆漆過，烏黑發亮。外壁四周是描金加彩的減地浮雕（即陽紋圖案），雕刻極爲精細。畫面上有釋迦牟尼的說法圖、阿彌陀佛極樂世界圖、禮佛圖等等各種精美浮雕。只見一幅幅圖畫生動、傳神，細緻入微，質樸大方，色彩斑斕，美中見妙，無疑是唐代漆木器中唯一罕見的珍品。

「太難得了，眞是難得一見的木雕禮佛圖啊！」幾位考古專家不由地讚嘆起來。因爲大家都知道，敦煌莫高窟❷中僅是幾幅雕刻在石壁上的禮佛圖，就讓世人爲之驚嘆不已。而像這種以木爲質、畫面十分複雜細緻、人物花卉生動逼眞、雕刻技法超人的禮佛圖，非是繪畫雕刻大師，難以達到如此高的境界。更爲重要的是，像這樣的木雕禮佛圖，在以前的考古發掘中從未發現過。

在寶函的正面，有一鎏金鎖扣，上面亮晃晃懸掛著一把小巧玲瓏的金鎖。耀眼的金鑰匙，插在金鎖孔內，鑰匙上還繫著一條紅綢。記錄、攝影、拍照完畢，王孖教授掏出手帕，擦了擦汗涔涔的手，方才去輕擰那小小的金鑰匙。「嚓」的一聲，金鎖登時彈了起來……考古工作者們將鎖和鑰匙加以稱量，鎖重三十五公克，鑰匙重九公克。

隨著王孖教授輕輕地將函蓋揭開，一片黃白交錯的光芒撲眼而來。裡面，是一個比銀稜盝頂檀香木寶函略小一點的鎏金四天王盝頂銀函，它用一條約五厘米寬的絳黃色綢帶十字交叉地緊緊捆住。雖逾千年，綢帶依然光澤鮮艷，如同新裁，帶面上遍布蹙金二方連續金花，綢帶尾上還繫著數顆乳香粒。解開綢帶，又見函外用平雕刀法刻滿畫面，函頂鏨兩條並列的行龍，首尾相對，四周襯流雲紋；每側斜面均鏨雙龍戲珠，底飾卷草；四側立沿各鏨兩隻迦陵頻伽鳥，身側飾以海石榴花和蔓草。函體四壁分鏨「護世四天王」❸像：正面是北方大聖毗沙門天王，左面是東方提頭賴吒天王，右面是西方毗婁勒叉天王，後面是南方毗婁博叉天王。與前一層相同，有一套金鎖金鑰匙。

打開這第二重寶函，卻是一片銀光撲面而來。原來內有一個素面盝頂銀函，鈑金成型，通體光素無紋，蓋與函體在背後以鉸鍊相連。

鎏金四天王盝頂銀函四面

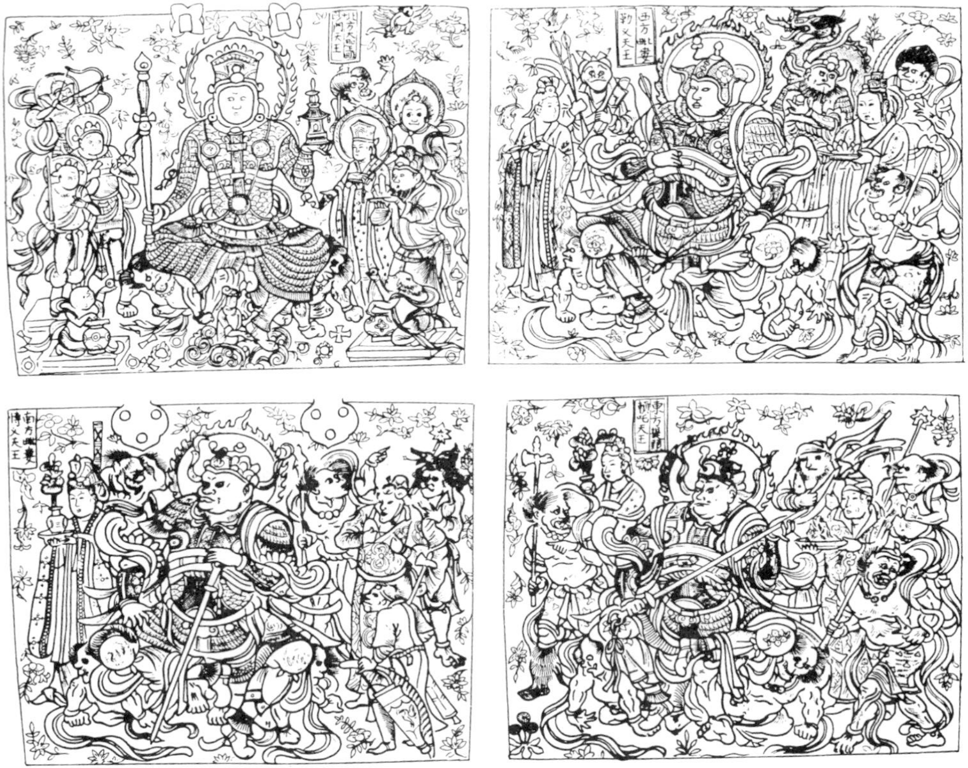

右上：西方毗婁勒叉天王
左上：北方大聖毗沙門天王
右下：東方提頭賴吒天王
左下：南方毗婁博叉天王

再向裡揭開一層，是一鎏金如來盝頂銀函，函頂和四面都鏤刻有數尊穩坐蓮花寶座之上的佛像。

那鎏金如來盝頂銀寶函內，又套著六臂觀音盝頂金函。函蓋面上是雙鳳，蓋側各有四隻繞中心追逐的瑞鳥，中爲四部聖潔交錯怒放的西番蓮蓬。函身與函頂交相輝映，雕有數幅聖賢大德佛祖圖。正面爲一奇妙的六臂如意輪觀音圖，她坐於蓮台之上，兩側有八大侍從供養。函之左側，爲藥師如來圖；函之右側，爲阿彌陀佛圖；函之背面，爲大日如來圖。

而第六層寶函所帶給人的是一片眩目的五彩之光。此爲金筐寶鈿珍珠裝❹金函。

這重寶函亦爲純金雕鑄，上面鏨滿神異圖畫，它的十二稜、二十條邊和函蓋、函身鑲滿各色寶石，紅寶鈿、綠寶鈿、翡翠、瑪瑙……。函蓋頂面和函體四壁有紅、綠二色寶石鑲嵌成大大小小的團花。連金鑰匙的金鏈帶上，也用三色寶石鑲嵌著玲瓏團花。眞乃浮光耀眼，一派仙宮極樂才有的珍奇境界。

第六層寶函內，裝著金筐寶鈿珍珠裝珷玞❺石函。它以珷玞石琢磨而成，盝頂，通體崁飾珍珠，函身四面均用綠松石各鑲兩隻美麗的鴛鴦和花卉。高十一厘米，長寬各七．三厘米。精緻的雕花金帶爲邊，晶瑩透亮的石板，眞乃金鑲玉砌。

沒有人會更深一層提前想像到，第七層寶函內，竟會裝一巧妙精絕、登峰造極的小金塔。這

六臂觀音盝頂金函四面

右上：阿彌陀佛
左上：如意輪觀音
右下：藥師如來
左下：大日如來

件高七・一厘米的寶珠頂單檐四門金塔，飛檐高翹，金磚金瓦層層逼眞，塔身四壁刻滿人物畫，且有四扇可以開合的小金門。金塔座上，有一小銀柱，僅二・八厘米高，盤口細頸鼓腰，喇叭口徑處雕有十二朵如意雲頭，鼓腰上二平行線連爲四組三鈷紋桿狀十字團花，襯以珍珠紋，腰底爲蓮瓣形，銀柱托底也呈八瓣蓮花狀。間以三輪紋，柱底還有一墨書小字「南」。

就在這根小銀柱上，套著一枚偌大的指骨。

「啊！佛指！佛指舍利！」整個發掘場面像炸開了鍋。人們狂呼。

守候一旁的法門寺住持澄觀法師第一個敲起了木魚，誦經念佛！

王亞蓉教授強按激動的心情，將這枚佛指一測量，重一六・二公克，高四・〇三厘米，上粗一・七五厘米，下粗二・〇一厘米，上齊下折，色白如玉少青，三面俱空，一面稍高，骨質細密而澤，中空管狀，髓穴方大，上下俱通，二角有紋，紋並不徹。日光燈下，似有靈性異彩。更爲神奇的是，在高倍放大鏡下，發現外壁有隱隱的微細血管，內壁有七顆排列成「勺」形的小星組成的大熊星座。

專家們將它和《物帳》碑文反覆對照勘驗，與記載完全相同，證明它是佛祖眞身指骨無疑。

王矜教授與衆位專家商議，按照指骨在中外考古史上的特殊地位，命名爲特級一號。

至此，隱眞容一千一百一十三年的歷史之謎終於在二十世紀八〇年代揭開。中國考古工作者以無比榮光，給世界佛教史添上了燦爛的一束重彩。

十分奇妙的是，此時正好銀河當空，深青色的天幕上星光輝映，大熊星座正南！

人們手腕上的各式手表指針，正好指向一九八七年五月七日凌晨一時十五分！

深深舒了一口氣的王矜教授回過頭問：「今天幾日？」

大家一查：「五月七日，古曆四月初八。四月初八……這四月初八，正好是佛祖釋迦牟尼誕生的日子啊！」大家於是驚呼：「太巧了，太妙了，簡直不可思議！」

公元前五六五年四月八日，釋迦牟尼誕生！

公元一九八七年四月八日（古曆），釋迦牟尼佛指骨舍利再現！

激動不已的考古學家們，無法對這實實在在的巧合作出最恰當的解釋。反正，他們永遠記住了這太偉大的時刻。

不知是誰將佛指出現的消息傳出博物館門外，瞬間，翹首期盼徹夜不眠的僧俗們一片呼號歡慶之聲。場面之壯觀，絕不亞於當初他們集體請願力主修塔的時候。

第二枚佛指接著面世

這又是一個銀星璀璨的不眠之夜。

▲一九八七年佛誕日，考古人員喜獲第一枚佛指舍利

時爲公元一九八七年五月八日二十一時五十六分。

專家們又開始了一場清理大行動。

在漢白玉靈帳中，發現一個珍藏著的鐵函。

鐵函重二九・九公斤，高五十二厘米，長寬各五十八厘米。由於塵封既久，函上的一把大鐵鎖已經生鏽。

如果說揭啓八重寶函的祕密是完全按碑文記載而「索驥」，那麼，眼前這件大鐵函卻出現了截然不同的情景。

——不知是《物帳》碑記載疏忽，還是有別的原因，反正，沒有關於鐵函情況的隻字片語。

爲了嚴格而科學地摸清鐵函內塵封的隱情，兩日前的夜晚，考古專家們在武警戰士的保護下，悄悄地將它帶到扶風縣醫院透視室，以醫用X光機對它進行了掃描，結果發現，鐵函內有「異狀物」。因鐵函嚴重鏽蝕，從拍出的X光片看，內部已模糊不清，大家經過反覆「會診」，但總是不得其眞正的要領，也不好下出最後定義。

這一次是韓偉最先用一把大鐵鉗啓開了厚厚的函蓋。在場的十多雙眼睛一齊睜大了。只見鐵函內有一木盒，木質大部分腐爛，被紅黃二色泥土緊緊地固定於函中，盒下爲糊狀物，檢驗不出爲何物。啓開木盒，盒內是彩絹，整整疊摞九層，每層花色各異。當最後一層彩絹取開時，立見一閃閃泛光的鎏金銀棺躍然現出。

這具鎏金銀棺的形狀和普通民間常見的木棺相似，與慶山寺的金棺更如出一轍。它前高後低，蓋成瓦狀，前檔高五・五厘米，後檔高三・一厘米。棺身長一〇・二厘米，寬四・五厘米。棺蓋上，前端雕五彩花冠一頂，中間是兩隻拖著長長尾巴的美麗的鳳鳥，好像正齊頭並飛，後端飾雲頭紋。小小的銀檔板中間鏨有精緻的兩扇小門，掛一把精製的金鎖，左右兩面門扇上各鑲三排九顆金星似的小金釘，且各雕一位執戟、執鉞的金剛力士，力士頭上有數朵彩雲。小小的銀棺後檔上雕一對披髮金毛獅，足下流水紋成萬頃波浪。棺身左右兩側的棺板上，各雕一位守衛銀棺的金剛力士，左執劍，右執斧，氣宇軒昂。

整個小銀棺置於一座漂亮的雕花金棺床上。棺床壺門座前後分別有五座月形堂門，左右兩側是雕花簾緯。棺床上，鋪數層黑色綢絹，絹上織柳葉紋金花。

專家們爲它定名：鎏金雙鳳紋銀棺。

這時又一個奇蹟出現了：當那銀棺棺蓋輕輕開啓時，棺內艷麗如畫的織錦上安臥著一枚聖體——佛祖舍利指骨！其大小、色澤、形狀、骨質與珍臥於八重寶函中的那枚幾乎一模一樣！

它被定爲特級二號。

神祕的第三枚

關於第三枚的發現，似乎奇特而神祕，頗令人多讚詞。

第三枚存放在後室祕龕中刨出的那件鐵函內。其實，在鐵函面世之初，除了八重寶函之外，人們便已將注意力集中在它的身上。

專家們也總感到，這件鐵函爲什麼這樣獨特，非要放置於祕龕之內，難道這就是「會昌滅佛」中法門寺僧衆們偷偷藏匿起來的眞正佛指舍利嗎？

一九八七年五月九日上午，陝西省文物局文物處處長張廷皓從西安來到扶風，對考古人員和學者們轉達了國家文物局關於開啓鐵函不得損壞函體的通知。從這個通知的傳達中可以看出，扶風縣博物館工作人員的一舉一動，都與北京國家文物保護的最高機關保持著緊密的聯繫。

當天下午，韓偉、張廷皓向鳳翔關中工具廠求助，工具廠很快派一位老師傅攜帶工具來到扶風，協助開啓後室祕龕鐵函。

一切準備就緒，鐵函被搬到工作台上，因年代久遠，鐵函周身布滿斑鏽，呈焦茶色。原包裹函體的鮮艷絲綢也早已腐爛朽壞，僅餘焦炭狀的一小部分粘連於函頂。透過放大鏡仔細探視，發現絲綢爲羅線織成，其間有金色折枝花及雲紋。王矜、王亞蓉、曹緯等專家，用關中工具廠的刀具小心地清除了函縫中的鐵鏽。因正面的函縫已鏽實，無法開啓函蓋，考古人員只好再次仔細分析X光透視片。今天的研究仍然沒有得到一個滿意的解釋。

大家決定不再紙上談兵，只要打開寶函上的子母扣，取出函中物，一切不都眞相大白了嗎？於是，曹緯用磨製鋒利的鋼式刀具，鑿掉了子母扣中的鐵臂，隨著函蓋輕微地顫動，封閉嚴實的鏽斑全部脫落。函蓋毫無損壞地被輕輕打開，裡面露出兩枚隨球❻和幾片腐爛變質的絲綢。當這一切做完之後，已是五月十日的凌晨了。

接下來是照相、錄影，研究提取絲織品的方案和步驟。意見統一後，韓偉從函中取出兩枚隨球，王孖用鑷子取出開函時掉在絲綢片上的鐵鏽渣，並以竹匕剝離四壁粘連的赭紅色絲綢片，爲防止因通風進氣而造成的乾燥，考古人員找來濕綿紙蓋住暫時不能清理的部分。凌晨一點鐘，第一片絲綢被取出，經初步鑑定爲羅底蹙金珠袋（用以盛裝隨球）。大家小心謹愼地將這片絲綢放入已準備好的木盒中，並迅速蓋上噴濕的消毒綿紙。由於鐵函內的小型鎏金銀函緊貼函體，無法用手拿取，極富經驗的王孖便對照X光片，用細長的鐵絲探查內部的情況，然後編成長方形鐵絲框，套在小型銀函之上，輕鬆地將它取出來。

由於有了前兩枚佛骨發現的經驗，考古人員初步斷定，在這個精美華麗的銀函之中，也一定會有佛骨密藏。出於宗教政策上的考慮，經張廷皓、韓偉等人研究，決定在開啓銀函前，派車去法門寺將僧人接來。凌晨二點四十分，法門寺中的澄觀、靜一、寬仁等四位法師趕到博物館工作室，觀看銀函開啓過程。

韓偉將銀函暫定名爲四十五尊造像盝頂銀函（現已更名爲鎏金金剛界大曼荼羅成身會造像銀寶函），編號爲F_{D5}〇四四—四。文物保護專家王亞蓉輕輕剝離銀函上的絲綢，銀函慢慢打開，只見內有液體湧動，經測量高於函體底部二‧七厘米，工作人員找來試管收取液體，以作標本。而後，王亞蓉、王㐨、韓偉等人先後對銀函內的物件進行了仔細清理。關於這次清理過程和物件，記錄小組在當日的清理記錄中這樣寫道：

函內物件：

一、鐵函內爲四十五尊造像盝頂銀函。還有兩枚碩大的水晶隨球，晶明透亮，一個大些，重一九六公克，徑五十二毫米。一個小些，重七十九公克，徑三十九毫米。還有二枚雕花白玉指環，二枚雕花金戒指，一串寶珠，數條繡巾綢絹。

四十五尊造像盝頂銀函係純銀製造。正方體，長、寬、高各十七厘米。函蓋和函身雕工極爲精緻。蓋頂爲千佛繞毗盧遮那佛圖像。毗盧遮那佛高居蓮台之上，兩側各有四位護法金剛侍衛。前面密扎扎千名大佛、高僧、羅漢，以千般姿態站立水、陸、空三千大千世界之中，虔誠聽法。函蓋沿上刻香花、異果、茗茶、錦衣、長命燈、寶珠等數種供養品。正面爲寶瓶插花，兩邊三鈷紋、火焰紋、團花相間，周圍飾川枝蔓草。其餘三面也均爲供品與飾紋相間，函身四面各雕坐佛一尊。東爲阿閦佛，南爲寶生佛，西爲阿彌陀佛，北爲成就佛，每尊佛兩側各有童子、花卉裝飾。函身東側下沿鏨刻「奉爲皇帝敬造釋迦牟尼眞身寶函」。

銀函前繫金鎖、鑰匙。

二、銀包角❼檀香木函。

置於四十五尊造像盝頂金函之內，檀香木質，木質尚好，函頂、函身均包裹銀雕花包角，以平雕加彩手法雕滿各種花卉。上掛銀鎖、鑰一副。

三、嵌寶水晶槨子。

置銀包角木函內，係水晶石造，通明透亮。蓋上嵌鑲黃、藍寶石各一，體積碩大，炫耀奪目。槨蓋雕觀世音菩薩及寶瓶插花，槨蓋四面皆雕文殊菩薩坐像及蓮座花鳥。

四、壼門座玉棺。

置水晶槨子內，亦係水晶石造，長四十厘米，前寬二十三厘米，後寬二十厘米。前高二十四厘米，後高二十二厘米。蓋上雕普賢菩薩，前後兩側分別雕楊子、如意、經卷。整個棺體置於雕花壼門座玉石棺床之上。

五月十日八點零六分，當韓偉揭開玉棺棺蓋時，只見又一枚釋迦牟尼的靈骨靜臥其中。靈骨乳黃，有裂紋，並有臘質感，同時尚有星星點點的白色霉點附於其上。靈骨因在液體中浸泡千餘年，骨質發軟而不能摸磨。這枚顯然不同於先前發現的兩枚玉質靈骨的出現，使人再度想起「會昌滅佛」的記載和它出土的特殊神祕位置。毋庸置疑，這就是歷經劫難而不滅的釋迦牟尼佛的眞身舍利。

根據出土的先後次序，專家們將其命名爲「特級三號」。這枚佛骨是當今世界上獨一無二、佛教界至高無上的聖物。

隨著工作人員的一片歡騰之聲，站立一旁的澄觀、靜一、寬仁等四位法師身披袈裟，以各色罐頭及水果糖供奉於玉棺前。繚繞的香霧中，四位法師躬身作揖，《得寶經》誦念聲響徹殿宇，震動曠野。

第四枚佛骨藏在阿育王塔中

五月十月二十三點，第四枚佛指舍利很快在阿育王塔中發現了。

阿育王塔的全稱叫漢白玉浮雕彩繪阿育王塔。全塔由塔座、塔身、塔頂、塔尖四部分組成。

▲唐代安放佛指舍利於四大名寺：泗洲普光寺、代州五台山、終南山五台寺、鳳翔府法門寺。然普光寺在康熙十九年（公元一六八〇年）陷於洪澤湖，佛指舍利可能也隨之沉沒。代州五台山及關中終南山五台寺之佛指，則毀於唐武宗會昌法難。因此，法門寺佛指舍利是中國現存唯一的佛指舍利。圖為考古人員揭開壼門座玉棺的棺蓋，法門寺住持澄觀法師（右）與監院靜一法師（左）瞻仰佛靈骨，即第三枚佛指舍利。

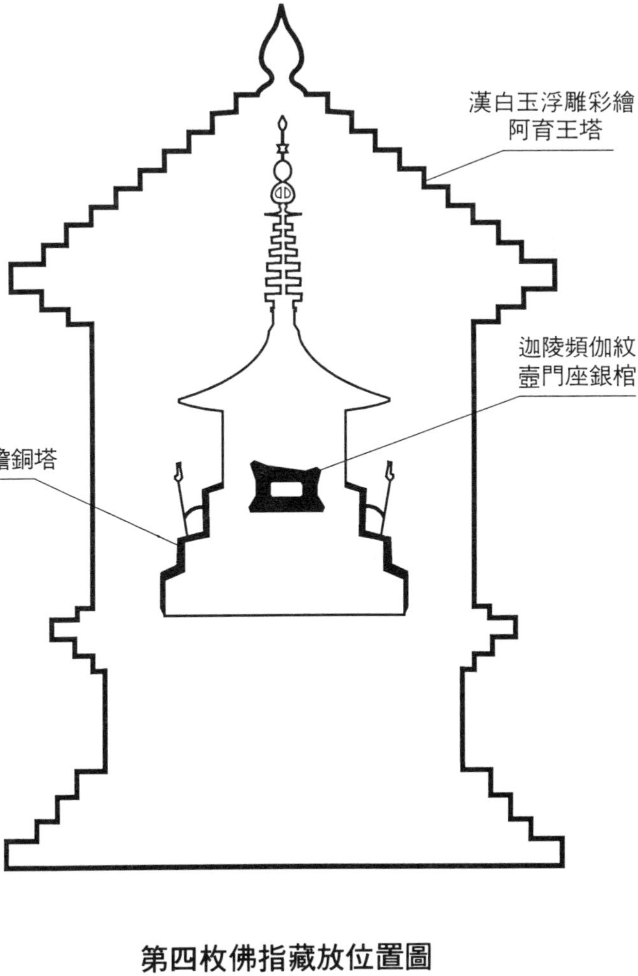
漢白玉浮雕彩繪
阿育王塔
迦陵頻伽紋
壺門座銀棺
寶剎單檐銅塔

第四枚佛指藏放位置圖

上宮闕之勢。

那純而又純的漢白玉雕刻工藝精湛絕倫，相疊天衣無縫。塔的周身塗色上彩，頗有雲飛霞映，天

當四面的銀質塔門打開時，只見塔身內平放著寶刹單檐銅塔。塔頂飛檐斗栱，寶珠葫蘆狀的尖刹，四體四面。前壁的兩柱間安放一合雙扇金門，金門雕花鏤朶，門兩側有菱形小窗，其餘三面均有六孔小門。整座塔設於一座須彌座上，須彌座設於方形孔門銅台基之上，每面又有長方形孔門六合。大須彌座上還有寬寬的月台，月台四面各有兩位金剛力士守衛。它的四面外圍均有護欄杜和雕花欄板。杜上分別有寶珠頂與金毛獅，板上也有金毛獅。月台四面還有通向遠方的護欄雙邊踏步。

就在這座美妙絕倫的銅塔內，盛裝著一座明光閃閃的銀棺。這個銀棺比在中室、後室中發現的要大。經測量，長八．二厘米，高六．四厘米，前檔板上刻著兩位坐佛弟子，棺兩側各雕飾著一對迦陵頻伽神鳥。棺座也爲銀質，四面有壼門十三個，飾蓮瓣一周。下面又有沉香木雕花棺床。當這口銀棺蓋被揭發後，又一枚佛指舍利呈現出來。

這枚佛指舍利與最早發現的特級一號、二號，無論是顏色還是骨質都十分接近，少青如玉，細密光澤。這枚佛指舍利被稱爲「特級四號」。

至此，在法門寺地宮出土的文物中，共發現了四枚佛指舍利，與同一地宮出土的《誌文》碑

的記載完全吻合。

四枚佛指舍利，除「特三」靈骨微黃，質地似骨以外，其餘特一、二、四號三枚質地均類似白玉，按地宮《誌文》碑稱之爲「影骨」，也就是仿佛祖眞身靈骨而造的附屬品。從盛放靈骨的四十五尊造像盝頂銀函上那鏨有「奉爲皇帝敬造釋迦牟尼佛眞身寶函」的字樣分析，這「一身三影」之說是合乎情理的。

發現四枚佛指舍利的消息，一夜之間傳遍整個世界，同時也使湮沒沉寂了千年的法門寺，在世界佛教史和考古史上留下不朽的聲名。

編者註

❶此盒現已改名爲稜角素面圈足銀盒。稜角，又作委角，是中國器具工藝的術語，指將器物表面的四個直角，改爲小斜邊或橢圓邊的做法。

❷敦煌莫高窟：中國古代北方地區佛教石窟寺之一。位於今甘肅敦煌縣東南二十五公里處，開鑿在鳴沙山東麓的斷崖上。據武周聖曆元年（公元六九八年）《李君修佛龕記》記載，樂傳和尚於前秦建元二年（公元三六六年）創鑿洞窟，法良禪師接續其業。經過北魏、西魏、北周、隋、唐、五代、宋、西夏、元諸代相繼建造，遂成爲巨大的石窟群。計有已編號洞窟四百九十二個，存壁畫四萬五千多平方米，彩塑二千四百餘身（影塑未計

在內），唐、宋木構窟檐五座。其規模宏偉，內容豐富，歷史久長，位列全中國石窟之冠，也是世界著名的石窟。

❸護世四天王：佛教金剛名，亦稱四大天王。據佛經記載，須彌山腰有犍陀羅山，山有四頭，四王分居之，各率二十八部衆，鎮守一方。即東方持國天王，管轄東勝身洲；南方增長天王，管轄南贍部洲；西方廣目天王，管轄西牛貨洲；北方多聞天王，管轄北俱羅洲。

❹金筐寶鈿珍珠裝：中國傳統裝飾工藝技法。在設計好的圖案上，用金線沿著輪廓邊緣打造成立體的框座，再鑲嵌寶石於其上，並以珍珠綴飾，構成繁複的視覺效果。

❺珷玞：亦作碔砆、武夫，即次於玉的美石。

❻隨球：《物帳》碑中作「隨求」，即仿隨珠而琢磨成的水晶球。《淮南子・覽冥》注：「隋侯，漢東之國，姬姓諸侯也。隋侯見大蛇傷斷，以藥傅之，後蛇於江中銜大珠報之，因曰隋侯之珠。」後世遂以隋珠或隨珠稱傳說中的寶珠。

❼包角：保護器物家具外輪廓邊角的金屬飾件。其三個面角爲等腰三角形，常用在匣、箱等上下四角。

第十二章 地球的金剛座

新聞發布會上，中外專家交口稱道，媒體爭相報導。神祕的黑衣蒙面人出沒，博物館外大火突起，接二連三的盜寶計畫，武警全面搜捕。佛骨乍現靈異之光，唐密曼荼羅揭祕，又一個輝煌的夢想，即將在法門寺成眞……

世界人類的震撼

法門寺地宮出土的文物，仍在扶風縣博物館那戒備森嚴的工作室裡，進行清理之中。爲了滿足外界對地宮出土文物的熱切關注，也爲了避免對此次發掘添枝加葉、曲解演義式的謠傳，讓公衆對法門寺地宮的發掘及出土文物有一個眞實的了解，一九八七年五月十三日，陝西省政府決定舉辦法門寺地宮發掘新聞發布會。在舉辦會議之前，先由張廷皓、曹緯攜帶發掘中的有關錄影、照片資料赴北京，向有關方面及專家彙報，同時邀請專家們參加文物鑑定會議。陝西省考古研究所所長石興邦要求在現場的韓偉、王㐨對出土文物做出總體評估，並挑選重要照片裝訂成册，以備後用。

五月二十二日，中國佛教協會會長趙樸初、副會長周紹良等一行來到扶風瞻拜佛指舍利，並參觀法門寺地宮出土的各類文物，驗證了地宮出土的眞身誌文碑及獻衣物帳碑。趙樸初指出，法門寺地宮文物的發現，對中國文化、世界文化具有重要意義，他代表中國佛教協會，爲法門寺重修眞身寶塔捐款十萬元。

五月二十七日，陝西省政府召開了由佛教界、歷史界、考古界聯合組成的法門寺文物評審會。參加評審的有趙樸初、季羨林、史樹青、周紹良、馬得志、孫機、蔣若見、李斌成、張弓、黃景略、王𦍝、王丹華、張長壽、陳景富、宿白、俞偉超、王仲殊、任繼愈、張政烺等知名人士和專家。

一九八七年五月二十九日，在陝西省政府黃樓舉行法門寺地宮出土文物新聞發布會。會議由陝西省副省長孫達人主持，趙樸初發布了佛指舍利及其他文物發現的消息。面對前來參加的一百多名中外記者，趙樸初激動而興奮地首先說道：

女士們，先生們：

我在這裡鄭重宣布：最近在陝西省扶風縣法門寺塔基地宮中，發現了唐代所深藏，後迷失千年之久的釋迦牟尼指骨舍利和供養舍利的大批唐代珍貴文物。這是繼秦始皇兵馬俑之後的又一次重大發現。

法門寺是一座歷史悠久的重要寺廟。據這次在地宮裡發現的《誌文》記載，佛指舍利一向藏在法門寺塔基內，從北朝元魏時代，到隋代、唐初曾幾次打開塔基請出供奉。唐高宗曾將佛舍利迎至洛陽，武則天也曾迎請供奉在她所建的明堂。肅宗、德宗、憲宗歷次迎奉到皇宮，這些都與歷史記載相吻合。武宗時代，佛教曾一度受到嚴重的破壞，據《誌文》說明，當時法門寺塔下一份「影骨」受到損壞，而「眞身」並未受損。那次法難過後，在地宮隧道西北角處重新發現佛指舍利，供奉在修復後的地宮中。咸通十四年（公元八七三年），唐懿宗派人將佛指舍利重新迎入宮中供養。這次奉迎情況，在《杜陽雜編》中有詳細記載，儀禮隆重，盛況空前。同年懿宗病逝，僖宗把佛指舍利送還法門寺地宮，並布施大量宮廷器物供養。從此以後，湮沒千年，不顯於世。到了明代，唐建木塔倒圮，重修磚塔，但地宮從未擾動過。一九八一年磚塔倒毀，今年爲重新修建寶塔，清理塔基，才使封閉千年的地宮和這項佛教重寶再現於世。

地宮所保存的大批文物，不但等級高，品種多，有的甚至完好如故。這次發現是我國歷次唐代文物發掘所稀有的，它將爲我們研究唐代政治、經濟、文化，其中包括宗教、工藝、美術等多種學科提供了實物證據。這次發現，對中國文化史和世界文化史都具有重要的意義。

我們感謝陝西省各級政府和文物工作者及有關工作人員爲發掘和保護這項佛教文物所作的寶貴的努力。我們完全支持政府重修法門寺，利用現代技術珍藏佛指舍利和這批珍貴文物。中國佛教協會決定爲修復法門寺捐助人民幣十萬元，聊示拋磚引玉。希望各地佛教徒和各界人士關心協助，以期修復工作早日完成。

在此之前，關於法門寺地宮發現及文物出土的消息，早已在大衆中廣泛傳播，並成爲新聞界追逐的焦點。但有關部門規定，不許任何媒體報導這則消息，關於法門寺地宮的一切內容實行絕對封鎖。那些號稱神通廣大、無孔不入的記者，儘管對此決定和採取的措施極爲不滿，卻無可奈何。他們只好私下在周原大地走馬燈似地來回穿梭，暗中打探，透過各種管道收集相關的資料，從不同的角度來揭示法門寺地宮的祕密。但就是由於這條全面封鎖的嚴格規定，使他們草成的稿件極不情願地躺在抽屜裡。萬般無奈中，他們只有祈求政府允許公開報導的時日。

這個日子終於來了。在意料之中，又在意料之外。新聞發布會的召開，如同枯薪投入烈火，瞬間便爆燃飛騰起來。

趙樸初等人剛一講完，記者們便掀起了一場麥克風爭奪戰，各種膚色、操各種語言的記者爭相發問：

「聽說地宮出土了武則天的繡裙，是否眞有其事？」

「佛骨舍利眞是釋迦牟尼身上的骨骸嗎？」

一連串的問題未等專家們圓滿回答，其他那些迫不及待的記者又將麥克風搶了過去。一位日本記者搶到麥克風後，感到機不可失，時不再來，便對主席台發出連珠炮似的問題：「這枚佛骨舍利是如來佛哪一隻手上的呢？是左手，還是右手？是哪一個指頭上的呢？是拇指、中指，還是小指？」藉答辯者思考的機會，有三名外國記者欲上前搶奪日本記者手中的麥克風，那日本記者抓緊著它，死不放手……

對於台上端坐的專家、學者來說，科學是嚴肅的、神聖的，容不得半點虛僞和矯飾。對於法門寺地宮出土的文物，必須有一個科學而準確的評價，如果有一點偏頗或不當的結論，都會貽誤世人，禍害非淺。因此，面對這批堪稱寶中之極的文物，儘管他們心中激動、興奮異常，但在回答時卻總是愼之又愼，思量再三，盡可能地達到準確、無誤，禁得住歷史的檢驗。

陝西省副省長、著名歷史學家孫達人說：「法門寺地宮及文物的發現，是我省繼半坡仰韶文化遺址❶、秦兵馬俑等震動中外的考古發現之後，又一次考古工作的重大成果，是全國唐代考古的空前大發現，也是佛教界的一大盛事。」

趙樸初在回答記者提問時答道：「法門寺地宮出土的四枚佛指舍利，在我國和世界均爲首次發現。而且第一枚的發現恰與佛祖釋迦牟尼誕辰紀念日四月八日同時。在四枚佛指舍利中，除第三枚外，其餘三枚外形大體相同。經過鑑定並與地宮內碑石《誌文》和有關文獻勘驗，四枚佛骨確係唐皇帝多次迎送的釋迦牟尼的眞身舍利，其中第三枚爲靈骨，另外三枚爲影骨。在佛教界看來，影骨也是聖骨，同是佛的眞身舍利。需要特別指出的是，這是迄今世界上僅存的佛指舍利。這些佛教界的重寶在封閉千年之後再現於世，的確是世界文化史上的幸事，是世界佛教界特別值得慶賀的大事。地宮中出土的大量佛像、法器、金銀器、瓷器、絲織品、雕塑、繪畫等，都是前所未見，聞所未聞的。也許大家都已知道，唐代是中國古代文化最燦爛的時期，這次出土的文物，都是宮廷裡的精品，代表了當時最高的工藝水準，在當時是無與倫比的，在今天也是極為罕見的。秦兵馬俑已經震動了世界，唐法門寺文物也一定會震動整個世界！」

國家文物鑑定委員會副主席、中國歷史博物館研究員史樹青，在回答記者提出的鑑定問題時答道：「我們鑑定、評價一件文物，主要看文物的歷史價值、科學價值和藝術價值。這次發現的文物，絕大多數可定為一級甲等！」

原北京大學副校長、教授、中國敦煌吐番學會會長、中國東方文化研究會會長季羨林，概括地敍述了法門寺的歷史背景，並從古代中外文化交流、唐代歷史等角度談到了法門學未來的研究戰略。這位中國文化泰斗充滿激情和浪漫情調的論議，引起在場的學者、專家和記者們共同的注目和稱道。

季羨林說道：「西安，古代長安，在唐代可以說是世界上最大的都會，全球各重要國家的人民，幾乎這裡都有。我們知道，文化交流能促成彼此文化的發展、經濟的繁榮，能提高生產力，帶動社會進步。在法門寺發現的不少物品中，有些明顯地表現出文化交流的痕跡。把這些問題研究清楚，就豐富了中外交流史的內容。」

季羨林停頓片刻，接著說：「到了陝西，處處是中國先民光輝燦爛的文化遺跡。這次法門寺佛教文物的發現也是其中之一。看了這些東西之後，任何人都不會不想到中國是一個偉大的國家。我們一方面要學習世界先進文化，一方面要尊重、研究、保護、發揚我們固有文化，把二者結合起來。對於法門寺，將來還有大量的研究工作要做，需要很多各方面的專家來協助，經過相當長的時間，十年、二十年、幾十年才能取得圓滿的成績。我相信，同已經興起的敦煌學一樣，研究法門寺文物，也將成爲一門國際性學科！」

季羨林話音剛落，會場上便爆發出雷鳴般的掌聲，所有人都沉浸在老先生描繪的昔日的榮光和未來的憧憬之中。

正在這時，只見從法門寺地宮出土、盛裝「特級一號」佛骨的八重寶函，被工作人員捧上會場，並在主席台一一擺開。會場霎時肅然無聲，所有目光都向主席台射去。八重寶函光芒四射，豪氣奪人，威武的武警戰士筆直地立於兩側。

驚愕、譁然、騷動。記者們紛紛離席，驚呼著擁向前台，一睹八重寶函的神奇風采。鎂光燈咔咔地閃著，雪亮的白光籠罩著八重寶函，整個會場大廳都被照耀得燦爛輝煌……

正如文化泰斗季羨林預料的那樣，法門寺地宮文物「將以雷霆萬鈞之力橫掃佛教世界」。自第二天開始，數十家國內外新聞媒體，都以最醒目的位置和黃金時段向世界各地公布這一人類文化史上的奇蹟，一股強大的「佛骨旋風」席捲全球。整個人類都爲這一奇蹟的出現「感到了心靈的震撼」，並把驚異的目光驟然投向古老的東方周原大地。

▲法門寺地宮出土文物新聞發布會現場（前台覆布内有八重寶函）

▲中外記者興趣盎然地爭相拍攝八重寶函

日本著名歷史學家、佛教研究專家坪井清足，在《佛教藝術》雜誌發表了〈法門寺舍利之我見〉的專文，文中以極爲驚異敬慕的心情這樣寫道——

一九八六年九月，我作爲「日中都城考察團」的成員，參觀了中國陝西境內雍城秦公大墓等發掘現場，在訪問扶風周原考古工作站的歸途，順便參觀了法門寺。進入寺門，眼前佛殿的唐代大理石的礎石有雕刻的蓮瓣，與飛鳥山疇礎石相對照，產生了無窮的趣味。佛殿後面是正在清理中的明塔。據說，由於明代磚塔在一九八一年因連綿陰雨半部坍塌，殘餘部分正在清理之中，塔體約有四層，東半部還殘留著，西側已成瓦礫堆。因初次見到磚塔如此坍塌，感覺很新奇。一九八七年五月看到山西省運城太平興國寺塔中心出現縱的裂縫，我想將會有第二座塔因裂縫而坍塌吧！但當時做夢也想不到法門寺塔下藏有唐代珍寶。一九八七年五月，當我在北京聽到法門寺塔下發現舍利的消息時，萬萬沒想到就在我們前年參觀的明塔下埋藏著如此豐富的寶物。隨後在《中國畫報》上看到了彩色照片介紹的部分出土文物，舍利寶函的部分雕刻裝飾我認爲是五代時期的，像青瓷淨水瓶等，因照片色彩比實物濃，曾認爲是宋代之物品，萬萬想不到會是唐末的祕色瓷，還有可追溯到六朝時琉璃瓶等。……到現場聽到關於法門寺的講解，並目睹了實物後，驚異地發現，這是唐末懿宗皇帝在木塔下建造與帝王陵墓型制相似，設有前、中、後室的地宮，供養著這些未曾動用過的物品。到目前爲止，對唐代遺物雖了解不少，但多爲盛唐時期的，九世紀末晚唐的遺物並不多見，故誤認爲是五代時期也是合乎情理的。祕色瓷的製作時代也以法門寺出土瓷器爲根據，被確認爲在唐末。香爐及其他金銀器也都鏨刻有密宗法器的紋飾，與盛唐時期的金銀器形體相異，特別是鎏金鴻雁紋銀籠子蓋與身各個口緣上的四半花菱紋飾，乍見之下宛如我國（日本）平安時期的物品。一看四門純金舍利塔及第七重寶函，就會想到是唐末的物品。內層有較早時期的，八重寶函難道不是在較早的寶函外面一層一層加上新的金函的嗎？風爐、茶槽子、茶羅子、茶匙、鹽鐔子❷、鹽碟等一整套茶具完整的出土，也反映了考古工作者韓偉考證的唐代宮廷盛行飲茶的事實。

前所未有的九世紀末唐代宮廷遺物被大量發現，不僅給中國唐代，而且給我們日本平安時期美術的研究都將帶來巨大影響。

早在一九八五年發現、位於秦始皇兵馬俑坑東北四公里處的慶山寺「釋迦如來眞身舍利寶帳」，在寶帳內的須彌座上裝有銀槨，銀槨內置金棺，金棺內又置綠色琉璃舍利瓶……慶山寺出土文物與法門寺隨眞身所供奉物品相比較，無疑是盛唐的產物，一件件物品都很精美，特別是石碑和寶帳都很驚人，將其與法門寺地宮中室的靈帳相比，其差異會一目瞭然的。

無論怎樣，法門寺與慶山寺舍利的相繼發現，明確了豪華絢爛的中國舍利埋藏的情形，這將是極其令人高興的事件。在此我為感謝給我機會目睹這一切的陝西省考古所諸位的厚愛，寫下此文。

黑衣蒙面人

一九八七年五月三十日，西安機場候機廳。趙樸初正在和前來送行的衆人握手，忽然，他像想起了什麼，神情極爲嚴肅地對有關方面的領導人說：「千年之後，還能不能看到這些東西，就看我們的努力了。現在我們是觀者，今之觀者視古，莫忘後之觀者視今啊！」一席話氣氛驟變，全場默然。

就在這股颳起的「佛骨旋風」中，時時處處都潛藏著一個和喜慶氣氛極不協調的問題，以致使人憂心忡忡，爲這批國寶暗暗捏著一把汗。

事實上，當隱祕千年的法門寺地宮打開後，在扶風縣內的賓館、曠野、密林、溝壑中，各路不法分子正在加緊籌劃，想盡一切辦法盜竊國寶。夜幕掩飾下的周原大地，一個個「幽靈」正在游蕩，一雙雙閃亮的眼睛不時地發著貪婪、瘋狂的凶光，他們四處搜捕尋找著下手的目標，耐心地等待著一切可能實施的犯罪機會。這個機會慢慢來臨了。

五月十六日深夜十二時，陰霾的天空突然狂風驟起，煙塵飛揚，榆錢大的雨點劈劈啪啪地向扶風縣博物館襲來。

就在這時，一塊瓦片從牆外飛來，「啪」地一聲落在博物館院內。隨著這一聲響動，執勤的武警立即意識到將有什麼事情發生，但他們沒有動作，只是在夜幕中靜靜地等待著自投羅網者的到來。

兩分鐘後，「幽靈」出現了，幾個黑影翻過院牆，閃電般向地宮口衝去。

「不許動，誰動打死誰！」

護寶分隊隊長陳恩孝一聲斷喝，三十多名持槍的武警戰士如神兵天降，將黑影團團圍住。在強烈的手電光亮照射和槍口的威逼下，三個企圖搶劫珍寶的犯罪分子當場被擒。

事隔三天後的又一個夜晚，戰士李偉手提衝鋒槍剛剛走上博物館後圍牆的哨位，當他藉著月光審視沉寂的博物館時，突然發現一條黑影正由外面的一個土堆下躲躲閃閃地向博物館後牆根靠近。

「這是個什麼人？晚上來法門寺院牆下幹什麼？」李偉想到這裡，迅速躲到暗處，兩隻眼睛警惕地盯著對方的一舉一動。

黑影漸漸近了，藉著明亮的月光，李偉看得出這是一個身穿黑裙、手提黑包的女人。儘管看不清她的面目，但從其裝束和身上散發出的脂粉氣可以判斷，她並非當地百姓和附近的國家工作人員。這樣一個女人深夜來博物館，一定懷有什麼陰謀。李偉的腦海在迅速地作著反應。

那黑衣女人來到牆下靜立片刻，便在圍牆外來回轉動，當她確信沒人看守後，掉頭便走。這時，李偉擋住了她的退路。

「你是什麼人，深夜到這裡幹什麼？」李偉聲音宏亮，衝鋒槍已端在手中。

「我，我來這裡小解。」黑衣女人結結巴巴地說著，倒退了幾步，竟無恥地撩起下裙蹲在地上。

「快站起身來，不要作這份拙劣的表演了。」李偉說完，用對講機向護寶分隊隊部發出信號，幾名戰士疾速趕來，將黑衣女人帶進隊部。

經審問，黑衣女人原爲某市的一名暗娼，受一個文物走私集團的高價「聘請」，特來博物館觀察情況。她見白天無法接近博物館院牆，又怕露出馬脚，只好深夜出動，想不到她剛邁出第一步便被武警戰士擒獲。

法門寺地宮的發掘工作已經結束，曾爲保護文物而作出過非凡貢獻的武警官兵也完成了階段性的使命，一切的故事到此應圓滿地畫上句點。但是，事情並沒有就此了結，一場更大的劫寶陰謀尚處在醞釀之中，罪惡的黑手即將伸出。

歷史曾戲劇性地向世人顯示出這樣的鏡頭片段——

在扶風縣博物館那寬敞明亮的展室裡，來自北京、西安的四十多位專家學者，正在加緊對文物的鑑定和分類。

擔任護衛任務的武警官兵，正在調整勤務方案，準備各種應急措施。

在離扶風縣五十公里外的一家豪華賓館裡，兩男兩女正圍繞一個黃頭髮、藍眼睛、鷹勾鼻的洋人，密謀著劫寶的詳細計劃。絳紅色地毯上鋪著那張扶風縣博物館地形圖，已經被密密麻麻地畫滿了圓圈和箭頭，昏暗的燈光映照著一張張得意忘形的臉。

六月三日晚十時，幾個黑影竄至博物館大門前的一家商店，燃起了大火。

博物館前一陣大亂。

面對濃煙滾滾、火光沖天、人聲鼎沸的商店，護寶分隊長陳恩孝先是一驚，隨之腦海中又蹦出幾個問號，這火起得奇怪、燒得突然，會不會是不法分子施展的「調虎離山」之計？要救火，博物館內兵力空虛，可能會給不法分子造成可乘之機。不去救火，那商店和博物館又近在咫尺，很可能禍及展覽室內的文物。面對兩難的抉擇，陳恩孝果斷地作出了兩全的決策。他先是派出兩個班前去救火，自己親率三個班嚴守國寶，寸步不離。

躲在夜幕中的劫寶分子，見武警戰士提著水桶紛紛湧向火場，便喜不自禁地溜到博物館後牆下，迅速搭成人梯跳進院內，向存寶展覽室狂奔而去。

「不許動！」隨著一聲威嚴的口令，展覽室內外燈光大亮，如同白晝。劫寶分子被這突如其來的喊聲嚇得目瞪口呆。面對四周黑洞洞的槍口向自己逼來，幾個亡命之徒不肯束手就擒，紛紛從腰間拔出匕首，狂喊亂叫地向一名瘦小的戰士撲來，企圖奪路而逃。

「嗒嗒嗒……」分隊長扣動了衝鋒槍的扳機，子彈呼嘯著沖天而出。這是警告的信號，也是不法分子違令拒捕的下場的示範。

面對強大的武警戰士，犯罪分子只好丟棄凶器，束手被擒。

一九八七年七月八日，法門寺出土文物清理完畢，護寶分隊的武警官兵押運全部文物，送至西安某地七〇七室進行修復保養。在圓滿完成了守護任務的同時，官兵們全部撤離。

一九八七年七月十一日，新華通訊社向全世界播發消息：在武警官兵的嚴密守護下，中國法門寺地宮中出土的佛指舍利和二千九百多件珍貴文物萬無一失……

法門新生

隨著「佛骨旋風」的狂吹猛颳，法門寺這個在地圖上無任何標記的地方，一夜之間名揚天下。迫切要求一睹奇寶異彩的人們，以及一批又一批慕名而來的海外遊客、專家考察團，紛紛透過各種管道，向國家政府有關部門提出申請，要求參觀法門寺及其珍寶……於是，修復現代佛祖聖地的呼聲也隨之高漲起來，專家們呼籲要以法門寺地宮的發現為契機，「建設中國第一座佛教文化的專題性博物館，用現代科學技術保護、保管、展出陳列這批稀世珍寶，並開展相應的學術研究和交流」。

其實，早在五月二十四日的新聞發布會籌備中，陝西省副省長孫達人就曾明確地要求有關部門，立即制定法門寺寺院、法門寺博物館和法門鎮鎮容的全盤規劃，以肆應會後各方對瞻仰佛骨、參觀文物的強烈要求。

事實上，修建法門寺眞身寶塔本屬早就進行著的正題，而中間突然發現的地宮及地宮中隱藏的珍寶，卻使這個正題一時在人們心中淡漠了、冷卻了。當「佛骨旋風」在周原以及世界颳過之後，人們才重新回頭沿著已踏開的路繼續走下去，只是現在又多了一些題外之題。

政府的設想和專家們的提案不謀而合，修建博物館已是勢在必行。但在館址的選擇上，決策者和專家們卻發生了分歧。有人懷疑在關中西部這樣一個偏遠的小鎮上建館，不利於這批珍寶的安全，從而建議館址選在西安。有人認爲從長遠的觀點看，爲了開展學術研究和旅遊事業，文物盡可能不脫離其出土地點的原址，從而達到器物性文物和遺址性文物有一個完美的結合，也給觀衆造成一種盡可能完整如初的歷史氛圍，並以其歷史的縱深感、文物的眞實感，充分發揮歷史功能和文化價值，真正體現現代考古學的目的。

面對兩種不同的意見，國務院專門召開會議，就法門寺出土文物保護及旅遊區的開發等問題，明確提出了「妥善保護稀世珍寶，集中反映它的歷史、科學和藝術價值，充分發揮其社會效益，就地保護和利用」的指導原則。

陝西省政府及有關部門根據這一指導原則，很快制定出在法門寺原址修塔、建館的具體方案，並決定建館工作先行一步。

六月九日，陝西省綜合勘察設計院根據省政府的指示，組織二十多人的勘察隊在法門寺、鎮選點定位，以塔寺、博物館爲中心，在方圓三平方公里的範圍內現場勘探。

七月一日，陝西省政府召開常務會議，決定由寶雞市政府具體負責法門寺工程建設。

七月十二日，寶雞市政府成立了工程建設指揮部，隨後用一個月的時間完成新建館址民房的搬遷。

一九八七年十一月，博物館建設工程在法門寺西院的舊址上破土動工。

一九八八年十一月九日，歷時一年的法門寺工程全部竣工。《人民日報》以巨幅標題向世界作了如下報導：

眞身佛塔巍峨聳立　稀世珍寶輝煌奪目
法門寺修葺一新向世界開放
中外佛徒舉行盛大法會　五萬民衆一睹出土奇蹟

本報西安十一月九日電　記者孟西安報導：今天，舉世矚目的扶風法門寺修葺一新，向世界開放。重建的明代眞身寶塔巍峨聳立，收藏地宮珍寶的法門寺博物館輝映著唐代風采，這裡舉行了盛大的法門寺釋迦牟尼眞身舍利瞻拜法會和眞身寶塔重建落成典禮。中外佛教界人士、考古專家及各界群衆五萬多人參加了盛會。

法門寺將成爲繼秦始皇兵馬俑之後陝西的又一大人文景觀和旅遊聖地。

全國政協副主席、中國佛教協會會長趙樸初，陝西省政協主席周雅光爲重建的眞身寶塔剪綵。在釋迦牟尼眞身舍利瞻拜法會上，中外佛徒高僧們閉目合掌，唱贊誦經，表達對佛祖的敬仰與虔誠，乞求全人類的進步與世界持久和平。

趙樸初會長在瞻拜法會上講話說，《妙法蓮華經》上說，佛以一大事因緣，故出現於世。佛指舍利自唐朝安奉在法門寺塔地宮，歷時一千一百一十三年之後才又出現於世，這也有著「一大事因緣」。它象徵著佛陀慈悲之光重新生起。隨著舍利同時出現的大量唐代文物，展示出亞洲古代文化、古代智慧的燦爛光輝。他衷心地祝願所有參加今天法會的，以及從電視、廣播、報刊中見到、聽到了今天法會情形的佛家弟子，同發大心，爲全人類的進步和幸福作不懈努力，以我們的身心向佛指舍利和寶塔作虔誠的供養。

今天上午，還在法門寺舉行了法門寺博物館開館典禮。新修的博物館「珍寶閣」高二十五米，共分三層，裡面珍藏著法門寺地宮出土的金銀器、瓷器、琉璃器、石雕、絲綢等唐代珍貴文物。來自全國各地以及世界各國近百名人士參加了開館典禮，並參觀了法門寺地宮珍寶。二百多名海內外的佛教徒、高僧也懷著敬慕虔誠之心，觀瞻了這批珍貴的佛指舍利供養器物。

法門寺在經歷了痛苦的涅槃之後，在新世紀的光照裡，又一次獲得了新生。

又一個重大發現

一九九四年八月三日，在法門寺地宮及密藏珍寶發現七年之後，新華通訊社又向全世界播發了這樣一條消息：

今年三月以來，陝西扶風法門寺博物館，邀請中國社會科學院、中國佛教協會、中國佛教文化研究所、陝西省考古研究所、陝西省佛教協會等有關方面的專家、學者吳立民、丁明夷、韓偉、許力工等，五次聚會法門寺，對法門寺唐代地宮文化序列和內涵進行了多學科專門研究。在深入發掘法門寺佛教歷史文化的基礎上，破譯了唐王朝最後一次迎奉佛骨在法門寺地宮實現的禮佛陣容的文化程序，實現了大唐王朝舍利供養曼荼羅全面揭密，使失傳千年之久的唐密世界終於打開了它神祕的大門。

法門寺地宮唐密曼荼羅的揭祕，是繼地宮珍寶發現之後，中國考古史和世界佛教史上又一次重大發現……

新華社的消息一經播發，使法門寺的熱度如同火上澆油，周原大地再度騰起滾滾煙塵。人們又一次以驚異的眼睛望著這片神奇的土地，和法門寺這個神祕得有些不可思議的千年古剎。

唐密曼荼羅，這個有些稀奇古怪的名字，到底意味著什麼？

關於唐密曼荼羅，前面已經提到，只是不盡詳細。所謂唐密，是指唐代開元三大士所傳金剛、胎藏兩部大法法系在唐代漢族地區的傳承，經僧人一行和惠果等創造性地發展而成，其內涵是唐代的密教。具體來講，從惠果到智慧輪法師，上承印密，下啓東密、台密，這段時期可稱爲唐密時期。

所謂密曼荼羅，譯爲壇場，意即輪圓俱足❸，是佛教密宗匯集佛和菩薩以實現修法「即身成佛」的道場，其負載的文化藝術要比其他佛教宗派豐富得多。於是從古到今，世俗界無緣得見，神祕莫測。法門寺地宮是唐代密教的最高法界，它表現了漢地密宗的傳承和日本東密、台密的淵源，昭示內道場和祖庭的歷史地位。佛教在印度傳承一千八百年歷史，前期（原始部派佛教）、中期（以中觀、瑜伽行派爲代表的大乘佛教）各佔六百年，後期六百年是密乘佛教，也是印度佛教發展的最後階段。密教傳入中國也經歷了魏晉南北朝至隋的雜部密教（初期）、唐宋的正純密教（中期）和唐宋以後至今的藏傳密教（晚期）等三個階段，而漢地密宗在晚唐五代以後漸漸無聞。唐玄宗開元年間，善無畏、金剛智、不空先後來華，將印度正純密教傳入中土，密宗從此獨樹一幟，極一時之盛。善無畏被唐玄宗尊爲國師教主，傳授胎藏界爲首的密法。後金剛智傳授以金剛界爲主的密法。而不空受玄宗、肅宗禮遇，兼融「金胎兩界」，傳予惠果。惠果爲代宗、德宗、順宗三朝國師，盡得兩部眞諦又創兩部曼荼羅繪畫法與金剛密號，與中國傳統文化相結合，創立了與印度密教有別的具有中國特點的唐密體系。而活躍於唐宣宗、懿宗、僖宗三朝的密教高僧智慧輪，則是唐王朝最後一次迎佛骨和法門寺地宮佛舍利供養曼荼羅世界的組織者和策劃者。惠果主持青龍寺，廣傳密法於中國、日本、印度、朝鮮、印尼，爲日本眞言宗的祖庭祖師。智慧輪主持大興善寺，興密宗爲護國道場。法門寺地宮面世，爲我們揭示了自不空、惠果到智慧輪一脈相承的唐密眞面目，展現密宗三寺之間的相應關係，提供許多鮮爲人知的文化信息。法門寺地宮出土文物等級之高，供施之隆重、設計之周詳，顯非尋常。地宮《誌文》碑上有「結壇於塔下」之句，研究結果也表明，地宮佈置「三影一眞」的舍利供養中心，按照「壇結塔下」的既定儀軌而鋪設，諸多精美絕倫、品類繁雜的奇珍異寶，秩然有序地予以陳放，結集爲道場舍利供養曼荼羅世界，具有鮮明的唐密文化內涵，由此才衍生出它在文物、歷史、文學藝術等方面的價値。同時，地宮內來自青龍寺、大興善寺的法物，證明兩寺內這些繼承唐密兩部大法的高僧大德，共同參與策劃組織法門寺地宮佛舍利供養曼荼羅世界，更進一步表明佛舍利供養確爲唐密供施的最高法界。

在此之前，我們已對開元三大士和創建的密教作過介紹。這裡要接著說下去的是，密教祖師善無畏的親傳弟子、一代高僧一行大師，在完成了密教根本經典之一——著名的《大日經》和《大日經疏》之後，由於過於勞累，已近油乾燈枯，再無精力課徒受法。

開元十五年（公元七二七年）九月，一行在長安華嚴寺將曆法初稿編撰完畢，從此染疾不起。唐玄宗聞訊，急召京師大德，爲他誦經祈禱，亦不見效驗。至十月，一代大師圓寂於華嚴寺，終年四十四歲。

一行生前編撰的曆法初稿經後人整理，取名「大衍曆」，並很快透過朝廷頒行天下。《大衍曆》是當時最優越的曆法，它結構合理、邏輯嚴密，其編撰方法，在明末之前一直沿用，在中國曆法史上佔有重要地位。由於一行在天文、曆法、儀器製造、數學等方面都做出了卓越貢獻，因此成爲中國科技史上一顆璀璨的明星，被譽爲中國古代「四大科學家」（張衡、祖沖之、一行、李時珍）之一。

一行去世後，長安諸寺香火鼎盛，兩京僧俗修密法者甚衆。可惜一行生前並未收授門徒，傳承法脈轉至由金剛智門徒、開元三大士之一的不空主持的長安大興善寺。因此，大興善寺被後世認作密宗祖庭。後來，長安青龍寺住持惠果又將密宗二部大法發揚光大，並將密教推向發展的頂峰。

唐貞元二十年（公元八〇四年），也就是日本延曆二十三年七月，日本國派四隻大船組成的船隊自本土肥前國松浦郡田浦之口岸出海東渡。第一隻船上乘坐的有日本遣唐大使葛野麻呂和僧人空海，第二船有判官菅原清公和僧人最澄、義眞等，途中一行四船因風離散，僧人最澄所乘之船經五十多天到達唐明州鄮縣（今浙江寧波），後最澄、義眞與判官相別到達台州（今浙江臨海縣），在龍興寺，拜見應台州刺史陸淳之請來此寺宣講《摩訶止觀》的天台山修禪寺座主道邃，從受天台宗教法和《摩訶止觀》等書抄本，隨後去五台山學法。

唐貞元二十一年（公元八〇五年）四月，最澄與義眞來到越州首府（今浙江紹興），從龍興寺沙門順曉受密教灌頂之法和金剛界、胎藏界兩部曼荼羅、經法、圖像和道具等。順曉是唐玄宗時在中國傳佈密宗的善無畏之再傳弟子，因而最澄和義眞也算受到了中土密教的親傳。

唐貞元二十一年（日本延曆二十四年，公元八〇五年）五月，最澄搭乘遣唐使的船回國，並向天皇上表覆命。得到桓武天皇的重視後，在本土正式創立了以中土密教爲根本大法的天台宗。其後他的弟子圓仁和再傳弟子圓珍等，都曾親來大唐求法，對發展日本天台宗中的密教部分有著極爲重大的影響。圓仁繼最澄的弟子義眞、圓澄、光定之後任天台宗第四代座主。圓珍繼安慧之後爲第六代座主。兩位曾入唐求法的僧人，在他們任座主期間，對中土密教在日本的發展和傳播做出了傑出的貢獻。

和最澄同時乘船赴唐求法的僧人空海，因在海上遇風離散，於八月方從中國福州長溪縣（今福建霞浦北）登陸，十二月抵達長安。

空海到達長安後，與日本遣唐使同住在宣陽坊的官舍，大使歸國後又奉敕移住西明寺。在這期間，空海到處尋訪名師，以求佛家大法，後終於投到青龍寺密教名僧、開元三大士之一不空的弟子惠果門下。此時的惠果已被尊爲唐代宗、德宗二朝國師，名振海內。他對日本僧人空海前來門下求法表示歡迎，並給予特別的照顧。

唐永貞元年（公元八〇五年）六月，空海入「學法灌頂壇」，從惠果受胎藏界的灌頂，七月又受金剛界的灌頂，並跟惠果學習密教典籍和修行儀軌、方法，八月受「傳法阿闍梨（意爲導師）位」的灌頂。在空海求法期間，惠果漸感身體不支，知自己將不久於人世，對空海的傳法格外用心。臨終前，惠果贈空海《金剛頂經》等密教典籍及密教圖像曼荼羅和各種法器，同時給空海留下了如下的遺言：

「如今此土緣盡不能久住，宜此兩部大曼荼羅、一百餘部金剛乘法及三藏（指不空）轉付之物，並供養具等，請歸本鄉流轉海內。才見汝來，恐命不足，今則授法有在，經像功畢，早歸鄉國以奉國家，流布天下，增蒼生福……」

不久，惠果圓寂。空海又從罽賓（西域國名，在今喀什米爾一帶）沙門般若、天竺沙門牟尼室利受佛經與祕法。日本平城天皇大同元年（公元八〇六年）八月，空海與留學生橘逸勢搭乘遣唐使判官高階遠成的船返回日本。

空海歸國後，暫住筑紫的觀世音寺，託高階遠成進京把所帶回的經論章疏及法器目錄同奏表一起獻給平城天皇。第二年他奉敕進京，把經論法器等獻上，天皇准予傳布密教。不久他遷到平安（京都）北部的高雄山寺居住，並開始創立眞言密宗。

弘仁十四年（公元八二三年）正月，嵯峨天皇把位於京都的東寺賜給空海作爲眞言宗的根本道場，空海把從唐朝帶回的佛舍利、曼荼羅、梵字眞言、法具等都存放此處，後來又仿照唐長安青龍寺之例稱此寺爲「教王護國寺」。因空海所創立的日本眞言宗以東寺爲傳法中心，故被稱爲「東密」，而最澄所創立的日本天台宗兼傳的密教被稱爲「台密」。

最澄所創立的天台宗與空海創立的眞言密宗，是日本平安時代和鎌倉時代最爲流行的佛教宗派，對整個日本歷史文化產生了極爲深刻的影響，被譽爲「日本文化之母」。直到現在，這兩大佛教宗派仍然保持著旺盛的勢力。

前面已經提到，密教在中國漢地形成之後，隨著唐末五代時期的戰亂，盛極一時的密教宗派隨之在漢地消逝，後人再也難以窺探密教鼎盛時的學法和場景。也許是密教大師們，特別是惠果大師生前具有先見之明，才不遺餘力地將密宗教義傳給日本僧人，致使這一人類寶貴的文化遺產能香火不絕地延續下來。就整個華夏民族而言，這是不幸之中的萬幸。

讓我們回過頭來看一下密教創立、發展、傳播的世系表：

大日如來——金剛薩埵——龍樹——龍智

龍智——善無畏……玄超、一行

龍智——金剛智……不空

玄超、一行、不空……惠果……

……惠則、義操

……最澄（日本）……義眞、圓仁、圓珍等（日本）……

……空海（日本）……實慧、眞濟、眞然等（日本）……

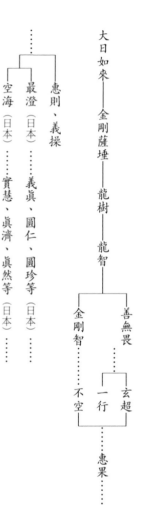

◀地宮外金剛院護法諸天曼荼羅之一的南增長天王像

▲十供之一的銀閼伽水碗

就在大唐密教在中國漢地消失了近千年之後，這份古老的文化遺產，再次在法門寺地宮顯現出來。從地宮中大部分法器和供養物上所雕塑的圖像來看，毫無疑問地是唐密曼荼羅圖像。也就是說，地宮整體即爲供養佛指舍利的大曼荼羅道場，佛指舍利爲「三昧耶曼荼羅」。供養佛指舍利的諸種法器、供養物及供養法爲「法曼荼羅」。三密相應，四曼相即❹，組成法門寺塔地宮的唐密曼荼羅。正是這曼荼羅圖像的出現，才爲後人提供了研究唐密以及與日本密教有關的歷史疑難問題的重要資料和證據。

縱觀法門寺眞身寶塔地宮，無疑是古印度供養舍利方式與中國傳統墓葬制度相結合的產物。地宮建制一如唐朝帝王陵寢，其建法則依密教布壇之法修築而成。其主體建制分作甬道、前室、中室、後室和密龕（即密室），即一道四室，設四門。按增益護摩法❺「遍法界成黃色方壇」要求，甬道、前室、中室成長方形，後室及密龕成正方形。入宮地面鋪錢成黃金色，主要供物亦作金黃色，顯示整個地宮爲黃色方壇。在地宮發掘中發現一些文化現象，如踏步及甬道地面鋪撒銅錢（財供養）、後室中部香爐蓋頂堆積薰香灰（燃香）、八重寶函中有部分盛放液體（香水）、四壁塗抹黑色塗料（黑土塗壇）等，表明地宮封閉前做過盛大的舍利供養法會。

地宮一道四門，供養佛指舍利四枚，一道通徹全壇，體現金胎兩部大日如來中道一實。四室四舍利表證四方四佛，建立兩部曼荼羅。放置第一枚影骨的八重寶函，表示胎藏界因曼荼羅❻，鏨刻胎藏界諸尊曼荼羅，如六臂如意輪觀音、釋迦佛、藥師佛、金輪大日佛等圖像。放置第三枚靈骨的密龕五重寶函，表示金剛界果曼荼羅，鏨刻金剛界大曼荼羅成身會。

地宮的供養物，同樣按密教儀軌規定的法則佈置。如出土金、銀、銅、錫杖三件，香爐五件，分別爲四枚舍利的供養物。後室四角的四枚閼伽瓶，爲舍利供養壇城的結果線。前、中、後室的金毛獅、天王像各兩件，爲地宮外金剛院護法諸天曼荼羅❼。其他器物如銀芙蕖、香寶子、閼伽水碗、鉢盂、茶具等，都可歸於十供之內。以上成套成組的供具，以八重寶函爲中心，前後左右，對稱分布，組成舍利供養的壇城。

放置佛眞身靈骨的五重寶函，安放於後室密龕之中。在第二重鎏金金剛界大曼荼羅成身會造像銀寶函上，鏨刻了四十五尊造像。函頂中台刻大日如來，四方爲四波羅蜜❽，四隅爲內四供❾，圍繞中台周刻外四供❿、四攝⓫、四大神⓬及四大明王。以三鈷金剛杵及寶曼草爲界道。函體四面，按上述次序，分別以阿閦佛、寶生佛、無量壽佛（阿彌陀佛）、不空成就佛爲中心，各自配列四親近菩薩⓭。以上四十五尊像，構成唐密金剛界成身會⓮曼荼羅。此曼荼羅爲方壇。

地宮中室靈帳後的捧眞身菩薩，象徵唐代皇帝（懿宗）供奉眞身。菩薩身下的束腰仰覆蓮座上，亦鏨刻金胎二界曼荼羅圖像，蓮座頂面刻金剛界五佛種子曼荼羅（即法曼荼羅），底面刻大日

鎏金金剛界大曼荼羅成身會造像銀寶函頂面與四面

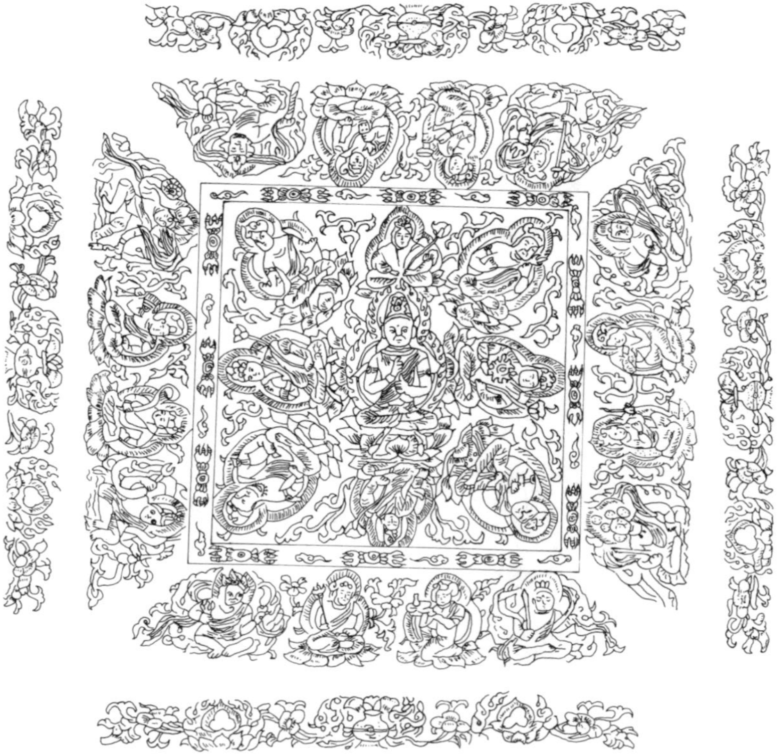

❶

❶中台佛部，主尊大日如來與四波羅蜜、四菩薩、四供養、四攝、四大神、四大明王。

❷西方蓮花部，主尊無量壽佛與四菩薩。

❸南方寶部，主尊寶生佛與四菩薩。

❹東方金剛部，主尊阿閦佛與四菩薩。

❺北方羯磨部，主尊不空成就佛與四菩薩。

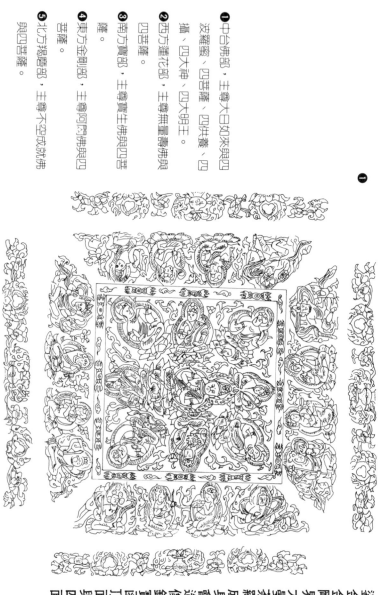

❹

❷

❺

❸

佛之法、報、應三身陀羅尼⓯。仰蓮瓣刻金剛界定門十六尊⓰曼荼羅及未顯相的慧門十六尊⓱曼荼羅。束腰部刻四大天王曼荼羅。兼爲下金下胎兩曼之外護金剛院。覆蓮瓣刻胎藏界中台八葉院⓲種子曼荼羅和八大明王⓳曼荼羅。胎藏界之大日如來，一以釋迦佛之身舍利表示於捧盤上，一以捧眞身菩薩頭頂寶冠上之大日佛像示之。此像座上的曼荼羅圖像，同樣爲「金胎合曼⓴」之做法。

八重寶函上放置的鎏金菩薩像，其蓮座式一如捧眞身菩薩，爲金胎合曼之做法，但因體積太小，不便雕塑，僅畫蓮瓣線條以示其意。此尊寶冠上未頂化佛，而手印爲釋迦佛說法印，顯然是與釋迦同體的胎藏界大日如來像。

八重寶函第四重函上的如意輪觀音曼荼羅，作六臂如意輪相。主尊左右各有四尊造像，前跪二尊蓮花部使者，雙手擎金盤捧如意寶珠，屈膝曲跪內向瞻禮主尊如意輪觀音；後六尊分列主尊左右，皆作曲跪合掌恭敬持誦相。此六臂如意輪觀音曼荼羅圖像，應爲七星如意修法㉑。與當時唐密一行大師著《七曜星辰別行法》㉒及智慧輪大師融攝道家北斗法門有關。唐密如意曼荼羅，以如意輪寶珠供養佛指舍利，即如意法供養曼荼羅。

上述以佛指舍利供養曼荼羅爲中心，包括地宮建制、供養物佈置，以及法器、供養物上的裝飾圖像，無不體現了金胎不二、兩部合曼的唐密內容與特點。而「結壇於塔下」的實際組織策劃者——以智慧輪、義眞爲代表的唐都長安大興善寺、青龍寺，是唐密的根本道場，而法門寺則是皇室唐密之內道場。

這次法門寺地宮佛舍利供養曼荼羅世界的發現，其成果等同於一九八七年四月地宮的初步發掘，確爲中國佛教考古的重大發現。至此，可以說這次發現眞正走到了法門寺佛教文化的最高殿堂。在這個步步登高的無盡華嚴世界中，象徵四海水的閼伽瓶，象徵三千大千世界的描金檀香木山，象徵佛教最高權威的鎏金十二環大錫杖等，結壇有序，位置準確。同時唐僖宗金銀茶具的茶供養，波斯、東羅馬等國的琉璃供養，唐皇帝后的頭髮和衣物供養等，都置於由第一道門上陀羅尼咒文到後室密龕的曼荼羅世界中。唐王朝最後完成的這一曼荼羅世界，除了實現「聖壽萬春，聖枝萬葉」、皇帝「即身成佛」外，還有更爲廣大的心願，即李唐王朝「八荒來服、四海無波」、天下太平的護國佑民之意。這一系列佛教世界的奇麗瑰寶，其唐密內涵是十分豐富的，且變化無盡，一千一百一十三年埋入地下不曾擾動，是佛教世界至高無上的法界，中華文化的歷史寶庫。它的發現，塡補了晚唐密宗史的空白，可以考證解釋東密歷來爭論或存疑的一些問題，確定長安唐密三大寺的核心地位和相應關係，並釐清中國與亞洲佛教文化圈（包括日本、韓國、印度、印尼等國）的交流情形。

佛骨放光之謎

「一九八八年十一月九日，法門寺正式對外開放，這一天，來自世界各地的高僧大德、佛教信徒與各界人士數萬人，舉行了盛況空前的釋迦牟尼佛祖眞身舍利瞻禮法會。晚上十時許，衆多高僧正對著千年聖骨瞻禮膜拜之際，在第三枚佛指『靈骨』上空突然出現了這枚骨身的重影。一時間，整個法門寺上空祥雲升騰，瑞光流溢，霏霏上湧，蔚爲壯觀。有人迅速按動照相機的快門，拍下了這一千古不遇的奇觀。……」這是法門寺廣場出現的一塊宣傳牌。

面對這則奇特的廣告式的宣傳和奇特的新聞，一家地方小報對此作了詳細的報導，立即受到人們注意。法門寺佛骨放光的謎團在公衆中又引起一場轟動，許多人專程前往法門寺，要親眼看一看這佛骨放光的壯觀場景。可惜他們大多是希望而來，失望而歸，那「千載難逢的奇觀」總是不肯再次顯現。於是，有人開始向新聞界揭露這是「法門寺有關人員爲片面追求經濟效益而故意製造的一場騙局，並強烈要求有關部門對製造騙局、蒙蔽群衆者以法律制裁……」

有關方面接到群衆的舉報，派人到法門寺查詢，結果寺院衆僧及部分工作人員都聲稱照片和宣傳欄所說的全是事實，並無造謠惑衆之舉。前往查詢的人只好搖搖頭作罷，那塊宣傳牌隨之也不再出現在廣場上。

佛骨放光之謎在人們的不解、驚奇、迷惑、叫罵、指責和查詢的官員無可奈何中漸漸淡漠，法門寺又恢復正常的瞻拜和參觀。但就在人們將要把此事完全遺忘時，奇異的現象又出現了。

一九九〇年三月二十九日，來自香港寶蓮禪寺的高僧聖一法師、法門寺監院靜一法師及八大寺四十餘名大德高僧在地宮進行法事活動時，擔任攝影任務的大居士李江華，突然看到有兩道光從二位法師頭頂緩緩掠過，法師的身體頓成透明狀……他抓拍了這個瞬間，後來洗出的照片上留下一幅跟他眼中的瞬間相同的景觀。

這個瞬間和李江華居士拍攝的照片，使已經沉寂的聲音再度掀起爭論不休的波瀾。帶著諸多疑問，人們把佛骨放光的眞實與否繫於各位法師、工作人員及大居士李江華身上。《人民日報》一位資深攝影記者專程來法門寺調查，並在回京後以科學方法檢驗照片的眞僞，結果卻是「不似二次曝光作假」。而李江華居士初學攝影技術，無論從哪方面說，他本人是無力造此天衣無縫的僞照片的。

那位資深攝影記者的檢驗，又使人們增加了幾分疑問，難道這佛骨舍利眞的能放出燦爛光芒？在什麼場合、什麼情況下才能放光？是外在的力量還是精神的力量導致佛骨放出光芒？

謎，一個困惑人類的未解之謎。

爲了試圖解開這個謎，我們在法門寺採訪時，曾專門作過一番調查。

我們走進了久已神往的地宮。在地宮內，一切都是原樣，一切都給我們深刻的印象。尤其是在地宮入口後的東邊靠牆處，見到一張鑲於玻璃內的放大了的佛光照片，這是平生第一次見到佛光映現的奇異景觀，佛光的偉大就如同眞理一樣引人心魄。

我們特意採訪了時年三十八歲、在法門寺當了十年居士的李江華。李江華身穿一身黑西服，高約一米七八，他的居處在法門寺正門邊左首廂房。看到他一臉與佛結緣很愜意的表情，我們感覺見到了善人。他胸前跨一日本製尼康相機，一邊做居士，一邊負責寺內活動的拍攝工作。當然，也負責對遊人主動提供留影的服務。

見過面，報出來意，李江華接待了我們。我們得以了解兩張佛光照片的來歷。

李江華坦率地說，他拍攝的是香港寶蓮禪寺聖一法師一行四十九人來法門寺，瞻拜佛眞身的情況。他當時擔任拍攝才沒有多久。地宮容納僧衆極多，幾乎摩肩接踵，在搶拍法師朝拜時，萬分擔心，特別認眞。他正在專心致志地搶拍時，眼前閃出兩道白光，法師的身體也在瞬間變得透明晶亮起來。他當時認爲是其他拍攝者的閃光燈所致，並沒作太大的在意。誰知照片沖洗出來，光像殊異於其他，一半圓形霞光彩霽，環繞兩法師形成「入」字型，其上出現了黃色成雲的光束，迎風飄拂，猶如在曠野。更驚異的是，小小的地宮內，法師參雜在人群中，相互掩遮，入鏡景物實難選取。但成像後，卻僧俗淸晰，凡聖分明，實乃不可思議也。

另一張照片，即我們在地宮看到的那張純粹的佛光照片。

關於這張照片，李江華很是器重。他滔滔不絕地對我們講：「佛教鼎盛於唐，眞身舍利曾被迎奉禁中六次，高宗顯慶四年迎於洛邑，天后長安四年薦於明堂，肅宗上元元年迎於禁中，德宗貞元六年迎於闕下，憲宗元和十四年親奉香燈於大內，懿宗咸通十四年儼華承於祕殿。還有開來未繼往者，太宗曾捨望雲宮寢殿而修唐塔，中宗景龍二年翊聖皇后等下髮入塔供養，極一代之盛。」說到此，他頓了一下，接著道：「盛世出景星、慶雲。一九八七年古曆四月八日地宮佛骨舍利面世，震驚寰宇。一九八八年古曆十月一日法門寺隆重舉行釋迦文佛眞身瞻禮法會，中外大德高僧緇素（「緇」指僧侶，「素」指俗衆）雲集，數逾十萬。這日晚方丈澄觀法師引導四衆於地宮虔誠誦經，我追隨拍照，攝影約十餘幀，沖洗之後，一幀大放異彩，圖片中原只有四枚舍利，怎麼中間的一枚舍利的光一下子射入十七厘米高處，且在此形成舍利被光環環繞的畫面，其他三枚只在上方出現白光彩霞。而下邊舍利光環，環繞靈骨舍利如衆星拱北辰。此情此景為地宮所沒有，顯然為靈骨所化。這眞是再次應了趙樸老的話：『影骨非一亦非異，了如一月映三江。』

「這也正如唐憲宗賦詩所讚舍利：『眼睹數層金色潤，手擎一片玉光含，煉經百火精神透，藏之千年瑛彩完。』又唐代的張彧有文曰：『觀其氤氳玉潤，皎潔冰淨，靈不可掩，堅不可磨，寸餘法身，等虛空而無盡，一分功德，比恆沙而莫量。』」

李江華說，這舍利放光，有三部經，即：上、下兩光，稱天上、天下，也稱人、天、教、主；上下三光稱三界導師，也爲假、中、空一心三觀㉓，或爲佛的法、報、應三身；上光稱佛光普照、舍利飛霞、浮屠耀日。

我們不由不相信李江華的講解了。他樸實卻佛語滿口滿肚。他隨後又領我們去見澄觀法師等，還領我們照相。由於感到過意不去，我們給他五元，他硬不收錢，最後實在見我們誠心，沒辦法，便退給我們二元。這照片給一般參觀者照洗一張三・六元，而僅收了我們三元。他有他的道理：「你們遠道而來，我們招待不周，怎能照張相就收你們的錢呢？」我們無奈，只有在心裡祈祝這樣的好人早日修成佛果。

後來我們又到了他的居處。說居處，實是照相部，一間小小而簡陋的平房，房裡一張桌子，還有張床。桌、床上均放著爲遊客服務而照的照片，雖有些散亂，但卻很有章法。說話間，有一賣香的居士提一籃香進來，說天將晚要求寄存，明天再取，李江華友好地接納了他的香籃。

由於找那兩張佛光的照片未果，李江華便想盡辦法說服一小沙彌，將他宿舍隔壁的小沙彌那張視爲聖物、時時貼在心口的佛光照片討給了我們，樣子極爲眞誠。最後，他回到住處重新翻動相簿，終於找見了那張聖凡分明的佛光照片。……

分手時，李江華居士給我們贈言：

宏法利生，德大福報。

我們激動得近於落淚了。這也許就是謎的本身回答吧！

輝煌的夢想

當我們最後一次來法門寺採訪的時候，已是一九九五年的歲末。儘管嚴冬的狂風勁雪使周原變得樹葉凋零、草木枯萎，但從脚下那堅實厚重的大地及在我們身邊不時響起的深沉凝重的秦腔，又讓我們強烈感受到蘊藏在古老周原的處處溫情和勃勃生機，聽到一種山雨欲來、海嘯欲至之前悄然的聲響——這是古老的周原在長期沉默之後，向整個世界發出的捲土重來的信號。

大道無形，大音無聲。當年大哲學家老子西出函谷關所描述的警世格言，或許指的正是周原父老的生命激情，以及時代強力的呼喊。

我們眼中的法門寺，顯然已不能和八年前發現地宮時相提並論了。只要駐足古色古香、樓群林立的法門鎮，就會情不自禁地看到那座極具民族特色、充分體現大唐恢宏氣魄的標誌性建築物——法門寺博物館珍寶閣。如若跨進博物館的大門，沿珍寶閣的台梯拾階而上，那種咄咄逼人的氣勢，那種複雜多變、雍容華貴、大器非凡的藝術魅力，無不使人怦然心動，移情忘我，大唐的蓋世雄風再度震盪整個寰宇。倘若沿八角眞身寶塔腹內旋轉的樓梯步入塔頂，舉目眺望，那遠處的太白積雪，近處的渭河流水，脚下的蒼蒼周原、悠悠岐山，全都盡收眼底，華夏民族五千年燦爛文明沖積心胸，周原父老五千年的追尋、五千年的夢想盡繞腦際。山高水長，地肥人美。這就是我們眼中的周原，一塊庇護佛聖骨幾千年的神奇大地。

大地有靈，大地有性，大地生生不息。

在最後一次赴法門寺採訪時，才知道繼我們上次到來之後，又發生了兩件大事。首先是一九九四年十一月二十四日，法門寺舉行釋迦牟尼佛指舍利赴泰供養、新修仿唐大雄寶殿落成、佛像開光暨澄觀方丈升座大法會。會後，泰國國王蒲美蓬陛下偕皇后迎請法門寺佛骨舍利赴泰國，進行為期八十五天的供養。這一迎奉儀式，不僅使泰國舉國瞻拜，而且在東南亞及整個世界都引起極大的震動和反響。其次是法門寺地宮唐密曼荼羅被全面破譯，文化陳列對外開放，使法門寺又一次震驚了世界。

也就是這次採訪，我們有幸看到了唐密曼荼羅的陳列情況。

在珍寶閣前方偏左的一個長一百三十九米、寬七米的複製地宮中，唐密曼荼羅的陳列長達八十米。寬敞、宏大的地宮，在地面、兩側和頂壁，分別雕刻、繪製五部曼荼羅及其相關的法器和供養器，準確地與古代內道場的儀軌相吻合，集中反映了唐密曼荼羅的時代特點和文化內涵。以

▲泰國國王蒲美蓬陛下偕皇后迎請佛指舍利赴泰供養

▲新修仿唐大雄寶殿

舍利供養爲中心的曼荼羅世界，充分體現大唐王朝尊奉「護國眞身舍利」和「大聖眞身寶塔」的心態，表達了李唐皇帝「護國佑民」的佛教行爲。作爲佛教世界的最高法界，那宏大的內道場是十分壯麗雄偉的人文景觀，它將使過去皇帝朝拜供養的「禁中」聖地，成爲海內外嚮往之地，並永久地成爲世界朝拜中心和觀光勝地。

一連幾個夜晚，我們在法門寺那間沒有安裝取暖設備的居處，和博物館館長韓金科先生促膝長談。在此之前，我們已數次見面並成爲要好朋友。一館之長的他，除了做好館裡的領導工作，大部分時間都在寶雞、西安、北京之間奔波。我們曾不止一次地看到他那由於困頓而發紅腫脹的眼睛，以及他匆匆走過的疲憊身影。這位法門寺新時期建設的元老百折不撓，已和法門寺維繫在一起，彼此休戚與共。他不是佛教徒，但對於法門寺的建設，卻有著一種佛教徒的虔誠；他沒有修煉成佛的願望，但卻有著與佛緊密相連的皇皇夢想。而夢想的實現，便是他生命意識的最高境界，也是他生命本體的淨化和完成。

在描繪他那個夢想時，這位憨厚、正直的關中漢子一掃周身的疲憊，竟有些異常的激動和興奮。他說——

法門寺的歷史是十分輝煌的。舉世僅存的佛指舍利是歷史和佛教經典明確記載，唐王朝傾國傾城供養的佛教世界至高無上的聖物，它代表佛祖釋迦牟尼，接通了佛教創立到今的歷史——當佛教在印度衰微時，中華民族擁戴它，使中國成爲佛教的第二故鄉。在漫長的歷史過程中，法門寺一度成爲全國，乃至全世界朝佛的總道場。同時，法門寺地處古周原，爲周秦文化的腹地，數千年來人文薈萃，歷史文化十分豐厚，集中體現了我們國家和民族優秀的傳統文化。

近年來，每年近百萬人匯集法門寺，參拜、遊覽、探求，法門寺以舉世僅有的佛指舍利成爲世界佛教祖庭。它對與日本等佛教國家的交往、與世界文化的交流等，越來越發揮重要的作用。這一重大的歷史文化現象，應該引起我們足夠的重視。

一九九五年三月二十六日，法門寺唐密曼荼羅文化陳列對外開放，深圳中華佛教文化城開發公司決定在法門寺興建中華佛教文化城。其後，香港德福集團有限公司計劃在法門寺建中華佛教文化中心。這兩個集團，前者設計的中華佛教文化城已獲國家專利，被趙樸老稱爲「輝煌的夢想」，王光英題爲「佛之光」；後者比前者更高更廣泛。兩個投資規模均爲佔地三千畝，投資十億至十五億人民幣。本項目完成後，將使法門寺遊客突破年平均三百萬人次大關，接近並追趕秦始皇兵馬俑博物館現有的接待水準。

我們設想，抓住目前的機遇，在法門寺建世界佛教文化中心，以此拓展到歷史文化和旅遊等方面。具體方案是展現唐代中國佛教文化的全貌，以佛指舍利爲中心，反映佛教創立和發展的歷史，重點恢復千年之久的唐密兩部大曼荼羅和唐代佛教的阿含、律、淨土、密、禪、中觀、唯識、法華、華嚴、涅槃等十院，及其他佛教文化如悉曇（梵文字母）、聲明（語言學與音律學的總稱）、因明（邏輯學）等院，反映中外佛教哲學、文學、建築、美術、音樂、舞蹈、醫藥、科技等方面的傑出成就。以宏大的建築群體全面展現世界佛教歷史文化、中國佛教文化。

自法門寺博物館開館以來，相繼開發了歷史、佛教、考古文化、文學藝術四大領域，使法門寺文化研究走向世界。其中屬於歷史、佛教的，已新修地下佛教文化宮容納之；屬於考古文化的，準備修建東西大展覽廳以保護陳列唐代絲綢，以及唐代文化館、唐茗宮等；屬於文學藝術的，則不能再局限於現有的專題性佛教藝術館了，必須向外發展。

經過幾年的努力，籌建東晉十六國竇滔故里蘇蕙織錦迴文璇璣館的條件現在已經具備。

據歷史記載，法門寺博物館的西鄰，爲東晉前秦王苻堅的安南將軍竇滔之府第。竇滔，字連波，祖父竇眞是苻堅的右將軍，屬將門之後。其妻蘇蕙，字若蘭，武功人，陳留（今河南開封）令蘇道質的三女兒，容貌秀麗，聰慧過人，精通文史音律及針工織繡等，十六歲嫁給竇滔，夫妻恩愛如山，情深似海。

竇滔爲扶風四大（班、馬、耿、竇）名人之一，其墓在扶風縣城以北，清代畢沅查證考究，立碑紀念。其府第雖湮沒於歷史長流中，但其妻蘇若蘭被《晉書》讚爲才女彪炳，連同《蘇氏璇璣圖》，爲唐武則天銘記史册，流傳民間。清代李汝珍《鏡花緣》以特別的篇幅撰述了這一文學奇觀。千百年來，法門寺小北巷（位於博物館西牆外）被史記爲「織錦巷」。明神宗萬曆十八年（公元一五九〇年），當地人民爲了紀念蘇蕙及璇璣圖，在巷北城門上方鑲嵌「西望綾坑」四個大字和「蘇氏安機處」五個小字，離城門十多米處還修建一座大照壁（屏門的牆），上刻「武鎮秦國」四個大字和「安南將軍遺址」六個小字。綾坑，就是指當年蘇蕙的洗錦池，那時北有一渠清泉流入，再轉到寶滔花園。清時李因篤賦詩：「織錦人何在？遺圖爾自哀。秋風吹蔓草，野日照荒台。繚繞悲心極，迴環妙緒開，此鄉多好女，重識二班才。」就是詠蘇蕙璇璣圖和織錦台的。

織錦迴文璇璣圖是一種雜體詩，在我國文學藝術史上占有特殊的地位，一千六百年來研究它的人世代不絕，大都對其評價很高。武則天之後，宋代李公麟稱讚說：「觀其宛轉反覆，皆才思精神融徹，如契自然，蓋騷人才子所難，豈必女工之尤哉？」明代胡應麟說：「蘇若蘭璇璣圖宛轉反覆，相生不窮，古今詫爲絕唱。」康萬民則進一步說它「於八百餘言中，上陳天道，下悉人情，中稽物理，豪引廣譬，具網兼羅，文詞巨麗，興寄超遠，自是後，才人韻士，曾未有仿而效之者」。從內容上講，它卻是我國古代一部迴文愛情詩史，武則天說它是近代閨怨之宗旨，有評價說它「穿奇鑿異，一空黃絹之辭；古往今來，盡掃玉釵之句」，不是過譽之詞；從形式上看，八百四十一字的方陣中，順讀、迴讀、橫讀、斜讀、交互讀、蛇形讀、退一字讀、重一字讀、間一句讀、左右旋讀，皆成詩章，這樣奇妙的安排，其智慧確是驚人，應視爲迴文詩中最奇特、最巧妙、最絢麗的一朵鮮花。

由蘇蕙璇璣圖引出，特別值得重視的是我國文學寶庫中名目衆多的異體詩。這些異體詩，大多趣味性濃厚，爲世人所喜愛，成爲豐富多彩的古典詩詞中不可分割的組成部分。我國異體詩利用漢字的形、音、義三要素和漢語的語音、詞彙、語法三要素，組成一幅幅出奇鬥彩的圖畫，是歷代詩人們「翻新鬥巧之作」，是在繼承前人詩作的基礎上對詩歌藝術的一個探索和創新。異體詩寫景詠物，抒情言志，多方面反映社會生活，有一定的思想內容和較高的藝術欣賞價值。研讀異體詩，不僅有益於切磋詩藝，探索詩體發展的規律，而且有助於加深對古代詩人創作多方面的認識。因此，異體詩是我國詩歌遺產的精華，「詩家開此一途，不可竟廢」，它爲文藝百花園增加了花色品種，平添了奇異的光彩。

預想新建的璇璣館，璇璣圖有特殊的趣味、遊樂、思辯和欣賞價值；織錦館和紀念館憑弔歷史，欣賞雕塑和壁畫藝術，使遊人進入歷史和藝術的境界；迴文文學館以世界之最吸引觀覽者步入我國特殊的文學藝術寶庫；而其後的洗錦池曲徑通幽，品茗垂釣，望夫台登高遠眺，縱古觀今，入臨其境，心曠神怡，使遊人樂而忘返。

這幾年，我們拜訪海內外漢文迴文文學專家，收集自古以來各種迴文、異體詩兩萬餘首，奇圖五百多幅。這些都是中華民族的奇珍異寶，歷代都未以實體展現過；這次如能以文學館的形式，在璇璣館中陳列，將成爲海內外一絕。

去年我訪問台灣，向陝西同鄉會提出璇璣館構思，計劃以一千萬元人民幣完成，請陝西同鄉會和台灣同胞中有此志向者，一人一景，數人一房，大家動手，共同贊助完成。陝西同鄉會負責人認爲此議甚好，要求以建築效果圖號召。今年元月十六日，我赴上海開學術會時去杭州邀專家完成此圖，十八日託台灣中華文物學會董事長蔡一鳴先生帶回台灣，目前正在籌措中。

在邀請法門寺文物外展、文化交流方面，日本、韓國、美國、英國、法國、泰國、斯里蘭卡、德國、義大利等國表現得極爲殷切。在這股熱潮中，日、韓除了一心嚮往佛教文化外，也對法門寺唐代茶文化深感興趣；東南亞各國則是崇拜法門寺佛祖指骨舍利；阿拉伯國家對法門寺琉璃（玻璃）文化寄予很重的感情，因爲它們是這些千年珍寶的原產地，但現在已無此一物；歐洲傾心於法門寺地宮唐代宮廷絲綢；美國、加拿大著重於法門寺唐代金銀器；甚至連南非等國也躍躍欲試，邀請法門寺文物赴非洲展出。

眼下最緊要的是做好法門寺院和法門寺博物館的建設。法門寺院這幾年發展得很快，法門寺博物館則要儘速地建成館內佛教文化大地宮、專題文化大展廳；同時吸引外資，及早建成法門寺璇璣文學館。

佛教中有金剛座的說法，那麼世界文化也有一個金剛座，這個金剛座就是法門寺。機不可失，時不再來。我們要抓住目前的機遇，讓法門寺走向世界，讓世界朝拜法門寺！

聽完韓金科館長這一長串輝煌的夢想，我們的心中再度滾過一陣熱浪。千百年來，正是由於華夏子孫這堅韌不拔的意志，法門寺才同我們的民族一道，雖歷經劫難而仍屹立在這神奇的土地上，生生不息。

二十世紀的晚鐘已經敲響，新時代的曙光初露。未來是亞洲的世紀，中華文化將占有重要的地位，重現大唐蓋世雄風。可以預見的是，法門寺在這新舊時代交接之際，一定會實現自身的夢想，並賦與整個人類文明以嶄新的啓迪和進步。

法輪常轉。

法門永在。

佛光輝煌。

編者註

❶半坡仰韶文化遺址：中國黃河新石器時代的聚落遺址。位於今陝西西安市滻河東岸半坡村，面積約五萬平方米，距今約四千八百年至四千三百年間。一九五四年～一九五七年發掘，出土文物豐富，建有中國首座遺址

博物館。

❷鹽罈子原被命名爲「鎏金人物畫銀罈子」，共出土兩個，器形相似，爲鈑金成型，紋飾鎏金，直口、深腹、平底、圈足、有蓋，腹部皆作四個壼門，分刻四組畫面。考古學家最初將它們視爲專供貯鹽的茶具，但根據近來之研究發現，六臂觀音盝頂金函函體刻的如意輪觀音、阿彌陀佛、藥師佛等座前，均有香案，上置香爐，香爐左右各放一個有蓋的罈狀器。故此類器具，現已更名爲「香寶子」，其作用可能爲盛放香末。

❸圓輪具足：佛家用語。佛教徒認爲曼荼羅道壇處處充滿佛與菩薩，自成一大功德法門，如同車輪般圓滿具足，所以稱爲「聚集」或「圓輪具足」。

❹四曼相即：密教用語。指大曼荼羅、三昧耶曼荼羅、法曼荼羅、羯磨曼荼羅等四種曼荼羅相互融通而不離，故又稱爲四曼不離。

❺增益護摩法：密教修法之一，爲「增益法」與「護摩法」的結合運用。增益法主要在祈求五穀成就、福業增長，修法時晨朝而起，面向東，著黃法衣，壇亦黃色，器用方形。護摩法則源於婆羅門教，修法時須焚燒供物，使香氣上達諸天，以供養本尊。故增益護摩法係擇地造黃色方壇，焚燒乳木、五穀等供物，爲行者增榮息災。

❻密教認爲，金剛界表明智慧堅固不壞之義，能摧破煩惱；胎藏界表明如胎藏子之義，以明理體廣大，能攝萬德。金、胎兩部是標誌大日佛理、智二德的一雙大法門，若配之於因果，則金剛界是果，胎藏界是因，故分

別爲果曼荼羅、因曼荼羅。

❼外金剛院護法諸天曼荼羅：胎藏界曼荼羅以五色界線區分爲十三院，但四大護院不繪形像，故實際只有十二院，其最外一重爲外金剛院。外金剛院包含極廣，畫著一切經典中所說的天部諸神、夜叉、人、非人、七曜、十二宮、二十八宿等，乃至世人所信奉的外道神仙，以表示隨類應化凡聖不二之理。

❽四波羅蜜：即金剛薩埵波羅蜜、寶波羅蜜、法波羅蜜、業波羅蜜，此乃大日佛之四親近菩薩，表示四方四佛之德。

❾內四供：即金剛嬉戲、金剛花鬘、金剛歌詠、金剛法舞，乃大日佛爲供養四佛而於內心流出的四菩薩。

❿外四供：即金剛焚香、金剛覺花、金剛燈明、金剛塗香，乃四佛爲酬答大日佛所流出的四菩薩。

⓫四攝：即金剛鈎、金剛索、金剛鎖、金剛鈴，乃由大日佛心中流出的四菩薩，以增加威光，將一切衆生引入曼荼羅，使生親愛之心而皈依佛道。

⓬四大神：即地、水、火、風，是構成一切色法（相當於物質現象）的四種基本元素，故被佛教奉爲神祇。

⓭阿閦佛的四親近菩薩爲金剛薩埵、金剛王、金剛喜、金剛愛；寶生佛的四親近菩薩爲金剛寶、金剛光、金剛幢、金剛笑；無量壽佛的四親近菩薩爲金剛法、金剛利、金剛因、金剛語；不空成就佛的四親近菩薩爲金剛業、金剛護、金剛牙、金剛拳。

⓮金剛界成身會：金剛界曼荼羅以界線區劃爲九等分，故又稱「九會曼荼羅」。成身會居九會之中央，以具體

性的佛像，表現金剛界法的大曼荼羅，使行者因觀想佛之尊容而成就自身的佛果。其內爲五個白圓，分坐金剛界五佛，各自有其親近菩薩。周圍以外廓環繞，廓內有內四供、外四供、四攝。一般金剛界曼荼羅成身會爲三十七尊，而法門寺地宮的鎏金金剛界大曼荼羅成身會造像寶函則加刻了四大神、四大明王，故有四十五尊之多。

⓯陀羅尼：漢譯爲總持，意謂總一切法，持無量義，具有令善法不失、惡法不起的作用。陀羅尼原有四種，咒陀羅尼爲其中之一。但後世通常以長咒稱陀羅尼，即諸佛菩薩不可思議的密語。

⓰定門十六尊：指四波羅蜜、內四供、外四供、四攝等十六大菩薩，乃以女形（即定門）爲主，故名。

⓱慧門十六尊：指親近四佛之十六大菩薩，均以男形（即慧門）爲主，故名。

⓲中台八葉院：胎藏界曼荼羅最內的一重，位於中央，其圖爲八瓣蓮花，花上畫九尊佛、菩薩，即中央華台的大日如來、東方的寶幢、南方的開敷華王、西方的無量壽、北方的天鼓雷音等四佛，四隅爲東南的普賢、西南的文殊、西北的觀音、東北的彌勒等四菩薩。所謂「八葉」，即指八瓣心蓮，表示肉團心。凡夫之心如閉合蓮花，行者若能一意觀此心蓮，則八葉開敷，九尊現其上。

⓳八大明王：密教的八位護法神，係八大菩薩爲懾伏難化之衆生而示現的忿怒身。即金剛手菩薩現作降三世明王；妙吉祥菩薩現作大威德金剛明王；虛空藏菩薩現作大笑金剛明王；慈氏菩薩現作大輪金剛明王；觀自在菩薩現作馬頭金剛明王；地藏菩薩現作無能勝明王；除蓋障菩薩現作不動尊金剛明王；普賢菩薩現作步擲金

剛明王。或有以不動、降三世、軍荼利、大威德、金剛夜叉、馬頭、大輪、步擲爲八大明王。

⑳金胎合曼：唐密曼荼羅在其形成過程中，經歷了金善（指金剛智及善無畏）互授、兩部一具、金胎合曼三個階段。金剛、胎藏是密教最根本的二部，原先各自獨立，爲「你是你，我是我」之形式。金善互授表示兩部交流，而後發展成兩部兼修，均爲「你中有我，我中有你」之形式。至惠果融合兩界曼荼羅，又演變爲「你的就是我的，我的就是你的」之形式，醞釀出唐密的基本特點「金胎合曼」。

㉑七星如意輪修法：以七星如意輪爲本尊而修的祕法，係於五色輪中央畫如意輪觀音，再畫貪狼、巨門、祿存、文曲、廉貞、武曲、破軍等北斗七星爲眷屬。據佛經記載，佛在世時，曾建如意寶輪般多羅道場七星火壇，爲迦夷城解兵圍之困，依此，古來多修此法以退治怨敵。

㉒《七曜星辰別行法》爲密教雜密儀軌中之星宿法，全書記載從昴星到文星等三十星宿之圖像及其祭法。所謂三十星宿，是在衆所周知的二十八宿之上，再添加文星、辰星而成。二十八星宿皆爲七曜所屬，古人相傳它們掌轄行病鬼王，凡人生病時，先推知發病之日由何星宿當值，則祭之以求收禁病鬼，可使病體痊癒云云。

㉓一心三觀：又名圓融三觀、不可思議三觀、不次第三觀，是天台宗圓教的觀法。天台宗說宇宙萬有，都具備空、假、中三種諦理。空觀是觀諸法空無自體；假觀是觀諸法但有緣生假相；中觀是觀諸法非空亦非假、亦空亦假之中道實理。這三觀互具互融，空即假中，假即空中，中即空假，行者如果在一心之中這樣作觀，便能破三惑、證三智、成三德。

扶風法門寺大事紀

公元一四七～一八八年（東漢桓、靈帝年間）

扶風法門寺成立。

公元四四六年（北魏太武帝太平眞君七年）

三月，太武帝至長安，見佛寺內藏兵器及富家寄存財貨，宰相崔浩乘機勸帝毀佛。乃盡誅長安僧人，並下令諸州鎭，凡佛像、佛經皆擊破焚毀，僧人無論少長一律阬殺。

公元四五二年（北魏文成帝興安元年）

文成帝下詔恢復佛教，關中各地佛寺得以復興。

公元五五五年（西魏恭帝二年）

小冢宰領岐州牧拓跋育開啓扶風阿育王寺（即法門寺）塔，供養眞身舍利，充修寺宇。

公元五七四年（北周武帝建德三年）

五月，武帝下令禁斷禁佛，令僧人還俗，寺廟財產充公。法難中，扶風阿育王寺遭嚴重破壞，廂宇外級，唯有兩堂獨存。

公元五七九年（北周宣帝大成元年）

宣帝下詔恢復佛教。同年二月，宣帝傳位予太子宇文闡（即靜帝），改元爲大象，重申復佛之令。

公元五八三年（隋文帝開皇三年）

扶風阿育王寺改名爲成實寺，專弘成實論學說。

公元六〇二年（隋文帝仁壽二年）

岐州刺史李敏供養成實寺舍利，修復寺宇。

公元六〇五年（隋煬帝大業元年）

煬帝改天下佛寺爲道場，扶風成實寺改稱成實道場。

公元六〇九年（隋煬帝大業五年）

因僧人不足五十之限，扶風成實道場被廢，併入京師大寶昌寺，其塔故地仍爲寺莊。

公元六一八年（隋義寧二年）

春，大丞相李淵（後即位爲唐高祖）應岐州大寶昌寺僧普賢之請，賜名法門寺。

公元六一九年（唐高祖武德二年）

秦王李世民（後即位爲唐太宗）奉詔爲法門寺度僧八十名，並奏請以僧惠業爲住持。

公元六三一年（唐太宗貞觀五年）

二月十五日，岐州刺史張德亮奏請修葺法門寺塔，並開塔供養眞身舍利，太宗敕許之。

公元六五九年（唐高宗顯慶四年）

九月，山僧智琮、弘靜（或説爲智琮、慧辯）建請開法門寺塔，出佛舍利。高宗敕中使王長信與智琮等請迎法門寺佛骨舍利，十月五日出發，六日夜抵達。十日三更，塔內像下現瑞光，翌日獲舍利八枚，乃具狀上聞。高宗敕使常侍王君德等送絹三千匹，令造朕等身阿育王像，餘者修補故塔。

公元六六〇年（唐高宗顯慶五年）

三月（或説爲二月），迎佛骨舍利入東都大內，皇后武則天造金棺銀槨九重供養，高宗賜巨資以莊嚴眞身寶塔及寺宇。

公元六六二年（唐高宗龍朔二年）

高宗敕道宣律師與智琮、弘靜等京師名師，以僧俗數千人之衆送佛骨舍利歸岐州法門寺塔。二月十五日，開塔下地宮，藏佛骨於其中。

公元七〇四年（武周長安四年）

冬，女皇武則天敕鳳閣侍郎崔玄暐、賢首國師法藏等迎請法門寺眞身舍利到洛陽，令王公以降精事供養。

公元七〇八年（唐中宗景龍二年）

中宗命文綱律師等送眞身舍利歸法門寺。二月十五日，中宗偕皇后韋氏、溫王、長寧公主、安樂公主，及韋后妹鄭國夫人、崇國夫人，並各下髮入塔，表示以身供佛。

公元七一〇年（唐中宗景龍四年）

二月十一日，中宗改法門寺爲聖朝無憂王寺，旌表眞身寶塔爲大聖眞身寶塔。

公元七五七年（唐肅宗至德二年）

肅宗下詔迎法門寺佛骨入禁中供養，命僧人朝夕讚禮。

公元七六〇年（唐肅宗上元元年）

五月，肅宗敕僧法澄、中使宋合禮、鳳翔府尹崔光遠迎請佛骨入長安內道場。

公元七七八年（唐代宗大曆十三年）

代宗欲藉佛力攘除吐蕃外寇，下詔整修法門寺。

公元七九〇年（唐德宗貞元六年）

德宗詔迎岐州無憂王寺佛骨入禁中供養，並送京師諸名寺，傾都瞻拜。歷時一月，詔送歸原寺。

公元八一八年（唐憲宗元和十三年）

憲宗下詔遣中使率僧惟應等赴鳳翔法門寺迎佛骨。

公元八一九年（唐憲宗元和十四年）

正月，佛骨至京師，憲宗命中使杜英奇押宮人三十，持香花於臨皋驛迎奉。韓愈上疏極諫，遭貶潮州。

公元八三八年（唐文宗開成三年）

法門寺塔上五色雲現，或以爲佛骨應開之兆，議改法門寺爲法雲寺，盛陳其瑞。

公元八四四年（唐武宗會昌四年）

武宗用趙歸眞之言，下令全國毀滅佛寺，僧人無論少長一律還俗。敕鳳翔法門寺、代州五台、終南五台及泗州普光王寺所藏舍利皆不許供養，並指使專人赴法門寺毀滅眞身舍利。後賴銜命者以影骨代之，眞身舍利倖免於難。

公元八四六年（唐武宗會昌六年）

三月，武宗崩，宣宗即位，下詔恢復佛教。

公元八七一年（唐懿宗咸通十二年）

九隴山禪僧師益上奏請整修法門寺塔，並結壇供養佛骨，懿宗許之。八月十九日於塔下舊隧道之西北角獲眞身舍利。

公元八七三年（唐懿宗咸通十四年）

三月二十二日，懿宗詔供奉官李奉建、高品彭延魯、庫家齊詢敬、承旨萬魯文，與左右街僧錄清瀾、彥楚，首座僧澈、惟應，大師重謙、雲顥、惠暉等同嚴香火，赴鳳翔法門寺迎請眞身。四月八日，佛骨入長安，懿宗親御安福樓頂禮，舉國若狂。七月，懿宗崩，僖宗即位。十二月八日，詔送歸原寺。

公元八七四年（唐懿宗咸通十五年）

十一月，僖宗改元爲乾符。十二月十九日，敕東頭高品孫克政、齊詢敬，庫家劉處宏，承旨劉繼郇，西頭高品彭延魯，內養馮全璋，左右街僧錄清瀾、彥楚，首座僧澈、惟應，大師清簡、雲顥、惠暉、可孚、懷敬、從建、文楚，大德會眞、志柔等，護送眞身歸法門寺塔下，以數千件宮廷珍寶供養。

公元九〇一年（唐昭宗天復元年）

秦王李茂貞修繕法門寺塔，施相輪及塔心樘柱方一條。

公元九一二年（唐昭宗天復十二年，後梁太祖乾化二年）

秦王李茂貞澆塔修復階舍二十八間，翌年完工。

公元九一四年（唐昭宗天復十四年，後梁太祖乾化四年）

秦王李茂貞修復寺宇十八間、兩天王像兩鋪，塑四十二尊賢聖菩薩，畫西天二十八祖兼題傳法記及諸功德，並皆彩繪畢。

公元九一七年（唐昭宗天復十七年，後梁末帝貞明三年）

秦王李茂貞造八所銅爐，並於塔內外塑功德八龍王。

公元九一九年（唐昭宗天復十九年，後梁末帝貞明五年）

秦王李茂貞蓋造護藍牆舍四百餘間，又甃塔庭兩廊講所，翌年完工。四月八日，遣功德使李繼潛和僧錄明□大師、賜紫沙門彥文、首座普勝大師、賜紫沙門寡辭施梵篋《金剛經》，十方僧衆受持於塔前。

公元九二〇年（唐昭宗天復二十年，後梁末帝貞明六年）

秦王李茂貞修塔上層綠琉璃甋瓦，歷三年完工。四月八日，遣功德使李繼潛和衆僧再施梵篋《金剛經》，十方僧衆受持於塔前。

公元九七八年（宋太宗太平興國三年）

法門寺連年遇暴雨，僅浴器不被漂沒，僧俗立《法門寺浴室院暴雨衝注唯浴鑊器獨不漂沒靈異記》碑，盛陳其異。

公元一〇〇三年（宋眞宗咸平六年）

法門寺僧置買田莊，立《重眞寺買田莊記》碑。

公元一〇四二年（宋仁宗慶曆二年）

重眞寺天王院僧智顒悲亡僧遺骨露散，募地造塔瘞藏。

公元一〇四五年（宋仁宗慶曆五年）

重眞寺寺僧可度撰《普通塔記》，立碑以誌智顒事。

公元一一〇一～一一二五年（宋徽宗朝）

徽宗御撰法門寺眞身贊文，並大書「佛國皇帝」題額。

公元一一一八年（宋徽宗政和八年）

法門寺繪塑圓相觀音瑞像，熙州慧日禪院僧彥泯作頌詞，立石誌之。

公元一一八一年（金世宗大定二十一年，宋孝宗淳熙八年）

重眞寺淨土院僧法爽遊歷歸來，禮眞身寶塔，於塔前身掛千燈以供養眞身。

公元一二〇五年（金章宗泰和五年，宋寧宗開禧元年）

淨土院僧法爽於眞身寶塔兩側造二石幢，鐫刻經咒及觀音尊像。

公元一二〇八年（金章宗泰和八年，宋寧宗嘉定元年）

三月十七日，淨土院僧法爽於中夜在寺東南四、五里壇場焚身，行眞法供養眞身。

公元一二一〇年（金衛紹王大安二年，宋寧宗嘉定三年）

法門寺僧衆立《岐陽重眞寺淨土院燃身和尚爽公碑銘並序》。德順僧師偉撰《謹賦律詩九韻奉贊法門寺眞身寶塔》，並立石於寺內。

公元一五〇五年（明孝宗弘治十八年）

邑人張杰主持重修法門寺大乘殿。

公元一五六七～一五七二年（明穆宗隆慶年間）

法門寺眞身寶塔崩毀，寺僧發願募修，西蜀大洲居士化緣贊助。

公元一五七九年（明神宗萬曆七年）

邑人党萬良、楊禹佐主持重修眞身寶塔。

公元一五九一年（明神宗萬曆十九年）

法門寺住持成信組織修成第四層寶塔，立碑紀念。

公元一六〇九年（明神宗萬曆三十七年）

十三級八角磚造眞身寶塔完工。

公元一六五三年（清世祖順治十年）

邑人党國杜重建法門寺鐘鼓樓、大雄寶殿及臥佛殿。

公元一六五四年（清世祖順治十一年）

六月九日，甘肅天水發生大地震。法門寺寶塔塔身傾斜，塔體出現裂縫，塔基下陷。

公元一七六九年（清高宗乾隆三十四年）

邑人重修法門寺。

公元一八六二年（清穆宗同治元年）

西北回亂，法門寺被攻佔，並毀於大火。

公元一八八四年（清光緒十年）

崇正鎮紳民商賈捐資重修法門寺。

公元一九三九年（民國十八年）

華北慈善聯合會會長朱慶瀾（朱子橋）籌資重修法門寺眞身寶塔，請大乘法師住寺。

公元一九五三年

終南五台良卿法師受邀主持法門寺。

公元一九五六年

陝西省人民政府公佈法門寺爲第一批重點文物保護單位。

公元一九六六年

「文革」開始，良卿法師於七月十二日（自此以下之日期均爲西曆）在大殿前焚身殉教。

公元一九八〇年

澄觀法師返回法門寺任住持。

公元一九八一年

八月二十四日，明朝興建之眞身寶塔坍塌西半邊。

公元一九八四年

澄觀法師、靜一法師正式接管法門寺。國家文物部批准修復法門寺眞身寶塔。

公元一九八五年

扶風縣成立修復法門寺塔辦公室，開始修復工程。

公元一九八六年

十二月，陝西省人民政府成立省、市、縣三級考古隊，正式發掘塔基。

公元一九八七年

四月三日至五月十二日，考古工作者陸續發現法門寺塔唐代地宮及眞身舍利、數千件唐皇室供養珍寶。陝西省人民政府決定重修法門寺，並建立法門寺博物館。

公元一九八八年

法門寺眞身寶塔修復，法門寺博物館落成。十一月九日，正式對外開放，中外高僧大德雲集，法門寺重放光彩。

公元一九九二年

法門寺住持澄觀法師、監院靜一法師集資見重建唐風大雄寶殿。

公元一九九四年

十一月二十四日，法門寺舉行釋迦牟尼佛指舍利赴泰供養、大雄寶殿落成、佛像開光暨觀澄方丈升座大法會。會後，泰王蒲美蓬偕王后迎請佛指舍利於曼谷供養八十五天，舉國瞻禮。

公元一九九五年

三月二十六日，法門寺唐密曼荼羅文化陳列對外開放。

國家圖書館出版品預行編目資料

萬世法門：法門寺地宮佛骨再世之謎 / 商成勇、岳南著. -- 初版. -- 臺北市：遠流，1997〔民86〕
冊；　公分. -- （實用歷史叢書；115-116）

ISBN 957-32-3408-4 (上冊：平裝). -- ISBN 957-32-3409-2 (下冊：平裝). -- ISBN 957-32-3411-4 (一套：平裝)

1. 寺院 - 陝西省扶風縣 2. 古物志 - 陝西省扶風縣 3. 考古學 - 中國 - 雜史,野史等

797.15　　86015275